财务业务一体化
原理与实训

（用友U8 V10.1）

陈宏博 彭飞 主编

清华大学出版社
北京

内 容 简 介

本书以简明原理、突出实训为主导思想，以一个企业单位的经济业务为原型，重点介绍了用友 U8 财务管理与供应链管理系统核心子系统的主要功能和业务处理方法，兼顾原理阐释与实务训练。书中为读者定做了几十个实训项目并提供了实训准备账套和结果账套，每个实验既环环相扣，又可以独立运作，适应不同层次教学的需要。

本书共分为 11 章，第 1 章介绍了会计信息化应用的基础，第 2 和第 3 章介绍了用友 U8 V10.1 管理软件的使用基础——企业建账和基础设置；第 4～10 章分别介绍了用友 U8 软件中最重要和最基础的总账、固定资产、薪资管理、采购管理、应付款管理、销售管理、应收款管理、库存管理、存货核算、UFO 报表 10 个模块的基本功能，并以系列实训的形式详解了 10 个模块的主要业务的处理；第 11 章以全国信息化技能竞赛题型为蓝本，模拟一个企业连续一个月的全面经济业务进行实务操作。

本书可以用作普通高等院校本科和高职会计以及经济管理等相关专业的教学用书、会计技能大赛辅导用书，也可用作在职会计人员学习用友 U8 的自学读本。

本书封面贴有清华大学出版社防伪标签，无标签者不得销售。
版权所有，侵权必究。举报: 010-62782989, beiqinquan@tup.tsinghua.edu.cn。

图书在版编目(CIP)数据

财务业务一体化原理与实训: 用友 U8 V10.1: 微课版 / 陈宏博，彭飞 主编. —北京: 清华大学出版社, 2018 (2023.9重印)
ISBN 978-7-302-50402-3

Ⅰ. ①财… Ⅱ. ①陈… ②彭… Ⅲ. ①财务软件—教材 Ⅳ. ①F232

中国版本图书馆 CIP 数据核字(2018)第 122984 号

责任编辑: 刘金喜
封面设计: 常雪影
版式设计: 思创景点
责任校对: 曹　阳
责任印制: 丛怀宇

出版发行: 清华大学出版社
网　　址: http://www.tup.com.cn, http://www.wqbook.com
地　　址: 北京清华大学学研大厦 A 座　　　　邮　编: 100084
社 总 机: 010-83470000　　　　　　　　　　 邮　购: 010-62786544
投稿与读者服务: 010-62776969, c-service@tup.tsinghua.edu.cn
质 量 反 馈: 010-62772015, zhiliang@tup.tsinghua.edu.cn
印 装 者: 天津鑫丰华印务有限公司
经　　销: 全国新华书店
开　　本: 185mm×260mm　　　印　张: 21.75　　　字　数: 491 千字
版　　次: 2018 年 7 月第 1 版　　印　次: 2023 年 9 月第 5 次印刷
定　　价: 68.00 元

产品编号: 080335-03

前 言

党的二十大报告中提出：加快建设数字中国，构建新一代信息技术、人工智能的信息引擎。会计信息化是企业信息化的起点，也是企业信息化普及面最广的一项应用。为会计信息化培养合格的应用人才，使其理解会计信息化的基本原理，熟悉财务一体化核心子系统的业务操作，正是本书编写的初衷。

全书以企业财务业务一体化集成应用为信息化背景，共分 11 章，分别为会计信息化基础、系统管理、企业应用平台、总账管理、固定资产管理、薪资管理、采购与应付款管理、销售与应收款管理、库存管理与存货核算、UFO 报表管理、综合实验，涵盖了 U8 财务业务一体化应用的主要内容。本书特色表现在以下 4 个方面。

1. 理论简明，侧重实训

每章均按理论知识和实务训练展开，各部分作用说明如下。

每章结构项	子 项	作 用
理论知识	基本功能	阐释本章所介绍子系统的主要功能
	系统初始化	系统初始化的主要内容及设置方法
	系统日常业务	系统主要业务类型及业务处理方法
实务训练	系列实训设计	将企业典型应用按业务流程设计为前后衔接贯通的实训项目
		通过详细的实训指导引导学员完成业务处理，掌握方法，理解原理

从以上逻辑框架可以看出，从理论知识到实务训练逐步进阶，提高学习者对原理的基本把握、对整体流程的掌控和实践能力。

在实训部分设计中，所有业务均依照现行会计准则编写，全面实施"营改增"和"新税制"。实训以证明业务发生的原始凭据为牵引，加深学生对企业真实业务的了解，运用所学财务会计知识，完成对经济业务的会计分录，进而在会计信息化平台中进行处理，不仅会核算，而且善工具。

2. 内容独立，自由组合

鉴于不同专业、不同教学对象的教学目标、内容与学时存在差异，因此，实验业务设计按系统模块设置为"拼板"方式，各章节实验业务保障所描述模块业务核算的完整性，既可以由上至下顺序进行，也可以由教师根据实际需求，结合学生基础和教学目标，任意选择其中的若干实验进行组合，给予教学较大的自由空间。

3. 资源丰富，便于自学

鉴于各校的实验环境存在差异，本书教学资源包对每个实验结果都保留了标准账套。

课堂教学中可把以往章节实验基础数据引入系统，直接开始下一内容的实验，从而有效地利用教学时间。同时，由于教学学时有限，部分实验业务需要由学生在课外自行完成，因此，本书操作指导部分针对不同业务给予非常详尽的操作步骤，以此为对照，学生便可以按部就班地完成全部实验并通过标准账套对照自己的实验结果，掌握管理软件的精要。

本书还提供了实验操作的微课视频，方便了学生自学。

4．教赛结合，分层教学

本书的编者为会计信息化竞赛一线指导教师，在编写过程中结合多年指导大赛的经验，将大赛成果予以转化，充分将"赛、教"融于一体。实验业务基于企业真实案例数据，结合经济管理类专业人才培养方案以及信息化大赛测试重点，根据不同岗位设置高度仿真的实训项目，各章节实验业务设置兼顾基础教学与竞赛选拔，实现日常教学与竞赛培训的接轨，将信息化竞赛培训融入课堂教学。同时，教师在授课过程中，亦可依据课程目标及学生培养目标选择书中不同难度的业务开展课堂教学，从而满足不同层次的教学需求。

本书可作为普通高等院校、高等职业院校会计学专业、审计学专业、工商管理专业、经济学专业，以及金融学专业等经济管理类学科"会计信息系统"及相关专业课程的教材，还可用作其他层次、其他形式的会计教学与信息化培训的参考用书。

5．融入二十大报告精神

党的二十大报告中提出：加快建设数字中国；支持专精特新企业发展；构建新一代信息技术、人工智能的信息引擎；加快发展数字经济，促进数字经济和实体经济深度融合，打造具有国际竞争力的数字产业集群。这些关键词体现了我国对于加快建设数字中国、发展数字经济的高度重视。本书在每一章思政园地中展示我国国企、央企在数字领域 ERP 方面的典型应用案例，展现了我国在数字经济领域突飞猛进的卓越成就。

本书由陈宏博(天津商务职业学院)、彭飞(天津财经大学)担任主编，徐博文(天津商务职业学院)参编，王新玲(天津财经大学)主审。其中，陈宏博编写了第 4 章至第 7 章，徐博文编写了第 1 章、第 11 章，彭飞编写了第 2 章、第 3 章、第 8 章至第 10 章。本书在编写过程中得到了天津财经大学与天津商务职业学院两校教务处与会计学院领导的大力支持，在此一并表示衷心的感谢。

限于作者水平，书中不当和错误之处，肯请读者批评指正。

服务邮箱：wkservice@vip.163.com。

编　者

2018 年 1 月

教学资源使用说明

欢迎使用《财务业务一体化原理与实训(用友U8 V10.1)(微课版)》。

为便于教学和自学，本教程提供了以下资源：

- 用友U8 V10.1 软件(教学版)；
- 实验账套备份；
- 实验操作微课视频；
- PPT 教学课件；
- 全国会计信息化竞赛赛题以及竞赛规程。

上述资源分类存放在百度网盘上，读者可通过如下百度网盘地址下载：

(建议读者登录http://www.tupwk.com.cn/downpage，输入书名或书号搜索到本书后，复制网盘链接地址。)

https://pan.baidu.com/s/1DDuOhl4N0DrxSAnc39RyJw

读者也可通过扫描下方二维码，把邮件附件推送到邮箱，来获得网盘链接地址。

- 实验账套备份所用数据库版本为SQL Server 2008 R2。
- 微课视频为MP4格式，可通过Windows Media Player、迅雷影音等视频播放器播放。

读者若因链接问题出现资源无法下载等情况，请致电 010-62784096，也可发邮件至服务邮箱 hnliujinxi@163.com， wkservice@vip.163.com。

任课教师可加入"会计信息化教师俱乐部"QQ 群(群号：228595923)，进行会计信息化教学交流。

目 录

第1章 会计信息化基础 ·················· 1
1.1 会计信息化实训平台 ············· 1
　1.1.1 软件特点 ····················· 1
　1.1.2 功能结构 ····················· 2
1.2 教材使用说明 ···················· 3
　1.2.1 教材设计思路 ················ 3
　1.2.2 教学安排建议 ················ 3
　1.2.3 教学软件运行环境 ··········· 4
实务训练 ······························ 5
　实训1 安装数据库管理系统 ········ 5
　实训2 安装用友U8管理软件 ······· 6

第2章 系统管理 ······················· 11
2.1 系统管理概述 ··················· 11
　2.1.1 系统管理的作用 ············· 11
　2.1.2 系统管理的主要功能 ········ 11
　2.1.3 系统管理操作流程 ·········· 12
　2.1.4 启动系统管理模块 ·········· 13
　2.1.5 角色、用户及权限管理 ····· 15
　2.1.6 账套管理 ···················· 18
　2.1.7 账套库管理 ·················· 21
　2.1.8 使用视图 ···················· 23
2.2 原型企业背景资料 ·············· 24
实务训练 ····························· 27
　实训1 增加用户 ··················· 27
　实训2 建立账套 ··················· 28
　实训3 操作员权限设置 ··········· 30
　实训4 账套管理 ··················· 31

第3章 企业应用平台 ················· 34
3.1 企业应用平台概述 ·············· 34
　3.1.1 企业应用平台的作用 ········ 34

　3.1.2 基础设置 ····················· 34
　3.1.3 系统服务 ····················· 41
　3.1.4 业务工作 ····················· 42
实务训练 ····························· 42
　实训1 在企业应用平台中启用子
　　　　系统 ·························· 42
　实训2 设置机构人员 ·············· 43
　实训3 设置客商信息 ·············· 44
　实训4 设置存货信息 ·············· 47
　实训5 设置财务信息 ·············· 50
　实训6 设置收付结算 ·············· 57
　实训7 单据设置 ··················· 59
　实训8 基础档案批量导入 ········· 60
　实训9 系统服务 ··················· 61

第4章 总账管理系统 ················· 63
4.1 总账管理系统概述 ·············· 63
　4.1.1 总账管理系统的功能 ········ 63
　4.1.2 总账管理系统与其他系统
　　　　之间的关系 ··················· 63
　4.1.3 总账管理系统数据流程 ····· 64
4.2 总账管理系统业务处理 ········· 65
　4.2.1 总账管理系统的初始设置 ···· 65
　4.2.2 总账管理系统日常业务处理 ·· 68
　4.2.3 总账管理系统期末业务处理 ·· 74
实务训练 ····························· 80
　实训1 总账管理系统初始化设置 ·· 80
　实训2 凭证管理 ··················· 84
　实训3 出纳管理 ··················· 96
　实训4 期末结转 ··················· 98
　实训5 账务管理系统对账与结账 ·· 101

第 5 章 固定资产管理系统 …………… 104
5.1 固定资产管理系统概述 ………… 104
5.1.1 固定资产管理系统的功能 …… 104
5.1.2 固定资产管理系统与其他系统之间的关系 …………… 104
5.1.3 固定资产管理系统数据流程 …………………… 104
5.2 固定资产管理系统业务处理 …… 105
5.2.1 固定资产管理系统初始设置 …………………… 105
5.2.2 固定资产管理系统日常业务处理 …………………… 108
5.2.3 固定资产管理系统期末业务处理 …………………… 109
实务训练 …………………………… 111
实训 1 固定资产系统初始化设置 …………………… 111
实训 2 固定资产增加业务 ……… 115
实训 3 固定资产变动业务 ……… 120
实训 4 计提当月折旧 …………… 122
实训 5 固定资产减少业务 ……… 122
实训 6 固定资产盘点业务 ……… 124
实训 7 债务重组业务 …………… 125
实训 8 固定资产管理系统对账与结账 …………………… 128

第 6 章 薪资管理系统 ………………… 130
6.1 薪资管理系统概述 ……………… 130
6.1.1 薪资管理系统的功能 ………… 130
6.1.2 薪资管理系统与其他系统之间的关系 …………… 130
6.1.3 薪资管理系统数据流程 ……… 131
6.2 薪资管理系统业务处理 ………… 131
6.2.1 薪资管理系统的初始设置 …… 131
6.2.2 薪资管理系统日常业务处理 …………………… 134
6.2.3 薪资管理系统期末业务处理 …………………… 137

实务训练 …………………………… 138
实训 1 薪资管理系统初始化设置 …………………… 138
实训 2 工资数据变动及计算 …… 144
实训 3 工资分摊设置 …………… 146
实训 4 工资分摊相关账务处理 … 148
实训 5 缴纳社保业务 …………… 148
实训 6 薪资管理系统结账 ……… 150

第 7 章 采购与应付款管理系统 ……… 152
7.1 采购与应付款管理系统概述 …… 152
7.1.1 采购与应付款管理系统的功能 …………………… 152
7.1.2 采购与应付款管理系统和其他系统之间的关系 …… 152
7.1.3 采购与应付款管理系统数据流程 …………………… 153
7.2 采购与应付款管理系统业务处理 ……………………… 154
7.2.1 采购与应付款管理系统初始设置 …………………… 154
7.2.2 采购与应付款管理系统日常业务处理 ………………… 157
7.2.3 采购与应付款管理系统期末业务处理 ………………… 167
实务训练 …………………………… 167
实训 1 业务信息设置 …………… 168
实训 2 采购业务管理相关系统初始化 …………………… 171
实训 3 普通采购业务 …………… 178
实训 4 普通采购业务逆操作(选做业务) …………… 182
实训 5 采购现结业务 …………… 183
实训 6 采购退货业务 …………… 186
实训 7 含现金折扣的采购业务 … 189
实训 8 代垫运费二次分摊 ……… 193
实训 9 采购业务手工结算 ……… 194
实训 10 采购暂估业务 ………… 198

第8章 销售与应收款管理系统 …… 203

8.1 销售与应收款管理系统概述 …… 203
- 8.1.1 销售与应收款管理系统的功能 …… 203
- 8.1.2 销售与应收款管理系统和其他系统之间的关系 …… 203
- 8.1.3 销售与应收款管理系统数据流程 …… 203

8.2 销售与应收款管理系统业务处理 …… 204
- 8.2.1 销售与应收款管理系统初始设置 …… 204
- 8.2.2 销售与应收款管理系统日常业务处理 …… 208
- 8.2.3 销售与应收款管理系统期末业务处理 …… 222

实务训练 …… 223
- 实训1 销售与应收款管理系统初始设置 …… 223
- 实训2 普通销售业务 …… 228
- 实训3 销售现结业务 …… 231
- 实训4 直运销售业务 …… 234
- 实训5 委托代销业务 …… 239
- 实训6 受托代销业务(买断方式) …… 245
- 实训7 受托代销业务(收取手续费方式) …… 252
- 实训8 分期收款业务 …… 258
- 实训9 代垫运费业务 …… 262
- 实训10 票据贴现业务 …… 264
- 实训11 销售退回业务 …… 265

第9章 库存管理与存货核算系统 …… 270

9.1 库存管理与存货核算系统概述 …… 270
- 9.1.1 库存管理与存货核算的功能 …… 270
- 9.1.2 库存管理与存货核算和其他系统之间的关系 …… 270
- 9.1.3 库存管理与存货核算系统数据流程 …… 271

9.2 库存管理与存货核算业务处理 …… 271
- 9.2.1 库存管理与存货核算的初始设置 …… 271
- 9.2.2 库存管理与存货核算日常业务处理 …… 274
- 9.2.3 库存管理与存货核算期末业务处理 …… 280

实务训练 …… 282
- 实训1 库存盘点业务 …… 282
- 实训2 计提存货跌价准备业务 …… 284
- 实训3 系统结账 …… 285

第10章 UFO报表管理系统 …… 289

10.1 UFO报表管理系统概述 …… 289

10.2 UFO报表管理系统业务处理 …… 290
- 10.2.1 UFO报表管理系统的基本术语 …… 290
- 10.2.2 UFO报表管理系统的初始设置 …… 293
- 10.2.3 UFO报表管理系统日常业务处理 …… 298

实务训练 …… 300
- 实训1 利用模板生成利润表 …… 300
- 实训2 利用模板生成资产负债表 …… 302
- 实训3 自定义"财务指标分析表" …… 303
- 实训4 自定义预算管理报表 …… 308

第11章 综合实验 …… 310

11.1 系统初始化 …… 313
11.2 业务处理与会计核算 …… 315
11.3 报表编制与财务分析 …… 336

第1章　会计信息化基础

 理论知识

1.1　会计信息化实训平台

在信息技术日新月异、管理理念层出不穷的市场形势下，会计信息系统与组织管理信息系统的融合愈加紧密，特别是企业资源计划(ERP)管理思想和系统的提出，促使财务业务向一体化管理方向转变。财务业务一体化管理实现了财务账与实物账的同步生成，有助于将财会人员从繁杂的劳动中解放出来，不断完善会计信息系统的控制功能。在会计信息系统的支持下，将控制职能延伸到业务前端，从核算角色转变为管理决策角色，并在会计决策系统的支持下辅助决策。

高等院校经济管理类专业会计信息系统课程教学应契合这一现实背景，使学生从理论、应用方法以及管理变革等方面去把握会计信息系统的发展与应用，提升学生对会计信息系统基本原理及应用流程的理解与掌握程度。

为了促进学生更深入、更熟练掌握企业实际业务处理，锻炼学生财务综合能力，本书在编写过程中，兼顾学科发展的前沿性、实践性、实验条件的差异性，力求为学生提供一套贴近实际、业务类型完整、具有可操作性的实验。本书选择用友 U8 V10.1 版(以下简称"用友 U8")管理软件作为实训平台。用友 U8 管理软件是面向中型企业普及应用的一款产品，功能全面，运行稳定，在教育市场拥有广大的合作伙伴。

1.1.1　软件特点

用友 U8 管理软件是通用软件，适用于各行各业和大中小型企业，可以满足不同的竞争环境下，不同的制造、商务模式下，以及不同的运营模式下的企业经营。用友 U8 以"优化资源，提升管理"为核心理念，以快速实施为特点，提供从企业日常运营、人力资源管理到办公事务处理等全方位的企业管理解决方案。

用友 U8 管理软件是由财务系统、供应链管理系统、决策支持系统、行业集团管理等多个系统构成，每个系统间相互联系、共享数据，从而可以实现业务、财务一体化管理的目的。软件所包含的各个系统是为同一个会计主体的不同方面服务的，并且系统与系统之间相互联系、共享数据。

1.1.2 功能结构

用友 U8 从业务功能上涵盖财务会计、供应链、管理会计、生产制造、人力资源、集团应用、专家财务评估、企业应用集成(EAI)和内部控制等全面应用。各个系统共同构成了用友 U8 系统框架,每个系统又包括多个子功能系统。各子功能系统间既相互独立(即各自具有完善和系统的功能),又有机地结合在一起。

用友 U8 融合会计核算、财务管理、采购、库存、销售几大业务循环系统于一体,全面地管理企业的资源和经济业务状况。软件功能对应了现今高等教育的多个专业方向,如企业管理、物流管理、会计、人力资源管理等。考虑到各校教学实际情况,为突出业务处理重点,使学生在有限学时内掌握会计信息系统业务处理精髓,本书选取了财务会计中的总账管理、UFO 报表、固定资产、应收款管理、应付款管理等主要模块;选择了供应链管理中的采购管理、销售管理、库存管理、存货核算等主要模块;人力资源管理中的薪资管理模块搭建了本教材的实验体系,以支撑企业财务业务的一体化管理。为使学习者对财务业务一体化运行模式有一个初步的认识和了解,现以图1-1所示描述本书所选模块之间的数据关系。

图 1-1 所选模块间的数据关系

1.2 教材使用说明

1.2.1 教材设计思路

ERP 教学作为经济管理类专业实践教学的重要手段，对高等院校的教学改革工程起到了重要的推进作用，是培养学生综合素质和能力的有力支撑。但是，在日常教学中，各高校往往存在"重实践，轻理论"的现象。学生由于缺乏"会计信息系统"基本工作原理的学习，在课程学习过程中只能机械地重复教材列示业务的操作步骤，难以透彻理解并掌握企业管理软件的整体系统结构和数据流向，导致学生参加工作后，对于企业出现的综合业务处理无法做到举一反三，降低了课程的整体效能。

为解决以上问题，本书在设计有关介绍企业管理软件各核心子系统功能的相关章节内容结构时，每章都包括系统概述、系统业务处理和数量不等的系统业务处理实训等内容。系统概述部分描述本章所介绍的用友 U8 管理软件所提供的功能，该系统与其他子系统的数据传递关系、业务操作流程，使学生对该系统建立初步的了解。系统业务处理部分对子系统提供的功能以及常见业务处理流程做了一定程度的展开，为章节第三部分系统业务处理实训部分打下基础。系统业务处理实训部分是本书编写重点。第 2～10 章系统业务处理实验部分以某商业企业实际经济业务为原型编制，实训内容包括背景资料、实训要求、岗位说明、实训指导等环节；为顺利完成实验，实训指导部分针对实训资料给出了具体的业务处理方法，并借助注意事项对实训中应注意的事项给予特别提示。

为锻炼学生适应社会和就业与创业能力，培养、发掘创新型、实用型、复合型人才，同时为企业选拔人才提供实践能力的考查依据，工业和信息化部每年面向各类高等院校在校学生举办"全国大学生会计信息化技能大赛"(以下简称"信息化大赛")。考虑到各院校会计信息系统课程除完成正常教学目标外还承担着竞赛培训与选拔任务的实际情况，本书在保障教学流畅性的前提下，实验业务的选取与设置兼顾了企业经济业务处理重点与信息化大赛考点。

1.2.2 教学安排建议

为了使本书适用于不同教学条件下的教学需要，方便教师制订课程教学计划，根据章节内容为教师提供以下教学课时分配供参考。以 45 分钟/课时计算，每个章节所需讲授学时以及上机学时建议课时如表 1-1 所示。

表 1-1 章节建议课时一览表

章节名称	讲授课时	上机课时	课时合计
第 1 章 会计信息化基础	2		2
第 2 章 系统管理	1	2	3
第 3 章 企业应用平台	1	4	5

(续表)

章节名称	讲授课时	上机课时	课时合计
第 4 章 总账管理系统	4	8	12
第 5 章 固定资产管理系统	2	4	6
第 6 章 薪资管理系统	2	4	6
第 7 章 采购与应付款管理系统	4	10	14
第 8 章 销售与应收款管理系统	4	10	14
第 9 章 库存管理与存货核算系统	2	6	8
第 10 章 UFO 报表管理系统	2	4	6
第 11 章 综合实验		(20)	(20)
合计	24	72	96

1.2.3 教学软件运行环境

用友 U8 管理软件采用三层架构体系，逻辑上分为数据库服务器、应用服务器和客户端。软件属于应用软件范畴，需要预先对操作系统进行配置并安装必要的支撑软件，保障用友 ERP-U8 管理软件的正常运行，具体配置要求如表 1-2 所示。

表 1-2 用友 U8 V10.1 全产品的配置要求

项目名称	配置要求
操作系统	Windows XP+SP2(或更高版本补丁) Windows 2003+SP2(包括 R2) (或更高版本补丁) Windows Vista+SP1(或更高版本补丁) Windows 2008+SP1(或更高版本补丁) Windows 7+SP1(或更高版本补丁) Windows 2008 R2(SP1 或更高版本补丁)
数据库管理软件	Microsoft SQL Server 2000 + SP4(或更高版本补丁) Microsoft SQL Server 2005 + SP2(或更高版本补丁) Microsoft SQL Server 2008+SP1(或更高版本补丁) Microsoft SQL Server 2008 R2
浏览器	微软 IE 浏览器 IE 6.0 + SP1 和以上版本(IE 7、IE 8、IE 9)使用 U8 V10.1 的 Web 产品
Internet 信息服务 (IIS)	Windows XP+SP2 安装 IIS 5.1 Windows Server 2003 各版本安装 IIS 6.0 其余操作系统版本安装 IIS 7.0
.NET 运行环境	.NET Framework 2.0 Service Pack 1 .NET Framework 3.5 Service Pack 1

实务训练

实训1 安装数据库管理系统

【实训要求】

安装 Microsoft SQL Server 2008 R2 数据库管理系统。

【实训指导】

① 运行安装文件"setup.exe",在弹出的窗口中单击"安装"按钮,在安装页面的右侧选择"全新安装或向现有安装添加新功能"。

② 弹出安装程序支持规则,检测安装能顺利进行后,单击"确定"按钮。

③ 在弹出的"产品密钥"对话框中选择"输入产品密钥"选项,并输入 SQL Server 2008 R2 安装光盘的产品密钥,单击"下一步"按钮。

④ 在弹出的"许可条款"对话框中,勾选"我接受许可条款"选项,单击"下一步"按钮。

⑤ 弹出"安装程序支持文件"对话框,单击"安装"按钮以安装程序支持文件,若要安装或更新 SQL Server 2008 系统,这些文件是必需的。

⑥ 单击"下一步"按钮,弹出"安装程序支持规则"对话框,安装程序支持规则可确定在用户安装 SQL Server 安装程序文件时可能发生的问题。必须更正所有失败,安装程序才能继续。单击"下一步"按钮。

⑦ 勾选"SQL Server 功能安装"选项,单击"下一步"按钮。

⑧ 在弹出的"功能选择"对话框中选择要安装的功能并选择"共享功能目录",单击"下一步"按钮。

⑨ 弹出"安装规则"对话框,安装程序正在运行规则以确定是否要阻止安装过程,有关详细信息,请单击"帮助"按钮。

⑩ 单击"下一步"按钮,出现"实例配置"对话框,制定 SQL Server 实例的名称和实例 ID。实例 ID 将成为安装路径的一部分,这里选择默认实例。

⑪ 单击"下一步"按钮,弹出"磁盘空间要求"对话框,可以查看您选择的 SQL Server 功能所需的磁盘摘要。

⑫ 单击"下一步"按钮,弹出"服务器配置"对话框,指定服务账户和排序规则配置,页面中弹出"对所有 SQL Server 服务使用相同的账户"对话框。

⑬ 在出现的对话框中,为所有 SQL Server 服务账户指定一个用户名和密码。

⑭ 单击"下一步"按钮,弹出"数据库引擎配置"对话框,选择"混合模式",输入用户名和密码(密码设为 123456),添加"当前用户"。

⑮ "添加当前用户",单击"下一步"按钮。
⑯ 单击"下一步"按钮,打开"Reporting Services 配置"对话框。
⑰ 单击"下一步"按钮,打开"错误报告"对话框。
⑱ 单击"下一步"按钮,打开"安装配置规则"对话框。
⑲ 单击"安装"按钮,等待安装过程的完成,完成安装,运行界面如图 1-2 所示。

图 1-2　Microsoft SQL Server 2008 R2 运行界面

实训 2　安装用友 U8 管理软件

【实训要求】

在个人计算机中安装用友 U8 管理软件。

【实训指导】

以在 Windows 7 操作系统中安装用友 U8 为例。

1) 安装前注意事项

在单机上安装用友 ERP-U8 且操作系统使用 Windows 7 时,要注意以下问题。

① 操作系统。Windows 7 家庭版、高级家庭版均不符合软件安装要求,操作系统版本只能是旗舰版和专业版。

② 数据库。数据库系统为 SQL Server 2008 R2,并使用 REGEDIT 命令更改注册表。

③ 安装的权限。管理员具有安装权限,最好是超级用户。

④ 用户权限控制。用户权限控制设置为最低,即对安装不做限制。

⑤ 安全管理软件。安全卫士、杀毒软件等软件在安装过程中必须停止运行。最好先卸载,安装成功后再安装安全管理类软件。

⑥ 其他软件。可以安装 Office、输入方法、浏览器、即时通信类软件。不能在同一环

境存在其他管理软件。

2) Internet 信息服务(IIS)安装步骤

Internet Information Services(IIS，互联网信息服务)，是由微软公司提供的基于运行 Windows 的互联网基本服务。IIS 的默认安装不完全，需要我们自己手动添加进行安装。以 Windows 7 旗舰版操作系统为例，需进行以下配置。

① 进入控制面板后，选择"程序"。选择"程序和功能"中的"打开或关闭 Windows 功能"选项。

② 选择"Internet 信息服务"，进入后，要把加号都点开，简单的做法是选取可选的全部项目。进行相关设置后，单击"确定"按钮，系统会自动完成 IIS 的安装。安装完成后重新启动计算机。

3) 安装环境的准备

(1) 安装用户。

安装软件过程中，一般都要更改有关的环境设置，因此要具有管理员权限才能安装，最好在安装时使用超级用户。

Windows 7 旗舰版安装完成后，若默认登录的不是超级用户(Administrator)，则可使用如下方法将超级用户释放出来。

① 右击桌面上的"计算机"快捷图标，选择"管理"|"本地用户和组"|"用户"| Administrator 选项。

② 双击"Administrator"选项，取消选中"账户已禁用"选项，单击"确定"按钮，退出后重新启动操作系统。

(2) 更改用户账户控制设置。

为了安全起见，Windows 7 系统对用户的权限进行了控制，以防止非法软件被安装。但在安装一些软件时，是需要最高权限的，否则表面上似乎安装完成，但由于安装人员的权限不够，导致在修改有关系统参数时不成功，从而导致安装后无法使用。这种问题是安装程序在安装过程中发生的，不一定进行提示，出现错误时很难寻找原因和解决办法。

选择"控制面板"|"用户账户和家庭安全"|"用户账户"选项，单击"更改用户账户控制设置"选项，将用户账户控制设置为最低。

(3) 更改计算机名称。

① 打开"控制面板"，选择"系统和安全"选项，再选择"系统"选项。

② 在用友 U8 中，计算机名不能使用如"-"等特殊字符，如需更改，可选择计算机名的"更改设置"功能完成。

③ 先单击"应用"按钮，再单击"确定"按钮，重新启动计算机后完成。

(4) 日期分隔符设置。

用友 U8 中，要求日期分隔符号设置为"-"，设置的方法为：进入 Windows 7 控制面板，选择"时钟、语言和区域"|"更改日期、时间或数字格式"选项，将短日期的格式设置为"yyyy-MM-dd"。先单击"应用"按钮，再单击"确定"按钮完成。

4) 用友 U8 管理软件安装
(1) 安装环境检测。
① 双击软件安装目录下的 Setup.exe 安装程序,单击"下一步"按钮,在"许可证协议"窗口选择"接受协议",然后单击"下一步"按钮进入客户信息设置,输入公司名称(这里输入的公司名称对后面的实际应用没有影响,可自行输入)。单击"下一步"按钮进入"选择目的地位置",一般按照默认选择,也可以更改。

② 单击"下一步"按钮,在"安装类型"窗口,选择"全产品"选项,即全部组件在同一台机器上安装。

③ 安装语言可不选择"繁体中文"和"英语",单击"下一步"按钮,进入"环境检测"窗口,单击"检测"按钮,结果如图 1-3 所示。

图 1-3 系统环境检查

④ 如果显示有未安装的组件,具体与当前环境有关,要选择"安装缺省组件",也可以直接单击相应项目进行安装。

⑤ 单击"安装缺省组件"按钮后,选择安装"可选组件",作为教学使用,也可以不安装。

(2) 安装系统。
① 系统环境检查通过后,单击"确定"按钮,进入"可以安装程序了"窗口,单击"安装"按钮进行具体的安装。安装将持续较长时间,具体与所用机器性能有关,安装中如果

出现"这个程序可能安装不正确"提示对话框,可选择"使用推荐的设置重新安装"选项。安装完毕,需要重新启动计算机。

② 重新启动后系统提示进行数据源配置,在"数据库"文本框中输入当前计算机的计算机名,在"SA 口令"文本框中输入 123456。单击"测试连接"按钮,显示"测试成功"信息提示框,否则说明数据库没有连接上,注意检查数据库名和密码,如图 1-4 所示。

图 1-4　测试连接

③ 配置完成后提示"是否初始化数据库",单击"是"按钮,弹出"正在初始化数据库实例,请稍后……"提示框。数据库初始化完成后,显示用友 U8 管理软件登录窗口,如图 1-5 所示。

图 1-5　用友 U8 管理软件登录窗口

思政园地

数字中国(一)——用友：全球企业级(ERP)TOP10中唯一的亚太厂商

用友创立于 1988 年，公司致力于用创想与技术推动商业和社会进步，通过构建和运行全球领先的商业创新平台，服务企业数智化转型和商业创新，成就千万数智企业，让企业云服务随需而用，让数智价值无处不在，让商业创新如此便捷。

据 Gartner 研究显示，公司是全球企业级应用软件(ERP)TOP10 中唯一的亚太厂商，在全球 ERP SaaS 市场位居亚太区厂商排名第一，也是唯一入选 Gartner 全球云 ERP 市场指南、综合人力资源服务市场指南的中国厂商。同时，IDC 数据显示，公司持续领跑中国企业云服务市场，在中国应用平台化云服务 APaaS 市场占有率第一,中国企业应用 SaaS 市场占有率第一，并荣获 2021 年度全球财务 SaaS 客户满意度大奖，是中国企业数智化服务和软件国产化自主创新的领导品牌。

用友在财务、人力、供应链、采购、制造、营销、研发、项目、资产、协同领域为客户提供数字化、智能化、高弹性、安全可信、平台化、生态化、全球化和社会化的企业云服务产品与解决方案。

用友秉承用户之友、持续创新、专业奋斗的核心价值观，一切源于为客户创造价值。目前，用友在全球拥有 230 多个分支机构和 10 000 多家生态伙伴，众多行业领先企业都选择用友 BIP 作为数智化商业创新的平台。

用友自成立起主动适应经济新常态，积极履行经济、社会和环境责任，践行"责任、开放、创新、合作、绿色"发展理念，持续提升社会责任管理水平，全球领先实践中国企业智慧。

第2章 系统管理

 理论知识

2.1 系统管理概述

2.1.1 系统管理的作用

通常财务、业务一体化的企业会计信息系统囊括了企业的资金流、物流和信息流。企业会计信息系统由多个子系统组成,各个子系统之间相互联系,数据共享,完整实现财务、业务一体化的管理。因此,就要求这些子系统:①具备公用的基础信息;②拥有相同的账套和年度账;③操作员和操作权限集中管理;④业务数据共用一个数据库。

要想满足上述要求,就要设立一个独立的系统模块,也就是系统管理模块,来对企业级财务软件所属的各个子系统进行统一的操作管理和数据维护,为各子系统提供统一的环境,实现一体化的管理应用模式。

2.1.2 系统管理的主要功能

系统管理模块的主要功能是对各个子系统进行统一的操作管理和数据维护,具体包括以下几个方面。

1. 账套管理

账套指的是一组相互关联的数据。一般来说,我们可以为企业中每一个独立核算的单位建立一个账套。账套管理包括账套的建立、修改、删除、引入和输出等。

2. 账套库管理

账套库管理包括账套库的建立、清空、引入、输出、账套库初始化和清空账套库数据。用户不仅可以建立多个账套,而且每个账套中还可以包含多个账套库。企业是持续经营的,原则上一个账套仅需对应一个账套库,但若企业出于特殊原因,如调整组织机构设置或部分业务,账套库中过多的数据会影响业务处理性能,则新建账套库可以通过重置部分数来达到提升应用效率的目的。而对不同核算单位、不同时期的数据只需要设置相应的系统路径,就可以方便地进行操作。

分别设置账套和账套库两级结构的优点在于:①便于企业的管理,如进行账套的上报、跨年的数据结构调整等;②方便数据输出和引入;③减少数据的负担,提高应用效率。

3. 操作权限管理及设立统一安全机制

为了保证系统及数据的安全与保密,系统管理提供了操作员及操作权限的集中管理功能。通过对系统操作分工和权限的管理,一方面可以避免与业务无关的人员进入系统,另一方面可以对系统所含的各个子系统的操作进行协调,以保证各负其责,流程顺畅。操作权限的集中管理包括设定各子系统的操作员以及为操作员分配一定的权限。设立统一的安全机制包括数据库的备份、功能列表及上机日志。

2.1.3 系统管理操作流程

1. 新用户操作流程

第一次使用本系统,应按图 2-1 所示步骤进行操作。

图 2-1 新用户操作流程

2. 老用户操作流程

如果已经使用了本系统,到了年末,应进行数据结转,以便开始下一年度的工作。新年度开始时应按图 2-2 所示的步骤进行操作。

图 2-2 老用户操作流程

2.1.4 启动系统管理模块

在"开始"|"所有程序"|"用友 U8 V10.1"|"系统服务"菜单项中，单击"系统管理"选项，即可启动系统管理模块。系统管理一般以后台方式运行，启动之后，用户看到的是任务栏上的任务按钮。用户如果要进行系统设置操作，需单击任务栏上的"系统管理"按钮，打开"系统管理"窗口，如图 2-3 所示。

图 2-3 "系统管理"窗口

1．注册

系统允许以两种身份注册进入系统管理，一是以系统管理员的身份注册，二是以账套主管的身份注册。

系统管理员负责整个系统的总体控制和维护工作，可以管理该系统中所有的账套。以系统管理员身份注册进入系统管理，可以进行账套的建立、引入和输出，设置操作员和账套主管，设置和修改操作员的密码及其权限，等等。

账套主管负责所选账套的维护工作，主要包括对所选账套进行修改、对年度账的管理(包括建立、初始化、清空、引入、输出和各子系统的年末结转、所选账套的数据备份)，以及该账套操作员权限的设置。

单击"系统"菜单下的"注册"命令,出现系统管理员"登录"对话框,如图 2-4 所示。

图 2-4 系统管理员"登录"对话框

第一次运行时,系统管理员口令为空,按照前面的提示,为了保证系统的安全性,可以更改系统管理员的密码(如果只用来练习,则直接单击"登录"按钮即可)。首先在"密码"栏中输入要设置的密码,然后选中"修改密码"复选框,单击"确定"按钮,系统要求用户输入新的密码,并确认新密码。

2. 设置备份计划

系统管理可以对系统的数据进行自动备份,以增强系统数据的安全性。用户可以通过系统管理中的设置备份计划功能,来对系统数据的备份方式进行设置,使之能够更好地满足用户的使用要求。

单击"系统"菜单下的"设置备份计划"命令,进入"备份计划设置"窗口,如图 2-5 所示。

图 2-5 设置备份计划

在此，用户可以决定是否使用自动备份功能，如果使用，则系统会自动对设定的账套或账套库进行备份，还可以指定备份路径。

3．初始化数据库

系统管理可以对连接的数据库实例进行重置连接。用户可以通过单击"系统"菜单下的"初始化数据库"命令，进入"初始化数据库实例"窗口，操作时需要输入数据库实例的名称和数据库管理员(SA)的口令。

4．升级 SQL Server 数据

为了保证用户数据的可追溯性和一致性，用户可以通过单击"系统"菜单下的"升级 SQL Server 数据"命令，实现以往版本数据的升级。

5．数据清除

数据清除包括清除工作流数据和清除日志两个选项。

清除工作流数据是指将工作流运行数据(工作流运行过程中产生的实例、日志信息)进行清除。清除出去的数据，以后如果需要还可以通过还原工作流数据功能恢复到系统中。在数据清除界面，根据起止年度确定需要操作的账套库后，可以选择按日期范围或按单据类型进行清除。清除工作流数据需系统管理员 Admin 登录操作。

清除日志是指对各种日志类数据的清除，包括业务功能操作日志、数据操作日志、系统管理操作日志。清除出去的数据，以后如果需要还可以通过还原日志功能恢复到系统中。清除日志需安全管理员 SAdmin 登录操作。

6．数据还原

数据还原与数据清除操作互逆。通过清除工作流数据功能备份的工作流数据可以通过此功能再恢复到系统中，以便追溯历史、分析问题。

7．安全策略

用友 U8 V10.1 软件的应用安全策略和实践包括：用户身份和密码管理；子系统和用户特权管理；数据、功能等权限管理；登录控制；安全日志；等等。安全策略选项需安全管理员 SAdmin 登录操作。

8．注销

单击"系统"菜单下的"注销"选项，可以将当前的注册(登录)注销掉，重新进行注册。

2.1.5 角色、用户及权限管理

为了保证系统及数据的安全与保密，系统管理提供操作员设置功能，以便在计算机系统上进行操作分工及权限控制。系统管理员和账套的会计主管通过对系统操作的分工和权限的管理，一方面可以避免与业务无关人员对系统的操作，另一方面可以对系统所含的各个子系统的操作进行协调，以保证系统的安全与保密。

1. 角色管理

角色是指在企业管理中拥有某一类职能的组织，这个角色组织可以是实际的部门，也可以是由拥有同一类职能的人构成的虚拟组织。在设置了角色后，就可以定义角色的权限，当用户归属某一角色后，就相应地拥有了该角色的权限。设置角色的方便之处在于可以根据职能统一进行权限的划分，方便授权。只有系统管理员才有权利建立和管理角色，用户可以通过单击"权限"菜单下的"角色"命令，实现对角色的增加、删除和修改等操作。

2. 用户管理

用户是指有权限登录系统，对系统进行操作的人员，亦可称之为操作员。与角色的建立和管理相同，只有系统管理员才有权利建立和管理用户(操作员)。因此，定义用户时，必须以系统管理员的身份注册进入系统管理，然后单击"权限"菜单下的"用户"命令，进入"用户管理"窗口，在该窗口中，可以进行用户的管理和维护工作。

1) 增加用户

在"用户管理"窗口中，单击"增加"按钮，可以进行增加用户操作。增加用户时，必须指定操作员编号、姓名，定义并确认用户口令及用户所属部门。

(1) 编号。即用户编号，用来标识所设置的用户，用户编号必须唯一。

(2) 用户全名。即用户姓名，是用户登录各子系统时的用户名，不能为空。

(3) 部门。用户所属部门，可以不填。

(4) 口令。用户登录系统时使用的口令，不能为空。

(5) 所属角色。选择用户归属哪一个角色，则其自动具有该角色的权限，包括功能权限和数据权限。一个角色可以拥有多个用户，一个用户也可以分属于多个不同的角色。

2) 修改或删除用户

在"用户管理"窗口中，单击"修改"按钮，进入"操作员详细情况"窗口，可以修改操作员的用户名和口令。在"操作员详细情况"窗口中，可以设置操作员启用(有效)或注销(无效)权限。

在"用户管理"窗口中，单击"删除"按钮，可以删除用户。但在各子系统中进行过操作的用户是不能被删除的。

通常所设置的操作员用户一旦以其身份进入过系统，便不能被修改和删除。

3) 刷新

刷新的作用是根据系统中有关操作员用户的变化来适时地刷新系统管理中有关用户设置的内容。单击"刷新"按钮进行刷新操作。

3. 用户权限管理

用户权限管理功能是用于对已建立的用户(操作员)进行赋权或取消赋权。只有系统管理员和账套主管有权利对用户权限进行设置，但两者的权限又有所区别。系统管理员可以指定或取消各账套的账套主管,还可以对各个账套的操作员进行权限设置。而账套主管只可以对所管辖账套的操作员进行权限管理。

在设置操作员权限前,一般应首先建立系统核算账套。以系统管理员或账套管理员身份登录后,单击"权限"菜单下的"权限"命令,系统将弹出"操作员权限"管理窗口。

(1) 设定或取消账套主管。

只有系统管理员才有权限进行账套主管的设定与放弃的操作。操作步骤如下。

① 用户从左边窗口操作员列表中选择要设定或放弃账套主管资格的操作员。

② 在图 2-6 所示界面右侧下拉菜单处选择账套,最后单击旁边的"账套主管"标记,如想将该操作员用户设定为账套主管,则标上"√"标记;如想放弃该操作员的账套主管资格,则去掉标记。一个账套可以定义多个账套主管。

系统默认账套主管自动拥有该账套的全部权限,故对账套主管操作员来讲,就没有增加和删除权限的操作。如果用户是以账套主管的身份注册登录的,在操作员窗口中只显示出非账套主管的操作员。

(2) 增加用户权限。

系统管理模块要对所有子系统的权限进行统一管理,为方便用户设置权限,系统提供了按子系统分组选择权限的方式,并提供了各子系统与其所包含所有明细权限名称的树形结构,如图 2-6 所示。

图 2-6 各子系统权限和明细权限

树形结构的第一层级列示了系统中已安装的全部子系统,第二层级及以下则分层列示了当前子系统所具有的全部明细权限。

选择权限和删除权限的方法:都是在"系统名称"和"权限名称"前用鼠标单击"√"选择。

当第一层级列示某个系统名称时,将选中该子系统全部权限;亦可从下一层级中根据需要选择明细权限，选中均标记"√"。

(3) 删除操作员权限。

系统管理员或账套主管可以对非账套主管的操作员已拥有的权限进行删除，方法是：首先在界面右侧的操作员显示区中选取用户，然后单击"删除"按钮，此时系统将自动弹出一个对话框供用户对该删除操作进行确认。需要注意的是，所设置的操作员权限一旦被引用，便不能被修改或删除。

2.1.6 账套管理

为了使通用的财务软件能够适应本企业的需要，在使用账务处理等子系统之前，要对系统进行初始化设置。系统初始化就是结合本企业的实际情况，将一个通用的账务核算系统设置成适合本企业核算要求的专用账务核算系统，是企业进行会计核算及各种专项辅助核算等工作顺利开展的重要环节之一。初始化工作分两部分完成：核算体系的建立和期初数据的整理录入。核算体系的建立在系统管理子系统中完成，期初数据的整理录入由账务处理子系统完成。

1. 建立账套

设定操作员之后，运行系统之前，首先应该为本单位建立一个账套。只有系统管理员有权利建立账套。

以系统管理员的身份注册进入"系统管理"窗口。在该窗口中，单击"账套"菜单下的"建立"命令，进入"创建账套"界面。跟随建账向导，创建账套的过程分为以下6步。

1) 输入账套信息

用于记录新建账套的基本信息如下。

(1) 新建空白账套：建立全新空白账套。

(2) 参照已有账套：系统将现有的账套以下拉列表框的形式显示出来，用户只能参照，不能输入或修改。选择完成后，单击"下一步"按钮，进行下一步设置。

(3) 账套号：用来输入新建账套的编号，账套号为3位(001～999)，账套号必须唯一且用户必须输入。

(4) 账套名称：用来输入新建账套的名称，用户必须输入。

(5) 账套路径：用来输入新建账套所要被放置的路径，系统默认的路径为"C:\U8SOFT\用户名"，用户可以人工输入，也可以利用■按钮进行参照输入，但一般都使用系统的默认路径。

(6) 启用会计期：用来输入新建账套将被启用的时间，用户必须输入。系统默认为计算机的系统日期，可单击"会计期间设置"按钮，设置账套的启用年度和月度。随后系统会自动将启用月份以前的日期的背景色设置为蓝色，标识为不可修改的部分；而将启用月份以后的日期(仅限于各月的截止日期，至于各月的初始日期则随上月截止日期的变动而变动)的背景色设置为白色，标识为可以修改的部分，可以由用户任意设置。输入完成后，单击"下一步"按钮，进行下一步设置。

2) 输入单位信息

用于记录本单位的基本信息,包括单位名称、单位简称、单位地址、法人代表、邮政编码、电话、传真、电子邮件、税号、备注。

(1) 单位名称:用户单位的全称,必须输入。企业全称只在发票打印时使用,其余情况全部使用企业的简称。

(2) 单位简称:用户单位的简称,最好输入。

(3) 备注:输入用户认为有关该单位的其他信息,如所有制类型。

其他栏目都属于任选项。输入完毕后,单击"下一步"按钮。

3) 输入核算信息

用于记录本单位的基本核算信息,包括本位币代码、本位币名称、账套主管、行业性质、企业类型、是否按行业预置科目等。

(1) 本位币代码:用来输入新建账套所用的本位币的代码,如"人民币"的代码为 RMB。

(2) 本位币名称:用来输入新建账套所用的本位币的名称,用户必须输入。

(3) 账套主管:用来输入新建账套中账套主管的姓名,用户必须从下拉列表框中选择输入。

(4) 企业类型:用户必须从下拉列表框中选择输入。系统提供工业、商业和医药流通 3 种类型。如果选择工业模式,则系统不能处理受托代销业务;如果选择商业模式,委托代销和受托代销业务都能处理。

(5) 行业性质:用户必须从下拉列表框中选择输入,系统按照所选择的行业性质预置科目。

(6) 是否按行业预置科目:如果用户希望预置所属行业的标准一级科目,则选中该项。

4) 输入基础信息

存货、客户和供应商是否分类管理,要视具体情况而定。如果单位的存货、客户、供应商相对较多,可以对他们进行分类核算。如果此时不能确定是否进行分类核算,可以待分销软件启动时再设置分类核算。

(1) 存货分类。如果企业存货较多且种类繁多,可以选择存货分类管理,单击选中"存货是否分类"前的复选框即可。如果选择了存货分类,那么在进行基础信息设置时,必须先设置存货分类,然后才能设置存货档案。如果存货较少且品种单一,可以选择存货不分类,那么在进行基础信息设置时,可以直接设置存货档案。

(2) 客户分类。如果企业客户较多,可以进行分类管理,单击选中"客户是否分类"前的复选框即可。如果选择了客户分类,那么在进行基础信息设置时,必须先设置客户分类,然后才能设置客户档案。如果选择客户不分类,那么在进行基础信息设置时,可以直接设置客户档案。

(3) 供应商分类。如果供应商较多,可以进行分类管理,单击选中"供应商是否分类"前的复选框即可。如果选择了供应商分类,那么在进行基础信息设置时,必须先设置供应商分类,然后才能设置供应商档案。如果供应商不分类管理,那么在进行基础信息设置时,可以直接设置供应商档案。

(4) 有无外币核算。如果企业涉及外币业务,可以选择,单击选中"有无外币核算"

前的复选框即可。

全部输入完成后,单击"完成"按钮,完成建账操作。

5) 分类编码方案。

为了便于用户进行分级核算、统计和管理,本系统可以对基础数据的编码进行分级设置,可分级设置的内容有:科目编码、存货分类编码、地区分类编码、客户分类编码、供应商分类编码、部门编码、成本对象编码、收发类别编码和结算方式编码,如图 2-7 所示。

编码级次和各级编码长度的设置将决定用户单位如何编制基础数据的编号,进而构成用户分级核算、统计和管理的基础。如果在建立账套时设置存货(客户、供应商)不需分类,则在此不能进行存货分类(客户分类、供应商分类)的编码方案设置。

6) 数据精度

由于各用户企业对数量、单价的核算精度要求不一致,为了适应各用户企业的不同需求,本系统提供了自定义数据精度的功能。在系统管理部分需要设置的数据精度主要有:存货数量小数位、存货单价小数位、开票单价小数位、件数小数位和换算率小数位,如图 2-8 所示。用户可根据企业的实际情况来进行设置。

账套创建成功后,屏幕上出现创建成功的提示信息。

图 2-7　分类编码方案

图 2-8　定义数据精度

2．修改账套

用户可以通过修改账套功能,查看或修改账套信息。但只有账套主管才有权限修改相应的账套。

以账套主管的身份注册,选择相应的账套,进入"系统管理"窗口。在"系统管理"窗口中,单击"账套"菜单下的"修改"命令,进入修改账套功能。系统自动列示出所选账套的账套信息、单位信息、核算信息、基础设置信息。账套主管可根据自己的实际情况,对允许进行修改的内容进行修改。

3．账套的引入和输出

引入账套功能是指将系统外某账套数据引入本系统中。该功能的增加将有利于集团公司的操作，子公司的账套数据可以定期被引入母公司系统中，以便进行有关账套数据的分析和合并工作。如果仅需要定期将子公司的账套数据引入总公司系统中，最好预先在建立账套时就进行规划，使各公司的账套号不一样，以避免引入子公司数据时因为账套号相同而覆盖其他账套的数据。

以系统管理员的身份注册登录系统管理，单击"账套"菜单下的"引入"命令，在弹出的对话框中选择所要引入的账套数据备份文件。账套数据备份文件是系统卸出的文件，前缀名统一为 UfErpAct，确认后，即可将账套备份数据引入系统中。

输出账套功能是指将所选的账套数据做一个备份，既可以在硬盘上备份，也可以在软盘上备份。

以系统管理员的身份注册登录系统管理，单击"账套"菜单下的"输出"命令，进入"账套输出"对话框。选择将要进行输出的账套，如想删除源账套，则还要将"删除当前输出账套"栏目选中。确定后，系统自动压缩所选账套数据，并要求用户选择备份目标，才能按要求完成账套输出。

账套管理的几项功能中，系统管理员有建立账套、引入和输出账套的权限，而修改账套只能由该账套的主管负责。

2.1.7 账套库管理

在系统管理软件中，用户不仅可以建立多个账套，而且每个账套可以由多个账套库组成。一个账套对应一个经营实体或是核算单位，而账套中的一个账套库对应该经营实体某一年度区间的业务数据。账套库管理包括建立账套库、账套库的引入和输出、账套库初始化以及清空账套库数据等。对账套库的管理只能由账套主管进行。

1．建立账套库

以账套主管的身份注册登录系统管理模块，选定需要进行建立新库的账套和上年的时间，进入系统管理界面。例如，需要建立 001 演示账套的 2017 新账套库，此时就要登录 001 账套的包含 2016 年数据的账套库。

在建立账套库的界面，显示当前账套、将要建立的新账套库的起始年度、本账套库内业务产品所在会计期间清单和建立新库的主要步骤及其进度。这些项目都是系统默认显示内容，不可修改，便于用户确认建库的信息。如果需要调整，请单击"放弃"按钮重新注册登录选择。如果确认可以建立新账套库，则单击"确定"按钮；如果放弃账套库的建立，可单击"放弃"按钮。

2. 账套库初始化

新建账套库后,为了支持新旧账套库之间的业务衔接,可以通过账套库初始化功能将上一个账套库中相关模块的余额及其他信息结转到新账套库中。为了统计分析的规整性,每个账套库包含的数据都以年为单位,上一账套库的结束年加一就是新账套库的开始年。用户以账套主管的身份注册进入系统管理,选择"账套库"菜单中的"账套库初始化"选项,则进入账套库初始化的功能。

账套库初始化功能遵循公共平台结转原则、财务会计结转原则、管理会计结转原则、供应链结转原则、生产制造结转原则、人力资源结转原则以及集团应用结转原则,将上一年度账套的相关数据转入新一年度账套。

3. 清空账套库数据

当用户发现某账套库中错误太多,或不希望将上一账套库的余额或其他信息全部转到下一年度时,便可使用清空账套库数据的功能。"清空"并不是指将账套库的数据全部清空,而是还要保留一些信息,主要有基础信息、系统预置的科目报表等。保留这些信息主要是为了方便用户使用清空后的账套库重新做账。以账套主管的身份注册,并且选定账套和登录时间,进入"系统管理"窗口,单击"年度账"菜单下的"清空年度数据"命令。需要注意的是,清空账套库数据时一定要备份数据,然后再进行操作。

4. 语言扩展

用友 U8 V10.1 软件支持英语、泰语、简体中文、繁体中文等不同语言。为发挥多语言优势,方便用户灵活使用,同时节省资源占用,U8 V10.1 提供了语言扩展工具。用户可以在建立账套时只选择使用的语言,若以后需要使用其他语言,则可以通过"语言扩展"工具来实现。

5. 账套库引入

引入账套库功能是指将系统外账套中的某年度区间的账套库数据引入本系统中。账套主管在系统管理界面单击"账套库"的下级菜单"引入",则进入引入账套库的功能。账套库数据备份文件是系统卸出的文件,前缀名统一为 UfErpYer,确认后,即可将账套库备份数据引入系统中。

6. 账套库输出

账套库的输出作用和账套输出的作用相同。账套库的输出方式对于有多个异地单位的客户的及时集中管理是有好处的。例如,某单位总部在深圳,其天津分公司每月需要将最新的数据传输到深圳。此时第一次只需分公司将账套输出(备份),然后传输到深圳进行引入(恢复备份),以后再需要传输数据时只需要将账套库进行输出(备份)然后引入(恢复备份)即可。这样的方式使得以后传输只传输账套库即可,其好处是传输的数据量小,便于提高传输效率和降低费用。

7．数据卸出

一个账套库中包含过多年份数据，体积过于庞大而影响业务处理性能时，可以通过数据卸出功能把一些历史年度的历史数据卸出，减小本账套库的体积，提高运行效率。数据卸出时，只能以会计年为单位进行处理，从本账套库的最小年度开始，到指定年度结束，卸出这个年度区间中所有业务产品的不常用数据。数据卸出后，系统将自动生成一个账套库保留这些卸出的数据，相对当前使用的账套库来说，这个包含卸出数据的账套库可以称为"历史账套库"。用户需以账套主管的身份注册进入系统管理执行数据卸出功能。

2.1.8 使用视图

视图主要包括刷新、清除异常任务、清除选定任务、清除所有任务、清退站点、清除单据锁定和上机日志等功能。

1．刷新

系统管理一个很重要的用途就是对各个子系统的运行实施进行实时监控。为此，系统将正在登录系统管理的子系统及其正在执行的功能在窗口中列示出来，以便于系统管理员用户或账套主管用户进行监控。

系统管理的功能列表分为上下两部分，上一部分列示的是正登录系统管理的子系统，下一部分列示的是子系统中正在执行的功能。查看时，用户可在上一部分选中一个子系统，下一部分将自动列示出该子系统中正在执行的功能。这两部分的内容都是动态的，它们都将根据系统的执行情况而自动变化，用户如果想看到最新的情况，就需要启用刷新功能来适时刷新功能列表的内容。

2．清除异常任务

系统管理对每一个登录系统的子系统定时轮询检查，如果发现有死机、网络阻断等异常情况，就会在与子系统相对应的任务条的"运行状态"栏内显示"运行不稳定"。这时，如果单击"视图"菜单中的"清除异常任务"命令，就会把这些异常任务所申请的系统资源予以释放，并恢复可能被破坏的系统数据库和用户数据库，同时任务栏内也将清除这些异常任务。任务的运行情况都被记录在上机日志中。

3．清除选定任务

U8 V10.1 软件提供手动清除任务功能。选择要清除的任务，单击"清除选定任务"按钮，强制结束该任务(不释放该任务占用的授权点数)。

4．清除所有任务

该功能提供清除当前界面所见的所有任务的功能，单击相应按钮清除所有任务。

5. 清退站点

系统管理员或有权限的管理员用户可以选定客户端手动清除任务,同时释放该客户端所占的所有产品许可。被清退客户端上弹出提示信息,等待15秒后强制结束客户端的门户进程。

6. 清除单据锁定

系统管理员或有权限的管理员用户可以执行清除单据锁定功能。在使用过程中由于不可预见的原因可能会造成单据锁定,单据的正常操作将不能使用,此时使用"清除单据锁定"功能,将恢复正常功能的使用。

7. 上机日志

为了保证系统的安全运行,系统随时对各个产品或模块的每个操作员的上下机时间、操作的具体功能等情况进行登记,形成上机日志,以便使所有的操作都有所记录、有迹可循。

用户可以对上机日志的内容进行删除。

2.2 原型企业背景资料

1. 企业基本信息

天津凯撒家纺股份有限公司(简称凯撒公司),是一家专门从事床上用品、家居服装、毛巾系列产品、家纺系列产品、室内装饰品等产品零售及批发的商贸企业。

公司法人代表:陈强
公司人民币开户银行:中国工商银行天津河西支行　　账号:12001657901052500555
公司欧元开户银行:中国工商银行天津河西支行　　账号:12001657901052501366
公司纳税登记号:120101355203023526
公司地址:天津市河西区珠江道86号
电话:022-28285566
邮箱:1201013552@qq.com

2. 组织结构及岗位分工

凯撒公司董事会下设总经理办公室、财务部、采购部、仓管部、销售部和生产部。现行岗位分工及工作职责如表2-1所示。

表 2-1 现行岗位分工及工作职责

编码	姓名	隶属部门	职务
A01	陈 强	总经理办公室	总经理
W01	汪小菲	财务部	财务经理
W02	张文华	财务部	会计
W03	黄 宁	财务部	出纳
X01	王大国	销售部	销售员
G01	林 群	采购部	采购员
C01	陈 晨	仓管部	库管员

3. 企业会计核算的基本要求

1) 科目设置要求

应付账款科目下设暂估应付账款、一般应付账款和债务重组 3 个二级科目，其中一般应付账款设置为受控于应付款系统，暂估应付账款和债务重组科目设置为不受控于应付款系统。

预收账款科目下设预收货款和一般预收款 2 个二级科目，其中预收货款科目设置为不受控于应收款系统，一般预收款设置为受控于应收款系统。

2) 辅助核算要求

(1) 日记账：库存现金、银行存款/基本存款账户、其他货币资金/存出投资款。

(2) 银行账：银行存款/基本存款账户。

(3) 客户往来：应收票据/银行承兑汇票、应收票据/商业承兑汇票、应收账款、预收账款/预收货款、预收账款/一般预收款、发出商品/其他销售发出商品。

(4) 供应商往来：在途物资、应付票据/银行承兑汇票、应付票据/商业承兑汇票、应付账款/一般应付账款、应付账款/暂估应付账款、应付账款/债务重组、预付账款、其他应收款/单位往来。

(5) 个人往来：其他应收款/个人往来。

(6) 项目核算：交易性金融资产/公允价值变动。

(7) 项目(数量)核算：交易性金融资产/成本。

(8) 数量核算：在途物资、发出商品/分期收款发出商品、发出商品/其他销售发出商品、库存商品、受托代销商品。

3) 会计凭证的基本规定

录入或生成"记账凭证"均由指定的会计人员操作，含有库存现金和银行存款科目的记账凭证均需出纳签字。采用复式记账凭证，采用单一凭证格式。对已记账凭证的修改，只采用红字冲销法。为保证财务与业务数据的一致性，能在业务系统生成的记账凭证不得在总账系统直接录入。根据原始单据生成记账凭证时，除特殊规定外不采用合并制单。出库单与入库单原始凭证以软件系统生成的为准；除指定业务外，在业务发生当日，收到发票并支付款项的业务使用现付功能处理，开出发票同时收到款项的业务使用现结功能处理。

4) 货币资金业务的处理

公司采用的结算方式包括现金、支票、托收承付、委托收款、银行汇票、商业汇票、电汇、同城特约委托收款等。收、付款业务由财务部门根据有关凭证进行处理。

5) 薪酬业务的处理

由公司承担并缴纳的医疗保险、工伤保险、生育保险、住房公积金分别按10%、1%、0.8%、12%的比例计算，养老保险、失业保险分别按20%、1%的比例计算；职工个人承担的养老保险、医疗保险、失业保险、住房公积金分别按8%、2%、0.2%、12%的比例计算。按工资总额的2%计提工会经费，按工资总额的2.5%计提职工教育经费。各类社会保险费当月计提，次月缴纳。

按照国家有关规定，公司代扣代缴个人所得税，其费用扣除标准为3500元，附加费用为1300元；工资分摊制单合并科目相同、辅助项相同的分录。

6) 固定资产业务的处理

公司固定资产包括房屋及建筑物、办公设备和运输工具，均为在用状态；采用平均年限法(二)按月计提折旧；同期多次增加固定资产时，采用合并制单。

7) 销售业务的处理

对客户销售商品时产生的费用由销售管理子系统处理。

8) 存货业务的处理

公司存货主要为购进商品，按存货分类进行存放及项目核算。各类存货按照实际成本核算，采用永续盘存制；发出存货成本采用"先进先出法"按仓库进行核算，普通采购业务入库存货对方科目全部使用"在途物资"科目，受托代销入库存货对方科目使用"受托代销商品款"科目，委托代销成本核算方式按发出商品核算。同一批出库或入库业务生成一张凭证；采购、销售必有订单，订单号为合同号，到货必有到货单，发货必有发货单，存货按业务发生日期逐笔记账并制单，暂估业务除外。

存货核算制单时普通业务不允许勾选"已结算采购入库单自动选择全部结算单上单据(包括入库单、发票、付款单)，非本月采购入库按蓝字报销单制单"选项。

9) 税费的处理

公司为增值税一般纳税人，增值税税率为16%，按季缴纳，按当期应交增值税的7%计算城市维护建设税、3%计算教育费附加和2%计算地方教育费附加；企业所得税采用资产负债表债务法，企业所得税的计税依据为应纳税所得额，税率为25%，按月预计，按季预缴，全年汇算清缴。交纳税费按银行开具的原始凭证编制记账凭证。

10) 财产清查的处理

公司每年年末对存货及固定资产进行清查，根据盘点结果编制"盘点表"，并与账面数据进行比较，由相关管理员审核后进行处理(月末视同年末)。

11) 坏账损失的处理

除应收账款外，其他的应收款项不计提坏账准备。每年年末，按应收账款余额百分比法计提坏账准备，提取比例为0.5%(月末视同年末)。

12) 利润分配

根据公司章程，公司税后利润按以下顺序及规定分配：①弥补亏损；②按10%提取法定盈余公积；③按30%向投资者分配利润(月末视同年末)。

13) 损益类账户的结转

每月末将各损益类账户余额转入本年利润账户，结转时按收入和支出分别生成记账凭证。

实务训练

实训1 增加用户

【实训要求】

以系统管理员身份登录系统管理，增加用户。

【岗位说明】

以"系统管理员"身份完成实训。

【实训指导】

(1) 启动系统管理。

执行"开始"|"程序"|"用友 U8 V10.1"|"系统服务"|"系统管理"命令，启动系统管理。

(2) 以系统管理员身份登录系统管理。

① 执行"系统"|"注册"命令，打开"登录"系统管理对话框。

② 系统中预先设定了一个系统管理员 admin，第一次运行时，系统管理员密码为空，选择系统默认账套(default)，单击"登录"按钮，以系统管理员身份进入系统管理。系统管理界面左下角操作员显示[admin]。

注意：为了保证系统的安全性，在"登录"系统管理对话框中，可以设置或更改系统管理员的密码。考虑实际教学环境，为简化课堂操作，教学过程中建议不要设置系统管理员密码。

(3) 增加操作员。

① 执行"权限"|"用户"命令，进入"用户管理"窗口，其中显示系统安装完成后默认的几个用户。

② 单击工具栏上的"增加"按钮，打开"操作员详细情况"对话框，按"操作员基本信息"所示的资料输入操作员。"职务"一栏无须录入。

③ 单击"取消"按钮结束，返回"用户管理"窗口，所有用户以列表方式显示。再单

击工具栏上的"退出"按钮,返回"系统管理"窗口。

> **注意**:①只有系统管理员才有权限设置角色和用户。②用户编号在系统中必须唯一,即使是不同的账套,用户编号也不能重复。③设置操作员口令时,为保密起见,输入的口令字以"*"号在屏幕上显示。④所设置的操作员用户一旦被引用,便不能被修改和删除。⑤如果操作员调离企业,可以通过"修改"功能"注销当前用户"。⑥在"操作员详细情况"对话框中,蓝色字体标注的项目为必输入项,其余项目为可选项,这一规则适用于所有界面。

实训 2　建立账套

【实训要求】

天津凯撒家纺股份有限公司账套参数信息如下。

(1) 账套信息。

账套号:001;账套名称:天津凯撒家纺股份有限公司;采用默认账套路径;启用会计期:2018 年 07 月;会计期间设置:默认。

(2) 单位信息。

单位名称:天津凯撒家纺股份有限公司;单位地址:天津市河西区珠江道 86 号;法人代表:陈强;联系电话及传真:022-28285566;税号:120101355203023526。

(3) 核算类型。

该企业的记账本位币:人民币(RMB);企业类型:商业;行业性质:2007 年新会计制度;科目预置语言:中文(简体);账套主管:陈强;选中"按行业性质预置科目"复选框。

(4) 基础信息。

选中"存货分类、客户分类、供应商分类、无外币核算"复选框。

(5) 分类编码方案。

该企业的分类方案如下。

科目编码级次:4222。

收发类别编码级次:121。

其他为系统默认。

(6) 数据精度。

该企业将存货数量、单价小数位定为 2。

(7) 系统启用。

启用总账系统,启用时间为 2018-07-01。

【岗位说明】

以"系统管理员"身份登录系统管理,建立账套。

【实训指导】

(1) 创建账套。

执行"账套"|"建立"命令,打开"创建账套"对话框。选择"新建空白账套"选项,单击"下一步"按钮。

(2) 输入账套信息。

① 已存账套:系统中已存在的账套在下拉列表框中显示,用户只能查看,不能输入或修改。

② 账套号:必须输入。本例输入账套号"001"。

③ 账套名称:必须输入。本例输入"天津凯撒家纺股份有限公司"。

④ 账套路径:用来确定新建账套将要被放置的位置,系统默认的路径为 C:\U8SOFT\Admin,用户可以人工更改,也可以利用"…"按钮进行参照输入,本例采用系统的默认路径。

⑤ 启用会计期:必须输入。系统默认为计算机的系统日期,更改为"2018 年 7 月"。

⑥ 是否集团账套:不选择。

⑦ 建立专家财务评估数据库:不选择。

⑧ 输入完成后,单击"下一步"按钮,进行单位信息设置。

(3) 输入单位信息。

① 单位名称:用户单位的全称,必须输入。企业全称只在打印发票时使用,其余情况全部使用企业的简称。本例输入"天津凯撒家纺股份有限公司"。

② 其他栏目都属于任选项,参照实训资料输入即可。

③ 输入完成后,单击"下一步"按钮,进行核算类型设置。

(4) 输入核算类型。

① 本币代码:必须输入。本例采用系统默认值 RMB。

② 本币名称:必须输入。本例采用系统默认值"人民币"。

③ 企业类型:用户必须从下拉列表框中选择输入。系统提供了"工业""商业""医药流通"3 种模式。如果选择工业模式,则系统不能处理受托代销业务;如果选择商业模式,委托代销和受托代销都能处理。本例选择"商业"模式。

④ 行业性质:用户必须从下拉列表框中选择输入,系统按照所选择的行业性质预置科目。本例选择行业性质为"2007 年新会计制度科目"。

⑤ 科目预置语言:中文(简体)。用友 ERP-U8 V10.1 为多语言版本。

⑥ 账套主管:必须从下拉列表框中选择输入。本例选择"[A01]陈强"。

⑦ 按行业性质预置科目:如果用户希望预置所属行业的标准一级科目,则选中该复选框。本例选择"按行业性质预置科目"。

⑧ 输入完成后,单击"下一步"按钮,进行基础信息设置。

(5) 确定基础信息。

如果单位的存货、客户、供应商相对较多，可以对他们进行分类核算。如果此时不能确定是否进行分类核算，也可以在建账完成后，由账套主管在"修改账套"功能中设置分类核算。

按照本例要求，选中"存货是否分类""客户是否分类""供应商是否分类"3 个复选框，单击"下一步"按钮，进入"准备建账"。

(6) 准备建账。

单击"完成"按钮，系统提示"可以创建账套了吗？"，单击"是"按钮，系统依次进行初始化环境、创建新账套库、更新账套库、配置账套信息等工作，所以需要一段时间才能完成，必须耐心等待。完成以上工作后，系统打开"编码方案"对话框。

(7) 确定编码方案。

为了便于对经济业务数据进行分级核算、统计和管理，系统要求预先设置某些基础档案的编码规则，即规定各种编码的级次及各级的长度。

按实训资料所给内容修改系统默认值，单击"确定"按钮，再单击"取消"按钮，打开"数据精度"对话框。

注意：科目编码级次中第 1 级科目编码长度根据建账时所选行业性质自动确定，此处显示为灰色，不能修改，只能设定第 1 级之后的科目编码长度。

(8) 数据精度定义。

数据精度是指定义数据的小数位数，如果需要进行数量核算，要认真填写该项。本例采用系统默认值，单击"确定"按钮，系统显示"正在更新单据模板，请稍等"信息提示。

(9) 完成。

① 完成单据模板更新后，系统弹出"[001]建账成功"系统提示对话框，单击"否"按钮，暂不进行系统启用的设置。系统提示"请进入企业应用平台进行业务操作！"，单击"确定"按钮返回。

② 单击工具栏上的"退出"按钮，返回系统管理。

注意：编码方案、数据精度、系统启用项目可以由账套主管在"企业应用平台"|"基础设置"|"基本信息"菜单中进行修改。

实训 3 操作员权限设置

【实训要求】

按照用友 U8 的要求，整理凯撒公司用户信息，如表 2-2 所示。

表 2-2 用户信息

编码	姓名	操作分工
A01	陈 强	账套主管
W01	汪小菲	公共目录设置、联查辅助明细、记账凭证的审核及查询、账表、对账、总账结账、编制 UFO 报表、总账期初余额录入
W02	张文华	总账(填制和查询凭证、账表,期末处理,记账)、应收款和应付款管理(不含收付款单填制、选择收款和选择付款权限)、固定资产、薪资管理、存货核算的所有权限
W03	黄 宁	收付款单填制、选择收款和选择付款权限、票据管理、出纳签字、银行对账
X01	王大国	公共目录设置、销售管理的所有权限
G01	林 群	公共目录设置、采购管理的所有权限
C01	陈 晨	公共目录设置、公共单据、库存管理的所有权限

【岗位说明】

以"系统管理员"身份登录系统管理,设置操作员权限。

【实训指导】

① 执行"系统管理"|"权限"|"权限"命令,进入"操作员权限"窗口。

② 选择 001 账套;2018 年度。

③ 从窗口左侧操作员列表中选择"A01 陈强",选中"账套主管"复选框,确定陈强具有账套主管权限。

注意:①在增加用户和建立账套时已设定"陈强"为账套主管,此处无须再设置。②如果在建账时未设定"陈强"为账套主管,可以在此处进行指定。③一个账套可以设定多个账套主管。④账套主管自动拥有该账套的所有权限。

④ 选择"W01 汪小菲",选择"001"账套。单击工具栏上的"修改"按钮,选中"公共目录设置、联查辅助明细、记账凭证的审核查询、账表、对账、总账结账、UFO 报表"权限,单击"保存"按钮。

⑤ 同理,按表 2-2 所示内容为其他用户相继设置操作权限。

⑥ 单击工具栏上的"退出"按钮,返回系统管理。

实训 4 账套管理

1. 账套输出(备份)

【实训要求】

将新建账套"[001] 天津凯撒家纺股份有限公司"输出至 D 盘根目录下"2-1 账套建立"

文件夹。

【岗位说明】

以"系统管理员"身份登录系统管理,进行账套输出。

【实训指导】

① 以"admin"身份进入系统管理。执行"账套"|"输出"命令,打开"账套输出"对话框,选择需要输出的账套001及账套文件的输出位置,单击"确认"按钮。

② 备份完成后,系统弹出"输出成功!"信息提示对话框,单击"确定"按钮返回。

注意:如果需要删除账套,在备份输出账套时,选中"删除当前输出账套"复选框,系统会在备份的同时,删除该账套。

2. 账套引入

【实训要求】

引入账套"[001] 天津凯撒家纺股份有限公司"。

【岗位说明】

以"系统管理员"身份登录系统管理,进行账套引入。

【实训指导】

① 以"admin"身份进入系统管理。执行"账套"|"引入"命令,打开"请选择账套备份文件"对话框,选择D盘引入上一实验输出的账套数据,单击"确认"按钮。

② 系统弹出"请选择账套引入的目录"提示框,单击"确定"按钮,弹出"请选择账套引入的目录"对话框,保持默认路径,单击"确定"按钮。

③ 系统弹出"此操作将覆盖[001]账套当前的所有信息,继续吗?"提示框,单击"确定"按钮。

注意:若引入账套号未存在于系统内,则不提示此信息,直接引入。

④ 成功引入账套后,系统弹出"账套[001]引入成功!"提示框,单击"确定"按钮。

3. 账套修改

【实训要求】

修改账套"[001] 天津凯撒家纺股份有限公司"中基础信息的外币核算选项。

【岗位说明】

以"A01陈强"身份登录系统管理,修改账套参数。

【实训指导】

如果要修改建账参数,需要以账套主管的身份注册进入系统管理。

① 在系统管理窗口中,执行"系统"|"注册"命令,打开"登录"系统管理对话框。

> **注意**：如果此前是以系统管理员的身份注册进入系统管理，那么需要首先执行"系统"|"注销"命令，注销当前系统操作员，再以账套主管的身份登录。

② 在"操作员"文本框中输入 A01，无密码，选择"001 天津凯撒家纺股份有限公司"，会计年度为 2018。

③ 单击"登录"按钮，进入"系统管理"窗口，菜单中显示为黑色字体的部分为账套主管可以操作的内容。

④ 执行"账套"|"修改"命令，打开"修改账套"对话框，可修改的账套信息以白色显示，不可修改的账套信息以灰色显示。

⑤ 单击"下一步"按钮，打开"基础信息"对话框，选中"有无外币核算"前的复选框，修改完成后，单击"完成"按钮，系统弹出"确认修改账套了吗？"提示信息框；单击"是"按钮，确定"编码方案"和"数据精度"；单击"确认"按钮，系统提示"修改账套成功！"信息。

⑥ 单击"确定"按钮，返回系统管理。

思政园地

数字中国(二)——中国新兴集团有限责任公司：财务集中核算实现统一管控与科学决策

中国新兴集团有限责任公司(以下简称"新兴集团")于 1989 年 7 月成立，2009 年 11 月，经国务院批准，新兴集团与中国通用技术集团公司重组，成为通用集团全资子公司。

中国新兴集团有限责任公司与用友公司合作，建立集团层面的财务管理、集中核算、财务信息化 ERP 平台，满足企业经营发展，为财务共享服务中心奠定基础。平台的建立实现了财务信息系统标准统一、信息共享，迈出了"核心业务信息化全覆盖"的坚实一步。

通过财务数智化转型有力推动集团实现"核心业务信息化全覆盖"，推动财务管理向价值创造转型：

(1) 规范核算标准及政策。通过集团整体财务数字化规划的实施，实现财务信息系统标准统一、信息共享，统一核算管理标准，实现统一的会计政策、统一的数据标准和规范。

(2) 财务数据实时共享。实现大数据下的共享平台服务战略的管理，通过数字化管理，使财务及业务数据为战略服务，实现财务管理的价值。

第3章 企业应用平台

 理论知识

3.1 企业应用平台概述

3.1.1 企业应用平台的作用

为了使企业能够存储企业内部和外部的各种信息，让员工、用户和合作伙伴能够从单一的渠道访问其所需的个性化信息，用友 ERP-U8 V10.1 软件提供了企业应用平台。通过企业应用平台，企业员工可以通过单一的访问入口访问企业的各种信息，定义自己的业务工作，并设计自己的工作流程。

企业应用平台实现了信息的及时沟通，资源的有效利用，与合作伙伴的在线和实时的链接，对提高企业员工的工作效率以及企业的总处理能力起到一定的推动作用。

3.1.2 基础设置

基础设置是为系统的日常运行做好基础工作，主要包括基本信息设置、基础档案设置和单据设置。

1. 基本信息设置

在基本信息设置中，可以对建账过程确定的编码方案和数据精度进行修改，并进行系统启用设置。

U8 V10.1 软件分为财务会计、管理会计、供应链、生产制造、人力资源、集团应用、决策支持和企业应用集成等产品组，每个产品组中又包含若干模块，它们中大多数既可以独立运行，又可以集成使用，但两种用法的流程是有差异的。一方面企业可以根据本身的管理特点选购不同的子系统；另一方面企业也可以采取循序渐进的策略有计划地先启用一些模块，一段时间之后再启用另外一些模块。系统启用为企业提供了选择的便利，它可以表明企业在何时启用了哪些子系统。只有设置了系统启用的模块才可以登录。

有两种方法可以设置系统启用。一种是在企业建账完成后立即进行系统启用；另一种是在建账结束后由账套主管在系统管理中进行系统启用设置。

2. 基础档案设置

基础档案是系统日常业务处理必需的基础资料，是系统运行的基石。一个账套总是由若干个子系统构成，这些子系统共享公用的基础档案信息。在启用新账套之前，应根据企业的实际情况，结合系统基础档案设置的要求，事先做好基础数据的准备工作。

1) 会计科目设置

建立会计科目是会计核算的方法之一，财务软件一般都提供了符合国家会计制度规定的一级会计科目；明细科目的确定要根据各企业情况自行确定，确定原则如下。

(1) 会计科目的设置必须满足会计报表编制的要求，凡是报表所用数据，需从账务系统取数的，必须设立相应科目。

(2) 会计科目的设置必须保持科目与科目间的协调性和体系完整性。不能只有下级科目而无上级科目；既要设置总账科目，又要设置明细科目，以提供总括和详细的会计核算资料。

(3) 会计科目要保持相对稳定，会计年中不能删除；如已经使用，不能增设下一级明细科目。一级科目名称要符合国家标准，明细科目名称要通俗易懂。

(4) 设置会计科目要考虑与子系统的衔接。在账务处理子系统中，只有末级会计科目才允许有发生额，才能接收各个子系统转入的数据，因此，要将各个子系统中的核算科目设置为末级科目。

在账务处理子系统中，为了便于计算机识别和处理会计数据，需要对每一个会计科目进行编码。典型的编码种类主要包括顺序编码、区间编码和层次编码 3 种。

(1) 顺序编码。顺序编码是一种用连续数字代表编码对象的代码。例如，对人员类别进行编码时，用 1 表示经理人员，用 2 表示生产人员，用 3 表示技术人员，用 4 表示销售人员等。顺序编码的优点是简单、易于管理，但顺序编码无逻辑基础，本身不能说明任何信息特征，故而会计科目的编码极少采取顺序编码的方式。

(2) 区间编码。区间编码是把整个编码系统分成多个分组，形成多个区间，每个区间是一组，每组中的代码值都有特定的含义。总账科目编码即采用了区间编码方法。例如，现行的会计科目编码体系中(2007年新会计制度)，总账科目编码的位数是四位，将这四位数字进行分组，则分别表示了会计科目的类别。其中：区间"1001"(库存现金科目)至"1901"(待处理财产损溢)表示"资产类"科目；区间"2001"(短期借款)至"2901"(递延所得税负债)表示"负债类"科目。区间编码的优点是信息处理可靠，排序、分类、检索方便，但区间编码有时会产生长码，编码中可能会出现多余码的现象。

(3) 层次编码。层次编码是以分类对象的从属关系为排列顺序的一种代码。编码分为多个层次，与对象的分类层次相对应。会计科目编码中，对明细科目的编码通常采用了层次编码方法。例如，某企业会计科目的编码方案为"4-2-2"，准备将固定资产进行编码，固定资产科目当前为三级核算，则在层次编码方式中，"固定资产——生产经营用固定资产——生产线"科目的编码方案如下所示。

1601　　　　固定资产

　1601　01　　　　固定资产——生产经营用固定资产

　　1601　01　01　　　　固定资产——生产经营用固定资产——生产线

以上 8 位编码分为 3 层含义，第一层编码 4 位"1601"，是总账科目"固定资产"的编码；第二层编码 2 位"01"，是固定资产大类"生产经营用固定资产"的科目编码；第三层编码 2 位"01"，是固定资产明细科目"生产线"的编码。

一般来说，为了充分体现计算机管理的优势，在企业原有的会计科目基础上，应对以往的一些科目结构进行优化调整，充分发挥计算机账务处理系统提供的辅助核算功能，深化、强化企业的核算和管理工作。

当企业规模不大，往来业务较少时，可采用和手工方式一样的科目结构及记账方法，即将往来单位、个人、部门、项目通过设置明细科目来进行核算管理；而对于一个往来业务频繁、清欠、清理工作量大，核算要求严格的企业来说，应该采用账务处理子系统提供的辅助核算功能进行管理，即将这些明细科目的上级科目设为末级科目并设为辅助核算科目，然后将这些明细科目设为相应的辅助核算目录。一个科目设置了辅助核算后，它所发生的每一笔业务将会登记在总账和辅助明细账上。

例如，未使用辅助核算功能，科目设置如表 3-1 所示。

表 3-1　未使用辅助核算功能科目设置

科目编码	科目名称	科目编码	科目名称
1122	应收账款	5001	生产成本
112201	北京石化公司	500101	A 产品
112202	天津销售分公司	50010101	直接材料
……		50010102	直接人工
1221	其他应收款	……	
122101	差旅费应收款	500102	B 产品
12210101	王坚	50010201	直接材料
12210102	李默	50010202	直接人工
122102	私人借款	……	
12210201	王坚	6602	管理费用
12210202	李默	660201	办公费
……		66020101	A 部门
1604	在建工程	66020102	B 部门
160401	工程物资	660202	差旅费
16040101	A 部门	66020201	A 部门
16040102	B 部门	66020202	B 部门
……		……	

那么，在使用账务处理系统的辅助核算功能进行核算时，可将科目设置如表 3-2 所示。

表 3-2　使用辅助核算功能科目设置

科目编码	科目名称	辅助核算
1122	应收账款	客户往来
1221	其他应收款	
122101	差旅费应收款	个人往来
122102	私人借款	个人往来
1604	在建工程	
160401	工程物资	部门项目
5001	生产成本	
500101	直接材料	项目核算
500102	直接人工	项目核算
6602	管理费用	
660201	办公费	部门核算

设置会计科目体系的主要功能包括增加会计科目、修改会计科目、删除会计科目以及设置会计科目辅助项目等，如图 3-1 所示。

图 3-1　建立会计科目

图 3-1 中的级次即科目级次，以数字 1、2、3、4、5、6 表示，数字即代表科目级次，如 "1" 代表一级科目，"2" 代表二级科目。级次由系统根据科目编码自动定义。

(1) 增加会计科目。

增加会计科目，主要涉及科目编码、科目名称、科目类型、科目性质、助记码、账页格式和科目辅助核算等内容。

① 科目编码：科目编码应是科目全码，即从一级科目至本级科目的各级科目编码组合。其中，各级科目编码必须唯一，且必须按其级次的先后次序建立，即先有上级科目，然后才能建立下级明细科目。科目编码中的一级科目编码必须符合现行的会计制度。通常，通用商品化会计核算系统在建立账套时，会自动装入规范的一级会计科目。

② 科目名称：科目名称是指本级科目名称。通常分为科目中文名称和科目英文名称，可以是汉字、英文字母或数字，也可以是减号(-)、正斜杠(/)，但不能输入其他字符。科目

中文名称最多可输入 10 个汉字，科目英文名称最多可输入 100 个英文字母。在中文版中，必须录入中文名称；若是英文版，则必须录入英文名称。科目中文名称和英文名称不能同时为空。

③ 科目类型：行业性质为企业时，科目类型分为资产、负债、所有者权益、共同、成本、损益六类；行业性质为行政单位或事业单位时，按新会计制度科目类型设置。

④ 科目性质(余额方向)：增加记借方的科目，科目性质为借方；增加记贷方的科目，科目性质为贷方。一般情况下，只能在一级科目设置科目性质，下级科目的科目性质与其一级科目的相同。已有数据的科目不能再修改科目性质。

⑤ 助记码：用于帮助记忆科目，提高录入和查询速度。一般可用科目名称中各个汉字拼音的首字母组成，例如，管理费用，其助记码可写为 glfy，这样在制单或查账中使用助记码 glfy 时，系统可自动将助记码转换成科目名称。通常科目助记码不必唯一，可以重复。

⑥ 账页格式：定义该科目在账簿打印时的默认打印格式。通常系统会提供金额式、外币金额式、数量金额式、外币数量式 4 种账页格式供选择。

⑦ 辅助核算：也叫辅助账类，用于说明本科目是否有其他核算要求，系统除完成一般的总账、明细账核算外，还提供部门核算、个人往来核算、客户往来核算、供应商往来核算、项目核算 5 种专项核算功能供选用。

- 部门核算是企业实现立体交叉核算的方式之一。通常把成本和损益类科目设置为按部门核算。不仅可以核算出这些账户在一个会计期间内总的发生额，而且能够核算出其在各个部门的发生情况，为提高企业管理水平提供了依据。在把会计科目设置为按"部门核算"后，还需要建立部门档案。在日常账务处理中，如果此类科目有发生额，系统会提示按档案中存档的部门核算。

- 个人往来核算主要用来核算企业与本企业员工之间资金往来业务。例如，其他应收款和其他应付款科目。通常，在总账科目下，按业务类型划分设立明细科目，并把明细科目的辅助核算类型设置为"个人往来"核算，然后建立个人档案。在日常账务处理中，如果此类科目有发生额，系统会提示按档案中存档的个人核算。

- 客户往来核算和供应商往来核算用于核算企业与外部资金往来业务，如应收账款、应付账款、预收账款和预付账款。这些科目核算的业务涉及企业的债权债务，与企业的经济利益密切相关，企业对此类业务的核算和管理要求也不断提高。可以把应收账款、应付账款、预收账款和预付账款总账科目或根据需要建立的明细科目的辅助核算类型设置为"客户往来"或"供应商往来"，然后建立客户和供应商档案。在日常账务处理中，如果此类科目有发生额，系统会提示按档案中建立的客户或供应商核算。

- 项目核算是使用计算机技术进行会计核算后，企业能够实现立体交叉核算和管理的又一体现。以产品销售收入为例，如果企业有多个产品，由多个销售部销售，企业需要了解总的销售收入，同时还要掌握各产品的销售收入、不同产品在各个销售部门的销售收入，以及各销售部门的销售收入。为此，应根据企业的具体需要在总账科目下建立明细科目，把明细科目的辅助核算类型设置为按"项目核算"和分"部门核算",然后建立项目档案。

设置辅助核算要考虑以下几点。

- 由于根据企业实际情况,同一总账科目下的明细科目可设置不同类型的辅助核算,故而一般仅对末级科目设置辅助核算。例如,"1221 其他应收款"下设有明细科目"122101 应收单位款"和"122102 应收个人款",应对"122101 应收单位款"设置"客户往来"辅助核算,对"122102 应收个人款"设置"个人往来"辅助核算,而对总账科目"1221 其他应收款"不设置辅助核算。
- 一个科目可同时设置两种专项核算,如管理费用既想核算各部门的使用情况,也想了解各项目的使用情况,那么可以同时设置部门核算和项目核算。
- 个人往来核算不能与其他辅助核算一同设置,客户往来与供应商往来核算不能一同设置。辅助核算账类必须设在末级科目上,但为了查询或出账方便,有些科目也可以在末级和上级科目同时设置辅助核算账类。但若只在上级科目设置辅助核算账类,其末级科目没有设置辅助核算账类,系统将不会进行辅助核算。

在设置辅助核算时应尽量慎重,如果科目已有数据,而要对科目的辅助核算类型进行修改,那么很可能会造成总账与辅助账对账不平。

⑧ 其他核算:用于说明本科目是否有其他要求,如银行账、日记账等。一般情况下,现金科目要设为日记账;银行存款科目要设为银行账和日记账。

⑨ 外币核算:用于设定该科目是否有外币核算,以及核算的外币名称。一个科目只能核算一种外币,只有"有外币核算"要求的科目才允许也必须设定外币币名。

⑩ 数量核算:用于设定该科目是否有数量核算,以及数量计量单位。计量单位可以是任何汉字或字符,如千克、件、吨等。设置数量核算,则需输入数量和单价,由系统计算金额。

(2) 科目修改。

当科目属性错误时,可以对错误属性进行修改。但是如果某科目已被制过单或已录入期初余额,则不能修改该科目。如要修改该科目必须先删除所有与该科目有关的凭证,并将该科目及其下级科目余额清零再修改。修改完毕后要将余额及凭证补上。已使用的科目不能增加下级科目。

(3) 科目查询。

准确而迅速地将指针定位在用户所要查询的科目上,可方便地查询或修改科目的各种属性。

(4) 科目删除。

对于不再使用的科目,可以将其从科目库中删除。但是已有余额的科目不能删除,也不能删除非末级科目。

2) 定义外币及汇率

汇率管理是专为外币核算服务的。企业有外币业务,要进行外币及汇率的设置。外币及汇率的设置仅录入固定汇率与浮动汇率值,在制单时并不决定使用固定汇率还是浮动汇率,而是由账簿初始化设置决定。

如果使用固定汇率，则应在每月初录入记账汇率(即期初汇率)，月末计算汇兑损益时录入调整汇率(即期末汇率)；如果使用浮动汇率，则应每天在此录入当日汇率。

3) 凭证类别设置

许多企业为了便于管理或登账方便，一般对记账凭证进行分类编制，但各企业的分类方法不尽相同，可以按照本单位的需要对凭证进行分类。通常，系统提供以下5种常用分类方式供选择。

(1) 记账凭证。

(2) 收款、付款、转账凭证。

(3) 现金、银行、转账凭证。

(4) 现金收款、现金付款、银行收款、银行付款、转账凭证。

(5) 自定义凭证类别。

某些类别的凭证在制单时对科目有一定限制，通常系统有以下5种限制类型供选择。

(1) 借方必有：制单时，此类凭证借方至少有一个限制科目有发生额。例如，收款凭证的借方应有"库存现金"或"银行存款"科目。

(2) 贷方必有：制单时，此类凭证贷方至少有一个限制科目有发生额。例如，付款凭证的贷方应有"库存现金"或"银行存款"科目。

(3) 凭证必有：制单时，此类凭证无论借方还是贷方至少有一个限制科目有发生额。

(4) 凭证必无：制单时，此类凭证无论借方还是贷方不可有一个限制科目有发生额。

(5) 无限制：制单时，此类凭证可使用所有合法的科目。

限制科目由用户输入，可以是任意级次的科目，科目之间用逗号分隔，数量不限，也可参照输入，但不能重复录入。需要注意的是，科目之间分隔所用逗号为在英文状态中输入的逗号，即使用半角逗号。

在录入凭证之前，应进行凭证类别的设置；已使用的凭证类别不能删除，也不能修改类别字；若限制科目为非末级科目，则在制单时，其所有下级科目都将受到同样的限制。

4) 其他设置

其他设置用来建立和管理企业在经营活动中所涉及的结算方式。它与财务结算方式一致，如现金结算、支票结算等。结算方式最多可以分为2级。结算方式编码级次的设定在建账的编码部分中进行。定义结算方式的内容包括结算方式编码、结算方式名称和票据管理标志。

(1) 结算方式编码：用以标识结算方式。必须按照结算方式编码级次的先后顺序来进行录入，录入值必须唯一。一般结算方式编码可以用数字0~9或字符A~Z表示。

(2) 结算方式名称：根据企业的实际情况，必须录入所用结算方式的名称，录入值必须唯一。

(3) 票据管理标志：即是否使用支票登记簿，以辅助银行出纳对银行结算的管理。可根据实际情况，通过单击复选框来选择某结算方式下的票据是否要进行票据管理。

企业的会计业务中均有与银行的资金结算业务，且这类业务需要经常对账。一般情况下，银行的各种结算方式相对稳定，结算方式种类有限。为便于管理和提高银行自动对账的效率，账务系统一般要求用户设置与银行的资金结算方式。

3. 单据设置

不同企业各项业务处理中使用的单据可能存在细微的差别，用友 ERP-U8 V10.1 管理软件中预置了常用单据模板，并且允许用户对各单据类型的多个显示模板和多个打印模板进行设置，以定义本企业需要的单据格式。

在账务系统中，各企业所使用的各类原始单据(如发票、凭证、出入库单等)和常用基础信息(如客户、供应商和存货)中的项目可能会因为企业自身的原因出现一些差异，为满足企业的不同要求，系统为各类原始单据和基础信息设置了自定义项和自由项，以便设置一些系统没有提供，但又需要的特殊项目，这样在使用时就能够灵活自由地录入一些辅助信息。

系统预先定义好了最多可设置的自定义项和自由项。就自定义项而言，是针对单据、客户、供应商和存货；而自由项只针对存货而言。一个自定义项目只能定义一个属性，但一个自由项可以定义多个属性。

3.1.3 系统服务

通过系统服务能够便捷实现工具的调用与权限的分配。

1. 预警与定时业务

预警与定时业务机制可以实现对业务状态和处理时限的预警，如应收应付信用预警、采购订单临近和逾期预警等。定时业务机制支持 MRP、MPS 等大数据量后台计算。

2. 权限管理

为保证系统运行安全、有序，适应企业精细管理的要求，权限管理必须向更细、更深的方向发展。用友 ERP-U8 V10.1 管理软件提供了权限的集中管理功能。除了提供用户对各模块操作权限的管理之外，还相应地提供了金额的权限管理和对于数据的字段级和记录级的控制，不同的组合方式使得权限控制更灵活、更有效。在用友 ERP-U8 管理软件中可以实现以下 3 个层次的权限管理。

(1) 功能级权限管理。该权限提供了更为细致的功能权限管理功能，包括各功能模块相关业务的查看和分配权限。例如，赋予用户汪小菲对某账套中总账模块、工资模块的全部功能。

(2) 数据级权限管理。该权限可以通过两个方面进行控制，一个是字段级的权限控制，另一个是记录级的权限控制。例如，设定操作员汪小菲只能录入某一种凭证类别的凭证。

(3) 金额级权限管理。该权限主要用于完善内部金额控制，实现对具体金额数量划分级别，对不同岗位和职位的操作员进行金额级别控制，限制他们制单时可以使用的金额数量，不涉及系统内部控制的不在管理范围内。例如，设定操作员汪小菲只能录入金额在 20 000 元以下的凭证。

功能权限的分配在系统管理中的"权限"|"权限"命令中设置，数据级权限和金额级权限在"企业应用平台"|"系统服务"|"权限"命令中进行设置，且必须是在系统管理的功能权限分配之后才能进行。

3. 工作任务委托

该服务适用于某用户因出差等原因暂不能登录系统处理业务，需要临时委托给其他用户代为处理的场景，如"工作流"推送的审批任务代理等。

3.1.4 业务工作

在企业应用平台的"业务工作"界面中，集成了登录操作员拥有操作权限的所有功能模块，包括财务会计、供应链以及内部控制等部分。因此，该界面也是操作员进入用友 ERP-U8 V10.1 管理软件的唯一入口。

实务训练

【实训准备】

引入"2-1 账套建立"账套数据。

实训 1　在企业应用平台中启用子系统

【实训要求】

在企业应用平台中启用总账子系统、应收款管理子系统和应付款管理子系统，启用日期为 2018-07-01。

【岗位说明】

以"A01 陈强"身份登录企业应用平台，进行系统启用。

【实训指导】

1. 登录企业应用平台

① 执行"开始"|"程序"|"用友 ERP-U8 V10.1"|"企业应用平台"命令，打开"登录"对话框。

② 输入操作员 A01 或"陈强"；无密码；在"账套"下拉列表框中选择"001 天津凯撒家纺股份有限公司"；更改"操作日期"为"2018-07-01"。

③ 单击"确定"按钮，进入 UFIDA U8 窗口。

2. 启用系统

① 在企业应用平台中，单击"基础设置"|"基本信息"|"系统启用"选项，打开"系统启用"对话框。

② 选中"总账"复选框，打开"日历"对话框。设置启用日期为"2018-07-01"，单

击"确定"按钮。

③ 同理,启用应收款管理系统和应付款管理系统。

实训 2　设置机构人员

【实训要求】

1. 设置部门档案(见表 3-3)

表 3-3　部门档案

序号	部门编码	部门名称
1	A	行政管理部门
2	A01	总经理办公室
3	A02	财务部
4	A03	人力资源部
5	A04	总务部
6	C	仓储部
7	C01	仓管部
8	C02	质检部
9	G	采购部
10	X	销售部

2. 设置人员类别(见表 3-4)

表 3-4　人员类别

分类编码	分类名称
1011	企管人员
1012	销售人员
1013	采购人员
1014	仓储人员

3. 设置人员档案(见表 3-5)

表 3-5　人员档案

人员编号	人员姓名	性别	行政部门	人员类别	是否业务员	业务或费用部门
A01	陈 强	男	总经理办公室	企管人员	是	总经理办公室
C01	陈 晨	男	仓管部	仓储人员	是	仓管部
G01	林 群	男	采购部	采购人员	是	采购部
R01	李 霞	女	人力资源部	企管人员	是	人力资源部
R02	林 力	男	总务部	企管人员	是	总务部
W01	汪小菲	男	财务部	企管人员	是	财务部
W02	张文华	女	财务部	企管人员	是	财务部
W03	黄 宁	男	财务部	企管人员	是	财务部

(续表)

人员编号	人员姓名	性别	行政部门	人员类别	是否业务员	业务或费用部门
X01	王大国	男	销售部	销售人员	是	销售部
X02	刘丽	女	销售部	销售人员	是	销售部

注："雇佣状态"均为"在职","生效日期"均为"2018-07-01"。

【岗位说明】

以"W01 汪小菲"身份登录平台,设置部门档案、人员类别和人员档案。

【实训指导】

1. 设置部门档案

① 以"W01 汪小菲"身份登录平台,在企业应用平台中,单击"基础设置"|"基础档案"|"机构人员"|"部门档案"选项,进入"部门档案"设置界面。

② 按所给实训资料依次输入数据。

注意:①各档案设置时,输入的数据量稍大,操作比较简单。基本上遵循"增加—输入—保存"的操作原则。②必须先建立客户分类、供应商分类档案,才能建立客户档案、供应商档案;且客户档案、供应商档案必须建立在最末级分类上。③所有档案建立时,应遵循事先设定的分类编码原则。

2. 设置人员类别

① 在企业应用平台中,单击"基础设置"|"基础档案"|"机构人员"|"人员类别"选项,进入"人员类别"设置界面。

② 在左侧列表中选择"正式工",单击"增加"按钮,按所给实训资料依次输入数据。

3. 设置人员档案

① 在企业应用平台中,单击"基础设置"|"基础档案"|"机构人员"|"人员档案"选项,进入"人员列表"窗口。

② 在左侧列表中选择"正式工",单击"增加"按钮,按所给实训资料依次输入数据。

实训 3　设置客商信息

【实训要求】

1. 设置客户分类(见表 3-6)

表 3-6　客户分类

分类编码	分类名称
01	国内
02	国外

2. 设置客户档案(见表 3-7)

表 3-7 客户档案

客户编号	客户名称/简称	所属分类码	税 号	开户银行/银行账号	地 址	电 话
101	天津市白玫瑰家纺股份有限公司/天津白玫瑰	01	120101110033313123	中国工商银行天津南开支行 6227002672728797 2043	天津市河西区珠江道88号	022-28423357
102	深圳沃尔玛百货有限公司/深圳沃尔玛	01	440300980787685	中国建设银行深圳华强中一支行 6226376890890564529	深圳市福田区香梅北路2001号	0755-83931080
103	上海美华日用品百货有限公司/上海美华	01	310102786545865	中国建设银行上海浦东天苑支行 6227890987656 7890451	上海市澳门路168号	021-890098786
104	上海华润万家百货有限公司/上海华润万家	01	14010378925647 81313	中国建设银行上海天目支行 6227009867567 8459731	上海市徐汇区天目西路218号	021-87875667
105	北京仁智百货有限公司/北京仁智	01	11767779896 2237666	中国建设银行北京金融街支行 11232216993562377890	北京市海淀区知春路46号	010-58733665
106	武汉美誉家纺股份有限公司/武汉美誉	01	100989789867671931	中国建设银行武汉楚汉支行 6227890984567 4678 1	武汉市武昌中路楚河汉街72号	027-8900098

3. 设置供应商分类(见表 3-8)

表 3-8 供应商分类

分 类 编 码	分 类 名 称
01	国内
02	国外

4. 设置供应商档案(见表 3-9)

表 3-9 供应商档案

供应商编号	供应商名称/简称	所属分类码	税 号	开户银行/银行账号	地 址	电 话
01	山西春天家居用品制造有限公司/山西春天	01	14010378925647813	中国建设银行运城万容支行 6722715678 9098256767	山西运城市万容县西贾工业园西座	0359-86962998
02	山西捷达运输公司/山西捷达	01	14010410210 0989767	中国建设银行运城广田支行 6227890967456 7345565	山西省运城市广元路78号	0359-86745678

(续表)

供应商编号	供应商名称/简称	所属分类码	税 号	开户银行/银行账号	地 址	电 话
03	西安爱家家居用品制造有限公司/西安爱家	01	610132220660755	中国建设银行西安长乐支行 62270098675672399601	陕西省西安市长乐东路15号	029-82092886
04	成都宝蓝家居用品制造有限公司/成都宝蓝	01	100989789867671931	中国建设银行成都天华支行 62271908896756456780	成都市锦江区芙蓉路23号	027-99526987
05	上海华润万家百货有限公司/上海华润万家	01	14010378925647 81313	中国建设银行上海天目支行 62270098675678459731	上海市徐汇区天目西路218号	021-87875667
10	天津百家和酒店/天津百家和	01	1203028966822121	中国建设银行天津新源支行 62205535533226693976	天津市河西区高新开发区新源路885号	022-87858755

【岗位说明】

以"W01 汪小菲"身份登录平台,设置客商信息。

【实训指导】

1. 设置客户分类

① 在企业应用平台中,单击"基础设置"|"基础档案"|"客商信息"|"客户分类"选项,进入"客户分类"窗口。

② 按所给实训资料依次输入数据。

2. 设置客户档案

① 在企业应用平台中,单击"基础设置"|"基础档案"|"客商信息"|"客户分类"选项,进入"客户档案"窗口。

② 按所给实训资料依次输入数据。

注意:①选择客户类别后,还需勾选"基本"选项卡下的"国内"复选框,否则处理销售订单时无法选择客户信息。②"开户银行/银行账号"在"增加客户档案"窗口界面下,单击工具栏中的"银行"按钮录入。"账户名称"与企业名称相同,"默认值"均为"是"。

3. 设置供应商分类

① 在企业应用平台中,单击"基础设置"|"基础档案"|"客商信息"|"供应商分类"选项,进入"供应商分类"窗口。

② 按所给实训资料依次输入数据。

4. 设置供应商档案

供应商档案设置与客户档案设置类似,操作步骤在此不再赘述。

实训 4　设置存货信息

【实训要求】

1. 设置计量单位组(见表 3-10)

表 3-10　计量单位组

计量单位组编号	计量单位组名称	计量单位组类别
01	数量组	无换算率
02	里程	固定换算率

2. 设置计量单位(见表 3-11)

表 3-11　计量单位

计量单位组编号	计量单位编号	计量单位名称	所属计量单位组名称
01	0101	件	无换算关系
01	0102	条	无换算关系
01	0103	双	无换算关系
01	0104	个	无换算关系
01	0105	套	无换算关系
02	0201	千米(主计量单位)	固定换算率
02	0202	米	固定换算率

3. 设置存货分类(见表 3-12)

表 3-12　存货分类

分类编码	分类名称
01	床上用品
02	卫浴用品
03	受托代销商品
04	应税劳务

4. 设置存货档案(见表 3-13)

表 3-13　存货档案

存货编码	存货名称	型号	计量单位	税率	存货分类	存货属性
0101	被套(夏天)	1.8M	件	16%	01	内销、外销、外购、委外
0102	床笠(秋天)	1.8M	件	16%	01	内销、外销、外购、委外
0103	床垫(秋天)	1.8M	件	16%	01	内销、外销、外购、委外

(续表)

存货编码	存货名称	型号	计量单位	税率	存货分类	存货属性
0104	枕头(秋天)	1.8M	个	16%	01	内销、外销、外购、委外
0105	空调被(美梦)	1.8M	件	16%	01	内销、外销、外购、委外
0106	空调被(夏天)	1.8M	件	16%	01	内销、外销、外购、委外
0107	空调被芯(曼陀林)	1.8M	件	16%	01	内销、外销、外购、委外
0108	蚕丝被(美梦)	1.8M	件	16%	01	内销、外销、外购、委外
0109	被芯(泰国产)	1.8M	件	16%	01	内销、外销、外购、委外
0110	床上四件套(罗莱)	1.5M	套	16%	01	内销、外销、外购、委外
0111	床上四件套(罗莱)	1.8M	套	16%	01	内销、外销、外购、委外
0112	床上四件套(美梦)	1.5M	套	16%	01	内销、外销、外购、委外
0113	印花床上四件套(曼陀林)	1.8M	套	16%	01	内销、外销、外购、委外
0114	儿童床上四件套(卡通)	1.5M	套	16%	01	内销、外销、外购、委外
0115	儿童床上四件套(春天)	1.5M	套	16%	01	内销、外销、外购、委外
0201	纯棉浴巾(晚安)	70cm*40cm	条	16%	02	内销、外销、外购、委外
0202	纯棉浴巾(洁丽雅)	70cm*40cm	条	16%	02	内销、外销、外购、委外
0203	纯棉浴巾(春天)	70cm*140cm	条	16%	02	内销、外销、外购、委外
0204	沐浴防滑拖鞋女(三利)	37~40码	双	16%	02	内销、外销、外购、委外
0205	沐浴防滑拖鞋女(春天)	37~40码	双	16%	02	内销、外销、外购、委外
0301	沙发抱枕(宝蓝)	50cm*50cm	个	16%	03	内销、外销、外购、委外、受托代销
0302	床垫(宝蓝)	1.8M	件	16%	03	内销、外销、外购、委外、受托代销
0303	蚕丝被(宝蓝)	1.8M	件	16%	03	内销、外销、外购、委外、受托代销
0304	床上四件套(宝蓝)	1.8M	套	16%	03	内销、外销、外购、委外、受托代销
0401	运费		千米	10%	04	内销、外销、外购、委外、应税劳务

【岗位说明】

以"W01 汪小菲"身份登录平台,设置存货信息。

【实训指导】

1. 设置计量单位组

① 在企业应用平台中，单击"基础设置"|"基础档案"|"存货"|"计量单位"选项，进入"计量单位"窗口。

② 单击工具栏上的"分组"按钮，打开"计量单位组"窗口，按所给实训资料依次输入数据。

③ 单击"退出"按钮，关闭"计量单位组"窗口。

2. 设置计量单位

① 在企业应用平台中，单击"基础设置"|"基础档案"|"存货"|"计量单位"选项，进入"计量单位"窗口。

② 选中左侧列表中"(01)数量组<无换算率>"，单击工具栏上的"单位"按钮，打开"计量单位"窗口，按所给实训资料依次输入数据。

③ 单击"退出"按钮，关闭"计量单位"窗口。

④ 选中左侧列表中"(01)里程<固定换算率>"，单击工具栏上的"单位"按钮，打开"计量单位"窗口，按所给实训资料依次输入数据。

⑤ 单击"退出"按钮，关闭"计量单位"窗口。

3. 设置存货分类

① 在企业应用平台中，单击"基础设置"|"基础档案"|"存货"|"存货分类"选项，进入"存货分类"窗口。

② 单击工具栏上的"增加"按钮，在"分类编码"文本框中输入01，"分类名称"文本框中输入"床上用品"。

③ 单击工具栏上的"保存"按钮，左侧列表"存货分类"树形结构下出现"(01) 床上用品"。

④ 同理，按所给实训资料依次输入数据。

4. 设置存货档案

① 在企业应用平台中，单击"基础设置"|"基础档案"|"存货"|"存货档案"选项，进入"存货档案"窗口。

② 单击工具栏上的"增加"按钮，按所给实训资料依次输入数据。

注意：录入"存货属性"包含受托代销的存货之前，需预先启用"采购管理"，在该模块"选项"中勾选"启用受托代销"方可设置。如通过本章最后设置的"基础档案批量导入业务"导入完成存货档案录入，则无须预先启用"采购管理"。

实训5 设置财务信息

【实训要求】

1. 设置外币及汇率(见表3-14)

表3-14 外币及汇率

币符	币名	汇率类型	记账汇率	折算方式
EUR	欧元	固定汇率	7.8695	外币 * 汇率 = 本位币

2. 设置会计科目(见表3-15)

表3-15 会计科目

科目名称/科目编码	增修标记	计量单位/币种	辅助账类型/账页格式	余额方向	受控系统
库存现金(1001)	修改		日记账	借	
银行存款(1002)	修改		银行账、日记账	借	
工行存款(100201)	新增		银行账、日记账	借	
中行存款(100202)	新增	欧元	银行账、日记账	借	
其他货币资金(1012)				借	
存出投资款(101201)	新增			借	
银行汇票存款(101202)	新增			借	
交易性金融资产(1101)			项目核算	借	
成本(110101)	新增	股	项目核算	借	
公允价值变动(110102)	新增		项目核算	借	
应收票据(1121)				借	
银行承兑汇票(112101)	新增		客户往来	借	应收系统
商业承兑汇票(112102)	新增		客户往来	借	应收系统
应收账款(1122)	修改		客户往来	借	应收系统
预付账款(1123)	修改		供应商往来	借	应付系统
应收股利(1131)				借	
应收利息(1132)				借	
其他应收款(1221)				借	
个人往来(122101)	新增		个人往来	借	
单位往来(122102)	新增		供应商往来	借	
坏账准备(1231)				贷	
在途物资(1402)	修改	件(套个)	供应商往来	借	
库存商品(1405)	修改	件(套个)		借	存货核算系统

(续表)

科目名称/科目编码	增修标记	计量单位/币种	辅助账类型/账页格式	余额方向	受控系统
发出商品(1406)	修改	件(套个)		借	
分期收款发出商品(140601)	新增	件(套个)		借	存货核算系统
其他销售发出商品(140602)	新增	件(套个)	客户往来/数量金额式	借	
受托代销商品(1431)	修改	件(套个)		借	
存货跌价准备(1471)				贷	
固定资产(1601)				贷	
累计折旧(1602)				贷	
固定资产减值准备(1603)				借	
固定资产清理(1606)				借	
待处理财产损溢(1901)				借	
待处理流动资产损溢(190101)	新增			借	
待处理非流动资产损溢(190102)	新增			贷	
交易性金融负债(2101)				贷	
应付票据(2201)				贷	
银行承兑汇票(220101)	新增		供应商往来	贷	应付系统
商业承兑汇票(220102)	新增		供应商往来	贷	应付系统
应付账款(2202)				贷	
暂估应付账款(220201)	新增		供应商往来	贷	
一般应付账款(220202)	新增		供应商往来	贷	应付系统
债务重组(220203)	新增		供应商往来	贷	
预收账款(2203)				贷	
预收货款(220301)	新增		客户往来	贷	
一般预收款(220302)	新增		客户往来	贷	应收系统
应付职工薪酬(2211)				贷	
工资(221101)	新增			贷	
职工福利(221102)	新增			贷	
养老保险(221103)	新增			贷	
医疗保险(221104)	新增			贷	
失业保险(221105)	新增			贷	
工伤保险(221106)	新增			贷	
职工教育经费(221107)	新增			贷	
住房公积金(221108)	新增			贷	

(续表)

科目名称/科目编码	增修标记	计量单位/币种	辅助账类型/账页格式	余额方向	受控系统
工会经费(221109)	新增			贷	
生育保险(221110)	新增			贷	
应交税费(2221)				贷	
应交增值税(222101)	新增			贷	
进项税额(22210101)	新增			贷	
进项税额转出(22210102)	新增			贷	
销项税额(22210103)	新增			贷	
已交税金(22210104)	新增			贷	
出口退税(22210105)	新增			贷	
转出未交增值税(22210106)	新增			贷	
未交增值税(222102)	新增			贷	
应交企业所得税(222103)	新增			贷	
应交个人所得税(222104)	新增			贷	
应交城市维护建设税(222105)	新增			贷	
应交教育费附加(222106)	新增			贷	
应交地方教育费附加(222107)	新增			贷	
应交房产税(222108)	新增			贷	
应交车船税(222109)	新增			贷	
应交印花税(222110)	新增			贷	
应付利息(2231)				贷	
应付股利(2232)				贷	
其他应付款(2241)				贷	
住房公积金(224101)	新增			贷	
养老保险(224102)	新增			贷	
医疗保险(224103)	新增			贷	
失业保险(224104)	新增			贷	
受托代销商品款(2314)	修改			贷	
股本(4001)	修改			贷	
资本公积(4002)				贷	
盈余公积(4101)				贷	
法定盈余公积(410101)	新增			贷	
任意盈余公积(410102)	新增			贷	
本年利润(4103)				贷	
利润分配(4104)				贷	

(续表)

科目名称/科目编码	增修标记	计量单位/币种	辅助账类型/账页格式	余额方向	受控系统
提取法定盈余公积(410401)	新增			贷	
提取任意盈余公积(410402)	新增			贷	
应付现金股利或利润(410403)	新增			贷	
转作股本股利(410404)	新增			贷	
盈余公积补亏(410405)	新增			贷	
未分配利润(410406)	新增			贷	
主营业务收入(6001)	修改	件(套个)		贷	
利息收入(6011)				贷	
其他业务收入(6051)				贷	
租赁收入(605101)	新增			贷	
劳务收入(605102)	新增			贷	
公允价值变动损益(6101)				贷	
投资收益(6111)				贷	
营业外收入(6301)				贷	
债务重组利得(630101)	新增			贷	
固定资产处置收益(630102)	新增			借	
主营业务成本(6401)				借	
其他业务成本(6402)				借	
税金及附加(6403)	修改			借	
销售费用(6601)				借	
修理费(660101)	新增			借	
广告费(660102)	新增			借	
运杂费(660103)	新增			借	
职工薪酬(660104)	新增			借	
业务招待费(660105)	新增			借	
折旧费(660106)	新增			借	
委托代销手续费(660107)	新增			借	
差旅费(660108)	新增			借	
其他(660109)	新增			借	
福利费(660110)	新增			借	
管理费用(6602)				借	
职工薪酬(660201)	新增			借	
办公费(660202)	新增			借	
差旅费(660203)	新增			借	

(续表)

科目名称/科目编码	增修标记	计量单位/币种	辅助账类型/账页格式	余额方向	受控系统
招待费(660204)	新增			借	
折旧费(660205)	新增			借	
税金及附加(660206)	新增			借	
福利费(660207)	新增			借	
存货盘点(660208)	新增			借	
废品损失(660209)	新增			借	
财务费用(6603)				借	
资产减值损失(6701)				借	
营业外支出(6711)				借	
债务重组损失(671101)	新增			借	
盘亏支出(671102)	新增			借	
捐赠支出(671103)	新增			借	
非公益性捐赠(67110301)	新增			借	
公益性捐赠(67110302)	新增			借	
非正常损失(671104)	新增			借	
所得税费用(6801)				借	
当期所得税费用(680101)	新增			借	
递延所得税费用(680102)	新增			借	
以前年度损益调整(6901)				借	

注:"账页格式"未特殊注明均为"金额式","余额方向"均为默认方向。

3. 设置凭证类别(见表3-16)

表3-16 凭证类别

凭证类别	限制类型	限制科目
收款凭证	借方必有	1001,100201,100202
付款凭证	贷方必有	1001,100201,100202
转账凭证	凭证必无	1001,100201,100202

4. 设置项目目录(见表3-17)

表3-17 项目目录

项目设置步骤	设置内容
项目大类	金融资产项目
核算科目	交易性金融资产(1101) 交易性金融资产—成本(110101) 交易性金融资产—公允价值变动(110102)

(续表)

项目设置步骤	设 置 内 容
项目分类	1. 股票 2. 债券
项目名称	01 泰达股份公司股票　所属分类码 1 02 神华集团公司债券　所属分类码 2

【岗位说明】

以"W01 汪小菲"身份登录平台,设置财务信息。

【实训指导】

1. 设置外币

① 在企业应用平台"基础设置"选项卡中,执行"基础档案"|"财务"|"外币设置"命令,打开"外币设置"对话框。

② 单击"增加"按钮,输入币符 USD、币名"美元",单击"确认"按钮。

③ 输入"2018-07"月份的记账汇率为 7.8695,单击"退出"按钮。

注意: ①此处录入的固定汇率与浮动汇率值并不决定在制单时使用固定汇率还是浮动汇率,在总账"选项"对话框"其他"选项卡的"外币核算"中,设置制单使用固定汇率还是浮动汇率。②如果使用固定汇率,则应在每月月初录入记账汇率(即期初汇率),月末计算汇兑损益时录入调整汇率(即期末汇率);如果使用浮动汇率,则应每天在此录入当日汇率。

2. 设置会计科目

(1) 增加明细会计科目。

① 在企业应用平台的"基础设置"选项卡中,执行"基础档案"|"财务"|"会计科目"命令,进入"会计科目"窗口,显示所有按"2007 年新会计制度科目"预置的科目。

② 单击"增加"按钮,进入"会计科目—新增"窗口,输入实训资料中"增修标记"栏标注为增加的会计科目。

③ 输入明细科目相关内容。输入编码 100201、科目名称"工行存款";选择"日记账""银行账",单击"确定"按钮。

④ 继续单击"增加"按钮,输入实训资料中其他明细科目的相关内容。

⑤ 全部输入完成后,单击"关闭"按钮。

注意: 增加的会计科目编码长度及每段位数要符合编码方案中的编码规则。

(2) 修改会计科目。

① 在"会计科目"窗口中,单击要修改的会计科目 1001。

② 单击"修改"按钮或双击该科目,进入"会计科目—修改"窗口。

③ 单击"修改"按钮,选中"日记账"复选框,单击"确定"按钮。

④ 按实训资料内容修改实训资料中"增修标记"栏标注为修改的会计科目,修改完成

后,单击"返回"按钮。

注意:①已有数据的科目不能修改科目性质。②被封存的科目在制单时不可以使用。③只有处于修改状态才能设置汇总打印和封存。

(3) 指定会计科目。

① 在"会计科目"窗口中,执行"编辑"|"指定科目"命令,进入"指定科目"窗口。
② 选择"现金总账科目"单选按钮,将"现金(1001)"由待选科目选入已选科目。
③ 选择"银行总账科目"单选按钮,将"银行存款(1002)"由待选科目选入已选科目。
④ 单击"确定"按钮。

注意:①指定会计科目是指定出纳的专管科目,只有指定科目后,才能执行出纳签字,从而实现现金、银行管理的保密性,才能查看现金、银行存款日记账。②在指定"现金科目""银行科目"之前,应在建立"库存现金""银行存款"会计科目时选中"日记账"复选框。

3. 设置凭证类别

① 在企业应用平台"基础设置"选项卡中,执行"基础档案"|"财务"|"凭证类别"命令,打开"凭证类别预置"对话框。
② 选择"收款凭证、付款凭证、转账凭证"单选按钮。
③ 单击"确定"按钮,进入"凭证类别"窗口。
④ 单击工具栏上的"修改"按钮,单击收款凭证"限制类型"的下三角按钮,选择"借方必有",在"限制科目"栏输入"1001,100201,100202"。
⑤ 设置付款凭证的限制类型为"贷方必有",限制科目为"1001,100201,100202";转账凭证的限制类型为"凭证必无",限制科目为"1001,100201,100202"。
⑥ 设置完成后,单击"退出"按钮。

4. 设置项目目录

(1) 定义项目大类。

① 在企业应用平台的"基础设置"选项卡中,执行"基础档案"|"财务"|"项目目录"命令,进入"项目档案"窗口。
② 单击"增加"按钮,打开"项目大类定义—增加"对话框。
③ 输入新项目大类名称"金融资产项目"。
④ 单击"下一步"按钮,输入要定义的项目级次,本例采用系统默认值。
⑤ 单击"下一步"按钮,输入要修改的项目栏目,假设本例采用系统默认值。
⑥ 单击"完成"按钮,返回"项目档案"窗口。

注意:项目大类的名称是该类项目的总称,而不是会计科目名称。例如,在建工程按具体工程项目核算,其项目大类名称应为"工程项目"而不是"在建工程"。

(2) 指定核算科目。
① 在"项目档案"窗口中,打开"核算科目"选项卡。
② 选择项目大类"生产成本"。
③ 单击">"按钮,将"1101 交易性金融资产"及其明细科目选为参加核算的科目,单击"确定"按钮。

注意:一个项目大类可指定多个科目,一个科目只能指定一个项目大类。

(3) 定义项目分类。
① 在"项目档案"窗口中,打开"项目分类定义"选项卡。
② 单击右下角的"增加"按钮,输入分类编码 1;输入分类名称"股票",单击"确定"按钮。
③ 同理,定义"2 债券"项目分类。

注意:为了便于统计,可对同一项目大类下的项目进一步划分,即定义项目分类。若无分类,也必须定义项目分类为"无分类"。

(4) 定义项目目录。
① 在"项目档案"窗口中,打开"项目目录"选项卡。
② 单击右下角的"维护"按钮,进入"项目目录维护"窗口。
③ 单击"增加"按钮,输入项目编号 01;输入项目名称"泰达股份公司股票";选择所属分类码 1。
④ 同理,继续增加"02 神华集团公司债券"项目档案。

注意:标志结算后的项目将不能再使用。

实训 6　设置收付结算

【实训要求】

1. 设置结算方式(见表 3-18)

表 3-18　结算方式

结算方式编码	结算方式名称	是否票据管理	对应票据类型
1	现金		
2	支票		
201	现金支票	是	现金支票
202	转账支票	是	转账支票
3	银行汇票		
4	商业汇票		

(续表)

结算方式编码	结算方式名称	是否票据管理	对应票据类型
401	银行承兑汇票	是	商业汇票
402	商业承兑汇票	是	商业汇票
5	电汇		
6	同城特约委托收款		
7	委托收款		
8	托收承付		
9	其他		

2. 设置付款条件(见表3-19)

表3-19 付款条件

付款条件编码	付款条件名称	信用天数	优惠天数1	优惠率1	优惠天数2	优惠率2	优惠天数3	优惠率3
01	1/10,n/10	10	10	1	0	0	0	0
02	2/10,1/20,n/30	30	10	2	20	1	30	0

3. 设置本单位开户银行(见表3-20)

表3-20 本单位开户银行

编码	开户银行	银行账号	币种	账户名称
01	中国工商银行天津河西支行	12001657901052500555	人民币	天津市凯撒家纺股份有限公司
02	中国工商银行天津河西支行	12001657901052501366	欧元	天津市凯撒家纺股份有限公司

【岗位说明】

以"W01 汪小菲"身份登录平台,设置收付结算。

【实训指导】

1. 设置结算方式

① 在企业应用平台中,单击"基础设置"|"基础档案"|"收付结算"|"结算方式"选项,进入"结算方式"窗口。

② 单击工具栏上的"增加"按钮,在"结算方式编码"文本框中输入 1,"结算方式名称"文本框中输入"现金"。

③ 单击工具栏上的"保存"按钮,左侧列表"结算方式"树形结构下出现"(1) 现金"。

④ 同理,按所给实训资料依次输入数据。

2. 设置付款条件

① 在企业应用平台中,单击"基础设置"|"基础档案"|"收付结算"|"付款条件"选项,进入"付款条件"窗口。

② 单击工具栏上的"增加"按钮,在"付款条件编码"栏输入 01,"优惠天数 1"栏输入 10,"优惠率 1"栏输入 1。

③ 单击工具栏上的"保存"按钮。同理,按所给实训资料依次输入数据。

3. 本单位开户银行信息

① 执行"基础档案"|"收付结算"|"银行档案"命令,修改"01 中国工商银行"信息,取消企业账户规则"定长"复选框,单击"保存"按钮。

② 在企业应用平台"基础设置"中,执行"基础档案"|"收付结算"|"本单位开户银行"命令,打开"本单位开户银行"对话框。

③ 单击"增加"按钮,在"编码"栏输入 01,"银行账号"栏输入 12001657901052500555,"账户名称"栏输入"天津市凯撒家纺股份有限公司","币种"输入"人民币","开户银行"输入"中国工商银行天津河西支行","所属银行编码"选择"01 中国工商银行"。

④ 单击"保存"按钮。同理,设置外币账户。

注意:若需在银行档案中增删记录,需注意"银行编码"项一旦保存无法修改,如录入错误只能重新输入。

实训 7 单据设置

【实训要求】

1. 设置单据格式

删除销售专用发票、销售普通发票表头项目"备注"栏。

2. 设置单据编号

修改销售专用发票、采购专用发票编号规则为"完全手工编号"。

【岗位说明】

以"W01 汪小菲"身份登录平台,进行单据设置。

【实训指导】

1. 单据格式设置

① 执行"基础档案"|"单据设置"|"单据格式设置"命令,打开"单据格式设置"窗口。

② 在左侧树形结构中,依次单击"销售管理"|"销售专用发票"|"显示"|"销售专用发票"命令,打开"销售专用发票"窗口。

③ 选中"备注"项目,单击"删除"按钮,系统弹出"是否删除当前选择项目?"提示框,单击"是"按钮。

④ 单击"保存"按钮。同理,删除销售普通发票表头项目"备注"栏。

2. 单据编号设置

① 执行"基础档案"|"单据设置"|"单据编号设置"命令,打开"单据编号设置"窗口,选择"编号设置"选项卡。

② 在左侧树形结构中,依次单击"销售管理"|"销售专用发票"选项,单击"✎"按钮。

③ 选中"完全手工编号"项目前的复选框。

④ 单击"保存"按钮。同理,修改采购专用发票编码方式。

实训 8　基础档案批量导入

【实训要求】

利用"U8 实施与维护工具"批量导入机构人员信息、客商信息、财务信息,以及收付结算信息等基础档案。

【岗位说明】

以"W01 汪小菲"身份登录 U8 实施与维护工具,导入基础数据。

【实训指导】

各档案设置时,输入的数据量稍大,操作比较简单。基本上遵循"增加—输入—保存"的操作原则。必须先建立客户分类、供应商分类档案,才能建立客户档案、供应商档案;且客户档案、供应商档案必须建立在最末级分类上。所有档案建立时,应遵循事先设定的分类编码原则。

实际操作中,企业基础设置信息的录入往往采用批量导入的方式实现。本书已预先将本章涉及的主要基础档案数据转换为导入模板,放置于本书教学资源包内。在教学与练习过程中,可挑选实训 1～实训 6 中若干实验进行练习,其余业务采用模板导入方式完成,从而减少不必要的重复操作,有效利用课堂教学实践。

若已完成本章之前的业务操作,则可通过引入第 2 章结果账套的方式,完成实训 7 的操作。

① 在"开始"菜单的程序列表中,执行"用友 U8 V10.1"|"U8 实施与维护工具"命令,打开"登录"对话框。

② 以"W01 汪小菲"身份登录,选择"001 天津凯撒家纺股份有限公司"。

③ 单击"登录"按钮,进入"U8 实施与维护工具"窗口,依次单击左侧树形结构中"U8 实施与维护工具"|"基础数据导入"|"数据导入"|"打开模板"命令,打开"导入模板"界面。

④ 单击"机构人员"|"部门档案"命令,打开"部门档案"模板,按照模板及本书实训 1 第一步要求将数据录入指定列。

注意: 标题行为"蓝色"列不可为空。

⑤ 修改完成后，单击"保存"按钮，关闭模板文件；选择左侧树形结构中"U8 实施与维护工具"|"数据导入"|"导入设置"命令，在右侧界面中，单击"机构人员"单选项，勾选"部门方案"复选框。

⑥ 单击"导入选项"按钮，"操作方式"选择"追加"，单击"确定"按钮，系统提示"保存成功！"信息，单击"确定"按钮，返回"导入设置"界面。

⑦ 选择左侧树形结构中"U8 实施与维护工具"|"数据导入"|"数据导入"命令，出现导入进度条窗口，进度条滚动完成后，系统提示"本次导入全部成功，是否查看本次的导入日志？"信息，单击"否"按钮。

⑧ 同理，完成 "人员类别""人员档案""客户分类""客户档案""供应商分类""供应商档案""结算方式""付款条件""会计科目""计量单位""存货分类""存货档案"的数据导入。

注意：①操作中如直接使用本书教学资源包提供的模板，则无须执行第 3 和 4 步，在执行第 5 步时还需指定教学资源包提供模板的路径。②教学资源包中"会计科目"模板仅包括需要"新增"的会计科目，导入完成后，还需完成实训 5 中会计科目"修改"的内容。③导入数据过程中如出现"外部数据库驱动程序(1)中的意外错误"提示信息，若是计算机操作系统(一般是客户端)请按以下系统对应补丁进行处理：Windows 7 系统卸载微软补丁 KB4041678 与 KB4040966；Windows 10 系统卸载微软补丁 KB4041676 与 KB4041691。

实训 9　系统服务

【实训要求】

本账套不实行数据级权限管理及金额级权限管理。

【岗位说明】

以"A01 陈强"身份登录平台，取消数据权限控制设置。

【实训指导】

① 执行"系统服务"|"数据权限控制设置"命令，打开"数据权限控制设置"窗口，单击"全消"按钮。

② 单击"确定"按钮，退出界面。

③ 将账套输出至 D 盘根目录下"3-1 基础设置"文件夹。

思政园地

数字中国(三)——中国医药：迈入数智化时代

中国医药与用友合作，建设 ERP 业务财务一体化综合管理平台，整合内部管理和业务流程，贯通上下游，实现数据资产价值的挖掘与协同，加速医药行业数智化转型，涉及提效流程覆盖超过 80%，应收账款周转率提升 10%，销售费用率降低 2%，中国医药通过商业创新整合内部管理和业务流程，提高精细化管理水平，总部平台与各子企业核心业务进行数据对接，使整个中国医药体系核心业务系统成为有机整体。

第4章 总账管理系统

 理论知识

4.1 总账管理系统概述

4.1.1 总账管理系统的功能

总账管理系统是企业财务及管理软件的核心模块。总账管理系统与其他系统成并行关系。账务系统既可独立运行,也可同其他系统协同运转。其是与应收款管理系统、应付款管理系统、固定资产系统、薪资管理系统、采购管理系统、销售管理系统、存货管理系统,以及库存管理系统的接口,接收其他系统生成的凭证;是与报表管理系统、决策支持系统、财务分析系统的接口,提供财务数据生成财务报表及其他财务分析表。财务分析系统向总账系统提供预算数据,对总账系统中的填制凭证进行预算控制。

4.1.2 总账管理系统与其他系统之间的关系

总账管理系统既可独立运行又可同其他系统协同运转,与其他系统传递相关的数据和凭证。其主要包括应收款管理系统、应付款管理系统、固定资产系统、薪资管理系统、采购管理系统、销售管理系统、存货核算系统、成本管理系统,以及 UFO 报表管理系统等。

1. 应收款管理与应付款管理系统

应收款管理与应付款管理中的所有凭证都传递到总账管理系统中,总账管理系统可从应收款管理与应付款管理中引入期初余额,应收款管理及应付款管理与总账管理系统进行对账。

2. 固定资产系统

固定资产系统根据折旧分配表生成的凭证传递到总账管理系统中,固定资产可与总账管理系统进行对账。

3. 薪资管理系统

薪资管理系统将工资计提、分摊结果自动生成转账凭证，传递到总账管理系统。

4. 采购管理系统、销售管理系统与存货核算系统

采购管理系统、销售管理系统以及存货核算系统伴随日常业务的发生与变动所产生的记账凭证传递到总账管理系统。

5. 成本管理系统

成本管理系统引用总账管理系统提供的应计入生产成本的间接费用(制造费用)或其他费用数据。成本管理系统将成本核算结果自动生成转账凭证，传递到总账管理系统。

6. UFO报表管理系统

总账管理系统为UFO报表管理系统提供财务数据生成财务报表。

由此可见，在会计信息系统中，总账管理系统是整个集成系统的核心系统。应收款管理系统、应付款管理系统、固定资产系统、薪资管理系统、采购管理系统、销售管理系统、存货核算系统、成本管理系统，以及报表管理系统均以其为中心进行信息的传递和汇总等处理。

4.1.3 总账管理系统数据流程

总账管理系统数据处理流程如图4-1所示。

图4-1 总账管理系统数据处理流程

4.2 总账管理系统业务处理

4.2.1 总账管理系统的初始设置

在建立账套之后，启用总账管理系统时，还需要对总账管理系统进一步初始化，建立适合于用户自己的应用环境，使总账管理系统成为符合需要的专用系统。

总账管理系统的初始化主要包括控制功能设置、会计科目设置、定义外币及汇率、录入期初余额、凭证类别设置，以及其他设置。

1. 总账管理系统的控制功能设置

首次启用一个新建账套的总账管理系统或启用一个总账管理系统后，都可以对总账管理系统的控制功能做进一步的设置。账务处理系统部分控制功能设置包括如下几项。

1) 凭证控制设置

(1) 制单控制：在填制凭证时，系统能够进行的控制。

① 制单序时控制：制单时，凭证编号必须按日期顺序排列。选择此项和"系统编号"选项，制单时凭证编号必须按日期顺序排列，如 11 月 16 日编制 16 号凭证，则 11 月 17 日只能开始编制 17 号凭证，即制单序时。

② 资金及往来赤字控制：制单时，当"资金及往来科目"或"全部科目"的最新余额出现负数时，系统将予以提示。

③ 可以使用其他系统(应收、应付或存货)受控科目：若某科目为其他系统的受控科目(如客户往来科目为应收、应付系统的受控科目)，一般来说，为了防止重复制单，应只允许其受控系统来使用该科目进行制单，总账管理系统是不能使用此科目进行制单的，但如果用户希望在总账系统中也能使用这些科目填制凭证，则应选择此项。

④ 允许修改他人填制的凭证：在制单时可修改别人填制的凭证。

⑤ 支票控制：在制单时录入了未在支票登记簿中登记的支票号，系统将提供登记支票登记簿的功能。

⑥ 制单权限控制到科目：在制单时，操作员只能用具有相应制单权限的科目制单。

(2) 凭证控制：处理凭证时，系统能够进行的操作控制。

① 打印凭证页脚姓名：在打印凭证时，自动打印制单人、出纳、审核人、记账人的姓名。

② 凭证审核控制到操作员：允许对审核凭证权限做进一步细化，如只允许某操作员审核其本部门操作员填制的凭证，而不能审核其他部门操作员填制的凭证，并应通过"明细权限"去做进一步的设置。

③ 出纳凭证必须经由出纳签字：含有现金、银行科目的凭证必须由出纳人员对其核对签字后才能记账。

(3) 凭证编号方式控制：填制凭证时，依照凭证类别按月自动编制凭证编号，即"系统编号"，或在制单时手工录入凭证编号，即"手工编号"。

(4) 现金流量参照科目：用来设置现金流量录入界面的参照内容和方式。选中"现金流量科目"选项时，系统只参照凭证中的现金流量科目；选中"对方科目"选项时，系统只显示凭证中的非现金流量科目。选中"自动显示"选项时，系统依据前两个选项将现金流量科目或对方科目自动显示在指定现金流量项目界面中，否则需要手工参照选择。

2) 账簿设置

该选项用来调整各种账簿的输出方式及打印要求等。

(1) 打印位数宽度：定义正式账簿打印时各栏目的宽度，包括摘要、金额、外币、数量、汇率、单价。

(2) 明细账(日记账、多栏账)打印输出方式：打印正式明细账、日记账或多栏账时，按年排页还是按月排页。

(3) 凭证、正式账每页打印行数：可对明细账、日记账、多栏账的每页打印行数进行设置。

(4) 明细账查询权限控制到科目：允许对查询和打印权限做进一步控制。例如，仅允许某操作员具有部分科目明细账的查询或打印权限，而不具有另一部分科目明细账的查询或打印权限。

3) 凭证打印设置

(1) 合并凭证显示、打印：选择此项，则在填制、查询凭证时在科目明细账显示或打印时凭证按照"按科目、摘要相同方式合并"或"按科目相同方式合并"合并显示，并在明细账显示界面提供是否"合并显示"的选项。

(2) 打印凭证的制单、出纳、审核、记账等人员姓名：在打印凭证时，是否自动打印制单人、出纳、审核人、记账人的姓名。

(3) 打印包含科目编码：在打印凭证时，是否自动打印科目编码。

(4) 打印转账通知书：在打印转账通知书时选择哪种列示方式，"按科目""按部门""按客户或供应商"3种只能选取一种。

(5) 凭证、正式账每页打印行数(常打印控件适用)："凭证打印行数"可对凭证每页的行数进行设置，"正式账每页打印行数"可对明细账、日记账、多栏账的每页打印行数进行设置。双击表格或按空格对行数直接修改即可。

4) 预算控制设置

(1) 预算管理系统：该选项由预算管理系统控制。可选择在凭证保存时进行预算控制，或在审核时进行预算控制。凭证保存进行预算控制时，可进一步选择是否在凭证作废时控制。

(2) 专家财务评估：该选项从专家财务评估取数，选择该项，则制单时，当某一科目下的实际发生数导致多个科目及辅助项的发生数及余额总数超过预算数与报警数的差额，则报警。

(3) 超出预算允许保存：选择"预算控制"中财务分析系统的预算控制选项后此项才

起作用,从财务分析系统取预算数,如果制单输入分录时超过预算也可以保存超预算分录,否则不予保存。

5) 权限设置

(1) 操作员进行金额权限控制:选择此项,可以对不同级别的人员进行金额大小的控制。例如,财务主管可以对 5 万元以上的经济业务制单,一般财务人员只能对 2 万元以下的经济业务制单,这样可以减少由于不必要的责任事故带来的经济损失。

(2) 出纳凭证必须经由出纳签字:若要求现金、银行科目凭证必须由出纳人员核对签字后才能记账,则选择"出纳凭证必须经由出纳签字"。

(3) 允许修改、作废他人填制的凭证:若选择此项,在制单时可修改或作废别人填制的凭证,否则不能修改,如选择"控制到操作员",则要在系统管理的"数据权限"设置中设置用户权限,再选择此项,权限设置有效。选择此项,则在填制凭证时,操作员只能对相应人员的凭证进行修改或作废。

(4) 可查询他人凭证:如允许操作员查询他人填制的凭证,则选择"可查询他人凭证",如选择"控制到操作员",则要在系统管理的"数据权限"设置中设置用户权限,再选择此项,权限设置有效。如选择此项,则在凭证查询时,操作员只能查询具有相应人员的凭证查询权限。

6) 其他设置

(1) 外币核算:如果您的企业有外币业务,则应选择相应的汇率方式——固定汇率、浮动汇率。"固定汇率"即在制单时,一个月只按一个固定的汇率折算本位币金额。"浮动汇率"即在制单时,按当日汇率折算本位币金额。

(2) 本位币:可以在这里显示核算的本位币的币符和币名。例如,如果企业核算本位币是人民币,那么币符为"RMB",币名为"人民币"。

2. 录入期初余额

在初次使用总账管理系统时,应将经过整理的手工账目的期初余额录入计算机,以保证历史数据的完整性。这些账簿的基础数据主要分为以下三组:会计科目年初数、启用时的会计科目期初余额、会计科目累计发生额。若企业是在年初建立账套,由于会计科目累计发生额为零,而会计科目期初余额就是会计科目年初数,所以期初余额只有年初数这一组数据。假如是年中启用总账管理系统,而又希望查询结果全面反映全年的业务情况,则应先将各账户此时的余额和年初到此时的借贷方累计发生额计算清楚,即需要输入上述全部三组余额数据。但是,实际操作时,用户只需输入上述三组数据中的两组数据,根据会计等式关系,系统可以自动计算得到第三组数据,以便于用户与手工账簿数据进行核对,确保期初余额输入的正确性。具体到哪两组数据,不同会计软件的要求可能有所不同。例如,某企业 2018 年 7 月开始启用总账系统,那么,应将该企业 2018 年 6 月末各科目的期末余额及 1~6 月的累计发生额计算出来,准备作为启用系统的期初数据录入总账管理系统中,系统将自动计算年初余额;若企业是在年初建账,或不反映启用日期以前的发生额,则期初余额就是年初数。若科目有辅助核算,还应整理各辅助项目的期初余额,以便在期初余额中录入。

期初余额的录入分为两部分：总账期初余额录入、辅助核算科目期初余额录入。

(1) 总账期初余额录入。

期初余额录入是将手工会计资料录入计算机中的过程之一。余额和累计发生额的录入要从最末级科目开始，上级科目的余额和累计发生数据由系统自动计算。如果某科目为数量、外币核算，应录入期初数量、外币余额，而且必须先录入本币余额，再录入数量外币余额。若期初余额有外币、数量余额，则必须有本币余额。红字余额用负号输入。

(2) 辅助核算科目期初余额录入。

在录入期初余额时，对于设置为辅助核算的科目，系统会自动为其开设辅助账页。相应地，在输入期初余额时，这类科目总账的期初余额是由辅助账的期初明细汇总而来，即不能直接输入总账期初数。

期初余额录入完毕后，应该试算平衡。期初余额试算不平衡，将不能记账，但可以填制凭证；已经记过账，则不能再录入、修改期初余额，也不能执行"结转上年余额"的功能。

若使用了应收、应付系统，并且客户往来或供应商往来由应收、应付系统核算，那么，应该到应收、应付系统中录入含客户、供应商账类的科目的明细期初余额。在账务处理系统中，只能录入这些科目的总余额，若这些科目还有其他辅助核算，如部门核算或项目核算，则只能录入这些科目下各部门总余额或各项目的总余额。

3. 常用凭证及常用摘要定义

(1) 常用凭证定义。

在企业日常经济业务中，会出现大量的同类业务，反映这些业务的会计凭证的分录格式一致，不同的仅仅是发生额。为方便这类凭证的输入，可以预先定义这类凭证的分录格式，即常用凭证。将这些常用的凭证存储起来，在填制会计凭证时随时调用，必将大大提高业务处理的效率。确切地说，"常用凭证"提供的是常用会计凭证的模板，在调用常用凭证后，仍可做修改，使其符合当时的会计业务需要。

定义常用凭证时既要定义凭证主要信息，也要定义凭证分录内容。

(2) 常用摘要定义。

常用摘要是系统为方便以后凭证输入，帮助用户规范摘要而设定的功能。用户可以通过常用摘要定义功能，定义本企业常用摘要，在填制会计凭证时可随时调用。

常用摘要定义编号、摘要内容、相关科目，调用常用摘要可以在输入摘要时直接输入摘要编号或参照输入，这些信息(数据)可任意设定并在调用后可以修改补充。

至此，账务系统的初始化工作结束，接下来的将是账务系统的日常业务处理工作。

4.2.2 总账管理系统日常业务处理

初始化设置工作完成后，可以开始进行日常账务处理工作。日常账务处理工作主要包括编制凭证、审核凭证、记账、结账、账簿管理和报表管理等业务。凭证管理包括填制凭证、修改凭证、打印凭证、出纳签字、审核凭证、凭证汇总、记账等。

1. 凭证管理

1) 凭证类型

记账凭证是账务处理系统日常业务处理的起点,也是所有信息的主要来源之一。账务处理系统中的记账凭证主要有以下三类。

(1) 手工编制凭证。指根据所发生的经济业务及其原始凭证编制的记账凭证。

(2) 机制凭证。指已经实现计算机处理的其他业务系统对原始凭证进行处理后编制的记账凭证。

(3) 自定义转账凭证。指账务系统根据系统机内已有的数据产生的记账凭证。通常是用户定义的、从账簿取数的期末转账凭证。

2) 操作流程

凭证管理包含的内容和操作流程如图 4-2 所示。

图 4-2　凭证管理包含的内容和操作流程

3) 填制凭证

记账凭证是登记账簿的依据,也是总账管理系统的唯一数据源。在实行计算机处理账务后,电子账簿的准确与完整完全依赖于记账凭证,因而确保记账凭证输入的准确完整十分重要。在实际工作中,用户可直接在计算机上根据审核无误准予报销的原始凭证填制记账凭证(即前台处理),也可以先由人工制单而后集中输入(即后台处理),用户采用哪种方式应根据本企业的实际情况确定。一般来说,业务量不多或基础较好或使用网络版的用户可采用前台处理方式,而在第一年使用或人机并行阶段,则比较适合采用后台处理方式。

通常,一张凭证中可填写的行数是没有限制的,可以是简单分录,也可以是复合分录,但每一张凭证应该只记录一笔经济业务,不可把记录不同经济业务的分录填入一张凭证。

记账凭证的基本要素包括凭证类别、编制凭证的日期、经济业务的内容摘要、会计科目和明细科目的名称、金额、凭证编号、所有原始凭证和其他资料的张数、有关人员的签字。

(1) 凭证类别。

凭证类别指输入凭证类别字。凭证类别是在初始化时设置的。如果没有设置凭证类别，则此处为空。此后，系统将自动生成凭证编号。

(2) 凭证编号。

一般情况下，由系统分类按月自动编制，即每类凭证每月都从 001 号开始，对于网络用户，如果是几个人同时制单时，则在凭证的右上角，系统提示了一个参考凭证号，真正的凭证编号只有在凭证已填制并经保存完毕后才给出；如果只有一个人制单或使用单用户版制单时，则凭证右上角的凭证号即是正在填制的凭证的编号。系统同时也自动管理凭证页号，系统规定每页凭证有五笔分录，当凭证不只一页时，系统自动在凭证号后标出凭证页数。如果在启用账套或在账簿设置时，设置凭证编号的方式为"手工编号"，则可以手工录入凭证编号。

(3) 制单日期。

系统自动选取进入账务前输入的业务日期为记账凭证填制的日期，如果日期不对，可进行修改或按 按钮参照输入。

(4) 凭证自定义项。

凭证自定义项是由用户自定义的凭证补充信息。用户根据需要自行定义和输入，系统对这些信息不进行校验，只进行保存。

(5) 凭证内容。

凭证内容指输入本张凭证的每一笔分录。每笔分录由摘要、科目、辅助信息、发生金额组成。

① 摘要：输入本笔分录的业务说明，摘要要求简洁明了。

② 科目：科目必须输入末级科目。科目可以输入科目编码、中文科目名称、英文科目名称或助记码。如果输入的科目名称有重名现象时，系统会自动提示重名科目供选择。

③ 辅助信息：根据科目属性输入相应的辅助信息，如部门、个人、项目、客户、供应商、数量、自定义项等。所录入的辅助信息将在凭证下方的备注中显示。当需要对所录入的辅助项进行修改时，可双击所要修改的项，系统显示辅助信息录入窗口，可进行修改。

如果该科目要进行数量核算，则屏幕提示用户输入"数量""单价"。系统根据"数量×单价"自动计算出金额，并将金额先放在借方，如果方向不符，可按空格键调整金额方向。

如果该科目要进行外币核算，则系统自动将凭证格式改为外币式；如果系统有其他辅助核算，则先输入其他辅助核算后，再输入外币信息。

若科目为银行科目，那么，还应输入"结算方式""票号"及"发生日期"，其中"结算方式"输入银行往来结算方式，"票号"输入结算号或支票号，"票据日期"输入该笔业务发生的日期，"票据日期"主要用于银行对账。

对于要使用"支票登记簿"功能的用户，若希望在制单时也可进行支票登记，则应在

"账簿选项"中设置"支票控制"选项，那么在制单时，如果所输入的结算方式应使用支票登记簿，在输入支票号后，系统则会自动勾销支票登记簿中未报销的支票，并将报销日期填上制单日期，所以在支票领用时，最好在支票登记簿中予以登记，以便系统能自动勾销未报的支票。若支票登记簿中未登记该支票，系统将显示支票录入窗口，供用户将该支票内容登记到支票登记簿中，同时填上报销日期。

④ 发生金额：即该笔分录的借方或贷方本币发生额，金额不能为零，但可以是红字，红字金额以负数形式输入。如果方向不符，可按空格键调整金额方向。

当凭证全部录入完毕后，应保存凭证。在保存凭证时，系统会自动校验本张凭证借贷方金额是否平衡，如果不平，系统将提示不保存此凭证。凭证一旦保存，其凭证类别、凭证编号将不能修改。

4) 凭证修改

(1) 修改凭证。

可以对凭证的制单日期、附单据数、摘要、科目、外币、汇率、金额、辅助项信息等进行修改。

若在"账簿选项"中设置了"制单序时"的选项，则在修改制单日期时，不能在上一编号凭证的制单日期之前，如1月份制的凭证不能将制单日期改为2月份的日期。

若在"账簿选项"中设置了"不允许修改、作废他人填制的凭证"，则不能修改他人填制的凭证。

如果某笔涉及银行科目的分录已录入支票信息，并对该支票做过报销处理，修改该分录，将不影响"支票登记簿"中的内容。

外部系统传过来的凭证不能在总账系统中进行修改，只能在生成该凭证的系统中进行修改。

(2) 作废和恢复作废凭证。

该功能可以作废凭证，作废之后的凭证左上角显示"作废"字样。

作废凭证仍保留凭证内容及凭证编号。作废凭证不能修改，不能审核。在记账时，不对作废凭证做数据处理，相当于一张空凭证。在账簿查询时，也查不到作废凭证的数据。

已作废的凭证，可以恢复，取消其作废标志，并将凭证恢复为有效凭证。

(3) 整理凭证。

凭证整理就是删除所有作废凭证，并对未记账凭证重新编号。若本月已有凭证记账，那么，本月最后一张已记账凭证之前的凭证将不能做凭证整理，只能对其后面的未记账凭证做凭证整理。若想做凭证整理，应先利用"恢复记账前状态"功能恢复本月月初的记账前状态，再做凭证整理。

(4) 制作红字冲销凭证。

记账之后的凭证是不能修改的，如果发现记账之后的凭证有错误需要修改，则要制作红字冲销凭证，冲销需要修改的已记账凭证，然后制作一张正确凭证。在制作红字冲销凭证时，输入制单月份，然后回答将冲销哪个月的哪类多少号凭证，则系统自动制作一张红字冲销凭证。通过红字冲销法增加的凭证，应视同正常凭证进行保存管理。

因此，对错误凭证进行修改，可分为"无痕迹"修改及"有痕迹"修改两种。

①"无痕迹"修改，即系统内不保存任何修改的线索和审计痕迹。下列两种情况下，系统能够对输入的凭证实现无痕迹修改：

- 对已经输入但未审核的记账凭证可以直接修改；
- 已通过审核但还未记账的凭证不能直接修改，但可以先取消审核后再进行修改。

②"有痕迹"修改，即系统通过保存错误凭证和更正凭证的方式留下审计痕迹。若发现已记账凭证有错，是不能再修改的，对此类错误的修改要求留下审计线索。这时可以采用制作红字冲销凭证或者补充登记进行更正。

(5) 审核凭证。

为确保登记到账簿的每一笔经济业务的准确性和可靠性，制单员填制的每一张凭证都必须经过审核员的审核。审核凭证是审核操作员按照财会制度，对制单操作员填制的记账凭证进行检查核对，主要审核记账凭证是否与原始凭证相符、会计分录是否正确等。审查认为错误或有异议的凭证，应交于填制人员修改后，再审核。

审核员和制单员不能是同一个人。审核操作员除了需要具有凭证审核权限外，还需要具有对待审核凭证制单员所制凭证的审核权，该权限在"明细权限"中设置。

凭证一经审核，就不能被修改、删除，只有被取消审核签字后才可以进行修改或删除。取消审核签字只能由审核人自己进行。

采用手工制单的用户，在凭单上审核完后还须对录入计算机中的凭证进行审核。

作废凭证不能被审核，也不能被标错。已标错的凭证不能被审核，若想审核，需先取消标错后才能审核。

2. 记账

计算机账务处理系统中的记账和手工会计中的登记账簿的意义是相同的。首先，都是一个数据归集、汇总的过程，以便能全面、系统地反映企业各项经济业务活动的变动情况。但由于采用计算机进行数据处理，因此记账的原理和过程又有所不同。计算机账务处理中的记账过程首先是一个数据传递的过程，把经过审核签章的、要求记账的记账凭证从录入凭证数据库文件中传递到记账凭证数据库文件中。经过记账的凭证是不能修改的，也就是记账凭证数据库文件中的数据是不能修改的，由此形成了会计核算系统稳定的数据。其次，把记账凭证数据库中的数据分别向各相应账户归集、汇总，以便查询和输出账簿时使用。

每个会计期间的凭证，可以分批、分期记账，因此记账功能可以使用多次。每次记账时，所选择的记账凭证必须是经过审核签章的凭证。

记账过程一旦因断电或其他原因造成中断后，系统将自动调用"恢复记账前状态"恢复数据，然后用户再重新记账。在记账过程中，不得中断退出。在第一次记账时，若期初余额试算不平衡，系统将不允许记账。所选范围内的凭证如有未审核凭证时，系统提示是否只记已审核凭证或重选记账范围。

3. 科目汇总

凭证汇总是按条件对记账凭证进行汇总并生成一张科目汇总表。进行汇总的凭证可以是已记账凭证，也可以是未记账凭证，因此财务人员可在凭证未全部记账前，随时查看企业目前的经营状况及其他财务信息。

4. 出纳管理

出纳管理是总账管理系统为出纳人员提供的一套管理工具，在用友 U8 V10.1 软件中也可单独启用出纳管理模块。主要功能包括：出纳签字；查询和打印现金日记账、银行存款日记账和资金日报表；登记和管理支票登记簿；录入银行对账单，进行银行对账，输出余额调节表，并可对银行长期未达账提供审计报告。

(1) 出纳签字。

出纳凭证涉及企业现金的收入与支出，所以应加强对出纳凭证的管理。出纳人员可通过出纳签字功能对制单员填制的带有现金银行科目的凭证进行检查核对，主要核对出纳凭证的出纳科目的金额是否正确，审查认为错误或有异议的凭证，应交与填制人员修改后再核对。

企业可根据实际需要决定是否要对出纳凭证进行出纳签字管理，若不需要此功能，可在初始化设置中取消"出纳凭证必须经由出纳签字"的设置。

凭证一经签字，就不能被修改、删除，只有被取消签字后才可以进行修改或删除。取消签字只能由出纳人员自己操作。

(2) 日记账及资金日报表。

日记账通常是指现金日记账和银行存款日记账。在手工会计中，日记账都是会计人员逐日、逐笔根据经济业务发生的先后顺序登记的，计算机账务处理中，日记账由计算机自动登记，日记账的作用只是用于输出。

要输出现金日记账和银行存款日记账，要求在系统初始化时，现金会计科目和银行存款会计科目必须选择"日记账"标记，即表明该科目要登记日记账。所以，如果需要，任何一个会计科目都可以输出日记账。

资金日报表是反映现金和银行存款科目当日借贷方发生额及余额情况的报表。

(3) 支票登记。

手工记账时，银行出纳员通常使用支票领用登记簿来登记和管理领用的支票。计算机账务处理系统中，也为银行出纳员提供了支票登记簿，用以详细登记支票领用人、领用日期、支票用途、是否报销等信息。

(4) 银行对账。

银行对账是出纳管理的一项重要工作。银行对账的目的在于消除由于时间差导致的银行与企业账面不一致的情况。由于在实际业务中，银行对账工作通常在期末进行，故而银行对账环节的业务介绍放在总账管理系统期末处理中再做介绍。

5. 总账管理系统的输出

会计核算的基本目的是对内、对外提供企业的各种财务信息，以加强管理提高企业的经济效益。为此目的账务系统设计了多种会计信息的输出功能供用户使用。

1) 账务系统输出方式

在账务系统中信息输出的方式有3种：屏幕显示输出、打印机打印输出以及磁盘驱动器输出。

(1) 通过屏幕显示输出，通常称为查询。查询的内容包括凭证查询、账簿查询、汇总表查询，以及各种辅助项目的查询。

(2) 通过打印机打印输出，通常称为打印。在账务系统中凡是可以查询到的内容都可以打印。

(3) 通过磁盘驱动器输出，通常称为备份。由于备份功能对系统数据的安全有重要意义，又与系统数据恢复功能有密切联系，因此备份不光是信息输出的一种方式而且是系统维护的重要功能。

2) 凭证、科目汇总表的输出

(1) 记账凭证的输出。

记账凭证是账务系统最主要和最基本的数据来源，因此账务系统中记账凭证的数量往往很多。对记账凭证进行查询和打印时，为了提高查询的速度，一般需要给出查询条件。通常账务系统允许的条件有：按日期、类别、凭证编号进行查询；按科目代码、摘要、关键字、发生额进行查询。通常可以按单个条件进行查询，也可按几个条件组合进行综合查询。

由于系统中的记账凭证可能处于不同的处理状态，因此凭证的查询分两种情况：一种是包括未记账凭证在内的所有记账凭证查询；一种是已记账的记账凭证的查询。

(2) 科目汇总表的输出。

为了提供某一科目某一时间范围的发生额和余额，系统提供了凭证汇总功能。凭证汇总同样需要输入汇总条件和汇总凭证的范围。运行凭证汇总功能，系统自动进行凭证汇总并将产生的科目汇总表显示在屏幕上。需要打印时，操作对应的功能键系统即可将结果打印输出。科目汇总分已记账凭证、未记账凭证和所有凭证汇总3种情况，并允许选择凭证类型进行查询和打印。

3) 账簿输出

账簿输出分日报单输出、日记账输出、明细账输出、总账输出和辅助账输出，每种输出均有查询和打印两种输出方式。账簿输出的格式由科目设置中的账类所决定，可以输出三栏式、数量金额式、复币式、多栏式等用户需要的各种账簿。

4.2.3 总账管理系统期末业务处理

总账管理系统中，期末业务处理的主要工作是：银行对账；期末的摊、提、结转业务的处理；对账和结账等工作。期末业务是会计部门在每个会计期末都需要完成的特定业务。这些业务数量不是太大但处理较复杂。由于期末业务处理的主要数据来源于账簿记录，各会计期间的多数期末业务处理具有很强的规律性，比较适合计算机自动进行处理。因此在账务系统中，期末业务的处理主要是由计算机根据用户的设置自动进行的。

1. 银行对账

由于企业与银行的账务处理和入账时间上的差异，通常会发生双方账面不一致的情况，为防止记账发生差错，正确掌握银行存款的实际余额，必须定期将企业银行存款日记账与银行发出的对账单进行核对并编制银行存款余额调节表。

总账管理系统中的银行对账就是将系统登记的银行存款日记账与银行对账单进行核对。银行对账单来自企业开户行。银行对账一般通过以下几个步骤完成。

1) 录入银行对账期初余额

录入银行对账期初需要做的工作有以下几个。

(1) 确定银行账户的启用日期。

(2) 录入企业银行日记账和银行对账单的调整前余额。

(3) 录入企业银行日记账和银行对账单期初未达项，系统将根据调整前余额及期初未达项自动计算出银行对账单与企业银行日记账的调整后余额，如果调整后余额不平，应该调平。否则，在执行银行对账之后，会造成账面不平。

上述三项步骤完成以后，不得随意调整启用日期，尤其是向前调。否则，有可能造成启用日期后的期初数不能再参与对账。

2) 录入银行对账单

在一个会计期末，需要进行银行对账时，选择银行账户，录入银行对账单。

3) 银行对账

银行对账采用自动对账和手工对账相结合的方式进行。自动对账是计算机根据对账依据自动进行核对、勾销。由于自动对账是以银行存款日记账和银行对账单双方对账依据完全相同为条件，所以为了保证自动对账的正确和彻底，必须保证对账数据的规范合理。例如，银行存款日记账和银行存款对账单的票号要统一位长，否则，系统将无法识别。

手工对账是对自动对账的补充，使用自动对账后，可能还有一些特殊的已达账没有对出来，而被视为未达账项，可以用手工对账进行调整。手工对账方式，即由人工根据对账依据将银行日记账未达账项与银行对账单进行核对、勾销。下面 4 种情况中，只有第一种情况能自动核销已对账的记录，后三种情况均需通过手工对账来强制核销。

(1) 对账单文件中一条记录和银行日记账未达账项文件中一条记录完全相同。

(2) 对账单文件中一条记录和银行日记账未达账项文件中多条记录完全相同。

(3) 对账单文件中多条记录和银行日记账未达账项文件中一条记录完全相同。

(4) 对账单文件中多条记录和银行日记账未达账项文件中多条记录完全相同。

对账依据由用户根据需要选择，方向、金额相同是必要条件，其他可选条件是票号相同、结算方式相同、日期在多少天之内。对于已经核对上的银行业务，系统将自动在银行存款日记账和银行对账单双方标上两清标志，并视为已达账。对于在两清栏上未写上两清符号的记录，系统视为未达账项。

4) 编制余额调节表

银行存款余额调节表是系统自动编制的。对账结束后，即可编制、查询和打印银行存款余额调节表，以检查对账是否正确。

5) 核销已达账

核销已达账用于将核对正确并确认无误的已达账删除。对于一般用户来说，在银行对账正确后，可以将已达账从"银行未达账文件"和"银行对账单文件"中删除，并只保留未达账。

2. 期末的摊、提、结转业务处理

期末的摊、提、结转业务处理具有很强的规律性，一般通用账务系统都通过调用事先设置好的转账凭证模板(自动转账凭证)，由计算机自动生成转账凭证来完成。使用转账凭证生成功能需要注意以下几个问题。

(1) 转账凭证模板必须事先进行设置。

(2) 转账凭证中各科目的数据都是从账簿中提取、经处理后生成的，为保证数据的完整、正确，在调用转账凭证模板生成转账凭证前必须将本月发生的各种具体业务登记入账。

(3) 期末的摊、提、结转业务具有严格的处理顺序，其基本的处理顺序如图 4-3 所示。结转顺序如果发生错误，即使所有的转账凭证模板设置都正确，转账凭证中的数据也可能是错误的。为了避免结转顺序发生错误，转账凭证模板提供了转账序号，进行期末的摊、提、结转业务处理时，通过指定转账顺序号就可以分期、分批完成转账和记账工作。

图 4-3 期末摊、提、结转业务处理顺序

(4) 结转生成的记账凭证系统将存于未记账凭证库，这些凭证还需要进行审核和记账操作才能记入账簿。对这些凭证的审核主要是审核结转是否正确。对于错误的结转凭证，系统一般不提供修改功能，修改这些凭证的错误只能通过修改设置来进行。

(5) 期末结转工作是一项比较复杂而重要的工作，应由指定的专人进行。

3. 自动转账凭证的设置

期末转账业务通常是企业在每个会计期间结账之前都要进行的固定业务，每个会计期间重复进行。而且这些业务的凭证摘要、涉及的会计科目基本是固定的，会计分录中资金的来源和计算方法也是固定的。账务处理系统允许把这类相对固定的特殊凭证，定义为凭

证模板，在使用时按规则调用即可，这种设置和调用凭证模板的过程称为自动转账。自动转账包括转账定义和转账生成两部分。

转账定义主要包括如下内容。

1) 自定义转账

自定义转账凭证模板可以完成的转账业务主要有如下几项。

(1) "费用分配"的结转，如工资分配等。

(2) "费用分摊"的结转，如制造费用等。

(3) "税金计算"的结转，如增值税等。

(4) "提取各项费用"的结转，如提取福利费等。

(5) "部门核算"的结转。

(6) "项目核算"的结转。

(7) "个人核算"的结转。

(8) "客户核算"的结转。

(9) "供应商核算"的结转。

在定义此类凭证时，需要借助函数来编制计算公式已确定的数据来源。可能涉及的主要函数公式主要包括如下两类。

(1) 需要用户指明具体科目的取数函数。

① 科目期初函数：QC(科目编码，会计期间，方向，账套号)。例如，若"固定资产"的科目编码为1601，则QC(1601，月)表示取固定资产账户本月的期初余额。

② 科目期末函数：QM(科目编码，会计期间，方向，账套号)。例如，若"财务费用"的科目编码为6603，则QM(6603，月)表示取财务费用账户本月的期末余额。

③ 科目发生额函数：FS(科目编码，会计期间，方向，账套号)。例如，若"财务费用"的科目编码为6603，则FS(6603，月，借)表示取财务费用账户的本月借方发生额。

④ 科目净额函数：JE(科目编码，会计期间，账套号)。例如，若"本年利润"的科目编码为4103，则JE(4103，月)表示计算本年利润账户本月净额。

(2) 不需用户指明具体科目的取数函数。

① 取对方科目计算结果函数：JG( )，该函数可指明具体科目也可不指明具体科目，当不指明具体科目时表示取所有对方科目的计算结果之和。

② 借贷平衡差额函数：CE( )，通过该函数可根据借贷相等原理计算自定义凭证借方和贷方的差额数。

③ 常数：自定义凭证计算公式中经常会涉及常数参与计算。例如，计算企业所得税时，需要在计算公式中用到的企业所得税税率为25%，此时需要注意的是，当常数为百分数时应转换为小数，故而若"本年利润"的科目编码为4103，则计算企业所得税的公式应为：JE(4103，月)*0.25。

2) 对应结转

对应结转不仅可进行两个科目一对一结转，还可提供科目的一对多结转功能，对应结转的科目可为上级科目，但其下级科目的科目结构必须一致(相同明细科目)，如有辅助核算,则两个科目的辅助账类也必须一一对应。

需要注意的是,对应结转只结转期末余额,若需结转发生额,则应通过自定义结转方式实现。

3) 销售成本结转

未启用采购管理系统、销售管理系统以及存货核算系统的供应链系统模块的企业可通过销售成本结转功能实现对销售成本的计算与结转。销售成本计算的方法分为两种:全月平均法和售价(计划价)法。

(1) 全月平均法是将月末商品(或产成品)销售数量乘以库存商品(或产成品)的平均单价计算各类商品销售成本并进行结转。

(2) 售价(计划价)法是按售价(计划价)结转销售成本或调整月末成本。

4) 汇兑损益结转

该功能用于期末自动计算外币账户的汇总损益,并在转账生成中自动生成汇总损益转账凭证。汇兑损益只处理以下外币账户:外汇存款户;外币现金;外币结算的各项债权、债务,不包括所有者权益类账户、成本类账户和损益类账户。

为了保证汇兑损益计算正确,填制某月的汇兑损益凭证时必须先将本月的所有未记账凭证先记账。汇兑损益入账科目不能是辅助账科目或有数量外币。若不选择"权限选项"中的"查询客户往来辅助账"或"查询供应商往来辅助账",则计算汇兑损益的外币科目不能是带客户或供应商的科目,可到应收、应付系统中对这些科目进行汇兑损益的结转。

5) 期间损益结转

该功能用于在一个会计期间终了将损益类科目的余额结转到本年利润科目中,从而及时反映企业利润的盈亏情况。其主要是对于管理费用、销售费用、财务费用、销售收入、营业外收支等科目的结转。损益科目结转表的每一行中的损益科目的期末余额将转到该行的本年利润科目中。损益科目结转表中的本年利润科目必须为末级科目,且为本年利润入账科目的下级科目。

定义完转账凭证后,每月月末只需调用自定义凭证,即可由计算机快速生成转账凭证,在此生成的转账凭证将自动追加到未记账凭证中,通过审核、记账后才能真正完成结转工作。

由于转账凭证中定义的公式基本上取自账簿,因此,在进行月末转账之前,必须将所有未记账凭证全部记账,否则,生成的转账凭证中的数据可能不准确。特别是对于一组相关转账分录,必须按顺序依次进行转账生成、审核、记账。

如果使用了应收、应付系统,则在账务处理系统中不能按客户、供应商进行结转。

4. 试算平衡和对账

在会计期末,除了对收入、费用类账户余额进行结转外,还要进行对账、结账,并在结账前进行试算平衡。

对账是对账簿数据进行核对,以检查记账是否正确,以及账簿是否平衡。它主要是通过核对总账与明细账、总账与辅助账数据来完成账账核对。

试算平衡就是将系统中设置的所有科目的期末余额按会计平衡公式"借方余额=贷方余

额"进行平衡检验,并输出科目余额表及是否平衡信息。

一般来说,实行计算机记账后,只要记账凭证录入正确,计算机自动记账后各种账簿都应是正确、平衡的,但由于非法操作或计算机病毒或其他原因有时可能会造成某些数据被破坏,因而引起账账不符,为了保证账证相符、账账相符,应经常进行对账,至少一个月一次,一般可在月末结账前进行。

如果使用了应收、应付系统,则在总账系统中不能对往来客户账、供应商往来账进行对账。

当对账出现错误或记账有误时,系统允许"恢复记账前状态"进行检查、修改,直到对账正确。

5. 结账

会计业务的处理要求日清月结,因此通用账务系统都设有结账功能。根据有关会计制度的规定,结账主要是计算和结转各个会计科目的本期发生额和期末余额,同时结束本期的账务处理工作,计算机的结账工作也应按此办理。稍有不同的是:计算机每次记账均已结出各科目的发生额和余额,因此结账工作主要是计算机控制系统改变某些状态,确定本月的数据已处理完毕,不再增加新的凭证。结账工作应由具有结账权的人员进行。由于结账工作比较重要,应该确定专人进行结账工作。

(1) 总账管理系统结账工作的一般处理步骤。

① 停止本月的记账工作。

② 进行数据保护。数据保护的过程与记账基本相同。

③ 进行试算平衡。

④ 将本月各账户的期末余额结转至下月,成为下月的期初余额。

(2) 期末结账时应注意的问题。

① 各科目的摊、提、结转工作必须在结账以前完成。这些期末结转业务可以采用手工编制记账凭证,输入计算机进行结转,也可以利用系统提供的自动转账凭证设置功能设置自动转账凭证进行结转。

② 当月输入的记账凭证必须全部记账,如有未记账的当月凭证,系统将不能结账。结账后就不能再输入该月凭证。

③ 上月未结账,本月无法结账。

④ 结账后产生的账簿和报表才是完整的,结账前产生的账簿和报表不一定能反映该月的全部业务。

⑤ 每月只能结账一次,因此一般结账前应做数据备份,如果结账不正确可以恢复重做。

⑥ 有些通用账务系统初始设置中需要设定每月的结账日期,使用这些软件必须在规定的日期进行结账,否则系统将不予结账。

⑦ 结账过程同样不允许无故中断系统运行或关机。为了避免结账过程发生意外,结账中一般不要启动房间中与计算机同一线路的大型电器并在结账前对账套进行数据备份。

⑧ 如果与其他系统集成使用,当其他系统未全部结账时,总账管理系统不能结账。

实务训练

【实训准备】

引入"3-1 基础设置"账套数据。

实训 1　总账管理系统初始化设置

【实训要求】

1. 设置总账选项(见表 4-1)

表 4-1　总账选项

选 项 卡	参 数 设 置
凭证	制单序时控制 赤字控制：资金及往来科目　　赤字控制方式：提示 可以使用应收、应付、存货受控科目 凭证编号方式采用系统编号
账簿	账簿打印位数按软件的标准设定 明细账打印按年排页
凭证打印	打印凭证的制单、出纳、审核、记账等人员姓名
预算控制	超出预算允许保存
权限	出纳凭证必须经由出纳签字 允许修改、作废他人填制的凭证 可查询他人凭证
会计日历	会计日历为 1 月 1 日—12 月 31 日 数量小数位和单价小数位设置为 2 位
其他	外币核算采用固定汇率 部门、个人、项目按编码方式排序

2. 录入期初余额(见表 4-2)

表 4-2　期初余额

科目名称	方向	币别/计量	累计借方	累计贷方	期初余额
库存现金(1001)	借		34 415.48	15 000.00	20 000.00
银行存款(1002)	借		3 146 708.00	3 187 918.00	724 700.38
工行存款(100201)	借		3 146 708.00	3 187 918.00	724 700.38
其他货币资金(1012)	借		0	384 501.00	1 781 000.00

(续表)

科目名称	方向	币别/计量	累计借方	累计贷方	期初余额
存出投资款(101201)	借		0	384 501.00	1 781 000.00
应收票据(1121)	借		0	0	138 000.00
银行承兑汇票(112101) *	借		0	0	138 000.00
库存商品(1405)	借		0	968 500.00	1 496 400.00
	借	件(套个)	0	0	10 680.00
固定资产(1601)	借		0	0	6 414 550.00
累计折旧(1602)	贷		0	285 711.40	353 313.70
在建工程(1604)	借		1 688 709.00	0	1 688 709.00
递延所得税资产(1811)	借		0	0	8 394.32
应付账款(2202)	贷		0	0	328 068.00
一般应付账款(220202)*	贷		0	0	328 068.00
应付职工薪酬(2211)	贷		400 442.20	401 082.10	184 982.70
工资(221101)	贷		191 071.60	191 071.60	123 900.00
养老保险(221103)	贷		74 340.00	74 340.00	24 780.00
医疗保险(221104)	贷		37 170.00	37 170.00	12 390.00
失业保险(221105)	贷		3 717.00	3 717.00	1 239.00
工伤保险(221106)	贷		3 717.00	3 717.00	1 239.00
职工教育经费(221107)	贷		9 052.50	9 292.50	3 097.50
住房公积金(221108)	贷		44 604.00	44 604.00	14 868.00
工会经费(221109)	贷		7 562.00	7 434.00	2 478.00
生育保险(221110)	贷		29 208.11	29 736.00	991.20
应交税费(2221)	贷		228 106.30	227 665.00	436 265.00
未交增值税(222102)	贷		0	0	232 000.00
应交企业所得税(222103)	贷		163 325.00	164 725.00	164 725.00
应交个人所得税(222104)	贷		24 709.52	35 100.00	11 700.00
应交城市维护建设税(222105)	贷		23 305.24	16 240.00	16 240.00
应交教育费附加(222106)	贷		9 987.86	6 960.00	6 960.00
应交地方教育费附加(222107)	贷		6 778.64	4 640.00	4 640.00
其他应付款(2241)	贷		75 423.60	82 517.40	27 505.80
住房公积金(224101)	贷		35 568.00	44 604.00	14 868.00
养老保险(224102)	贷		23 712.00	29 736.00	9 912.00
医疗保险(224103)	贷		14 676.00	7 434.00	2 478.00
失业保险(224104)	贷		1 467.60	743.40	247.80
长期借款(2501)	贷		850 000.00	0	1 663 901.00
股本(4001)	贷		0	0	7 330 000.00

(续表)

科目名称	方向	币别/计量	累计借方	累计贷方	期初余额
资本公积(4002)	贷		0	0	450 000.00
盈余公积(4101)	贷		0	20 909.46	253 542.50
法定盈余公积(410101)	贷		0	20 909.46	253 542.50
本年利润(4103)	贷		0	8 500 000.00	850 000.00
利润分配(4104)	贷		0	0	394 175.00
未分配利润(410406)	贷		0	0	394 175.00
主营业务收入(6001)	贷		1 934 375.00	1 934 375.00	0
主营业务成本(6401)	借		1 132 953.00	1 132 953.00	0
税金及附加(6403)	借		35 627.00	35 627.00	0
销售费用(6601)	借		49 695.00	49 695.00	0
职工薪酬(660104)	借		31 695.00	31 695.00	0
折旧费(660106)	借		18 000.00	18 000.00	0
管理费用(6602)	借		56 200.00	56 200.00	0
职工薪酬(660201)	借		19 400.00	19 400.00	0
差旅费(660203)	借		6 800.00	6 800.00	0
折旧费(660205)	借		30 000.00	30 000.00	0
财务费用(6603)	借		1 000.00	1 000.00	0
所得税费用(6801)	借		164 725.00	164 725.00	0
当期所得税费用(680101)	借		164 725.00	164 725.00	0

注：*代表该科目设有辅助核算。

应收账款科目的期初余额为 138 000.00 元，以银行承兑汇票形式录入。明细如表 4-3 所示。

表 4-3　银行承兑汇票录入明细

日期/票据日期	客户	凭证号	业务员	票号/票据类型	摘要	方向	金额
2018-01-04	北京仁智百货有限公司	转-15	王大国	08989/银行承兑汇票	销售商品	借	138 000.00

应付账款科目的期初余额，明细如表 4-4 所示。

表 4-4　应付账款科目的期初余额明细

日期/票据日期	客户	凭证号	业务员	摘要	方向	金额
2018-04-01	西安爱家家居用品制造有限公司	转-55	林群	采购商品	贷	328 068.00

第4章 总账管理系统

【岗位说明】

以"A01 陈强"身份登录平台,设置总账选项。

以"W01 汪小菲"身份登录平台,录入期初余额。

【实训指导】

1. 设置总账选项

① 执行"开始"|"程序"|"用友 U8 V10.1"|"企业应用平台"命令,打开"登录"对话框。

② 输入操作员"A01 陈强",在"账套"下拉列表框中选择"001 天津凯撒家纺股份有限公司",更改操作日期为"2018-07-01",单击"登录"按钮。

③ 在"业务工作"选项卡中,单击"财务会计"|"总账"选项,展开"总账"下级菜单。

④ 在总账管理系统中,执行"设置"|"选项"命令,打开"选项"对话框。

⑤ 单击"编辑"按钮,进入选项编辑状态。

⑥ 分别打开"凭证""账簿""凭证打印""预算控制""权限""会计日历""其他"选项卡,按照实训资料的要求进行相应的设置。

⑦ 设置完成后,单击"确定"按钮。

2. 录入期初余额

① 在总账管理系统中,执行"设置"|"期初余额"命令,进入"期初余额录入"窗口。

② 直接输入末级科目(底色为白色)的累计发生额和期初余额,上级科目的累计发生额和期初余额自动填列。

③ 设置了辅助核算的科目底色显示为浅黄色,其累计发生额可直接输入,但期初余额的录入要到相应的辅助账中进行。

以录入"银行承兑汇票(112101)"期初余额为例,具体操作方法是:

- 双击"银行承兑汇票(112101)"科目的"期初余额"栏,进入"辅助期初余额"窗口。
- 单击"往来明细"按钮,进入"期初往来明细"窗口,单击"增行"按钮,按明细输入应收账款科目期初余额业务明细的金额。
- 单击"汇总"按钮,系统提示"完成了往来明细到辅助期初表的汇总!"信息提示框。
- 单击"确定"按钮,完成后单击"退出"按钮,在"辅助期初余额"窗口显示汇总结果。
- 单击"退出"按钮,返回"期初余额录入"窗口,辅助账余额自动转到总账。

④ 输入完所有科目余额后,单击"试算"按钮,打开"期初余额试算平衡表"对话框。

⑤ 若期初余额不平衡,则修改期初余额;若期初余额试算平衡,则单击"退出"按钮退出。

注意:①期初余额试算不平衡,将不能记账,但可以填制凭证。②已经记过账,则不能再输入、修改期初余额,也不能执行"结转上年余额"功能。

全部完成后,将账套输出至 D 盘根目录下"4-1 总账初始化"文件夹。

实训 2　凭证管理

【实训要求】

天津凯撒家纺股份有限公司 2018 年 7 月份发生如下经济业务,具体内容见实训指导中的业务描述。请在 U8 中完成业务处理。

【岗位说明】

以"A01 陈强"身份设置总账选项。

以"W02 张文华"身份录入记账凭证。

以"W03 黄宁"身份进行出纳签字。

以"W01 汪小菲"身份审核记账凭证。

以"W02 张文华"身份完成凭证记账。

【实训指导】

1. 业务 1

7 月 1 日,总经理办公室报销业务招待费(招待客户住宿费)。原始凭证如图 4-4、图 4-5 所示。

① 以账套主管"A01 陈强"登录总账,在总账选项中"凭证"选项卡下设置"支票控制"。

② 以会计人员"W02 张文华"登录总账,修改"注册日期"为"2018 年 7 月 1 日"。

③ 执行"财务会计"|"总账"|"凭证"命令,双击"填制凭证"选项,在弹出的"记账凭证"界面,单击工具栏中的"增加"按钮,修改"凭证类别"为"付款凭证",输入"附单据数"为 2。

④ 在"记账凭证"界面录入摘要"招待客户住宿费"。在第一行"科目名称"栏单击"参照"按钮,选择"管理费用——招待费"科目,在"借方金额"栏录入价税合计 2 120.00,按 Enter 键自动带出第二行摘要;在第二行"科目名称"栏单击"参照"按钮,选择"银行存款——工行存款"科目,在弹出的"辅助项"对话框的"结算方式"栏中单击"参照"按钮,选择"转账支票","票号"输入 768903,"发生日期"为 2018-07-01,最后单击"确定"按钮,返回"记账凭证"界面,单击或按 Enter 键,将录入光标移动至第二行"贷方金额"处,按键盘上的"="键,系统自动带出借贷相等的金额 2 120.00。

⑤ 单击工具栏中的"保存"按钮,系统弹出"此支票尚未登记,是否登记?"信息提示框,单击"是"按钮,弹出"票号登记"对话框。

⑥ 在对话框中输入"领用日期"为 2018-07-01,"领用部门"为"总经理办公室","姓名"为"陈强","收款人"为"天津百家和酒店","限额"为 2 120.00,用途为"业务招待费",单击"确定"按钮。

第4章 总账管理系统

图 4-4 转账支票存根

图 4-5 增值税普通发票

注意：选择支票控制，即该结算方式设为支票管理，第二行辅助账信息不能为空，而且该方式的票号应在支票登记簿中有记录。

2. 业务 2

7 月 2 日，人力资源部借支差旅费，原始凭证如图 4-6 所示。

① 单击"增加"按钮，修改"凭证类别"为"付款凭证"，"日期"为 2018-07-02，输入"附单据数"为 1。

② 录入"摘要"为"人力资源部李霞借差旅费"。在第一行的"科目名称"栏单击"参照"按钮，选择"其他应收款——个人往来"科目。

③ 按 Enter 键后,弹出"辅助项"对话框,"部门"选择"人力资源部","个人"选择"李霞","发生日期"选择 2018-07-02,单击"确定"按钮。

图 4-6 借支单

注意:在输入个人信息时,若不输入部门名称只输入个人名称,系统将根据所输入的个人名称自动带入其所属的部门。

④ 在"借方金额"栏录入价税合计 5 000.00,在第二行的"科目名称"栏选择"库存现金"科目,单击或者按 Enter 键,将录入光标移动至第二行的"贷方金额"处,按键盘上的"="键,系统自动带出借贷相等的金额 5 000.00。

⑤ 单击"保存"按钮,保存并退出。

3. 业务 3

7 月 11 日,人力资源部报销差旅费,原始凭证如图 4-7、图 4-8 所示。

① 单击"增加"按钮,修改"凭证类别"为"付款凭证","日期"为 2018-07-11,输入"附单据数"为 2。

② 录入"摘要"为"人力资源部李霞报销差旅费"。在第一行的"科目名称"栏单击"参照"按钮,选择"管理费用——差旅费"科目。在"借方金额"栏录入价税合计 6 069.00;在第二行的"科目名称"栏选择"库存现金"科目,单击或者按 Enter 键,将录入光标移动至第二行的"贷方金额"处,录入"金额"为 1 069.00,按 Enter 键;在第三行的"科目名称"栏选择"其他应收款——个人往来"科目。

③ 单击或者按 Enter 键,弹出"辅助项"对话框,"部门"选择"人力资源部","个人"选择"李霞","发生日期"为 2018-07-11,单击"确定"按钮,再按 Enter 键,在"贷方金额"处按键盘上的"="键,系统自动带出借贷相等的金额 5 000.00。

④ 单击工具栏上的"保存"按钮,保存并退出。

差旅费报销单

部门：人力资源部						填报日期：2018年7月11日							
姓 名			李霞			出差事由		外出调研	出差日期			7月5日—7月10日	
起讫时间及地点					车船票		夜间乘车补助		出差补助费			住宿费金额	其他
月	日	起	月	日	讫	类别	金额	时间	标准	金额	日数	标准	金额		摘要	金额
7	5	南通	7	5	成都	飞机	2 077.00	小时			6	300	1 800.00		订票费	15
7	10	成都	7	10	南通	飞机	2 147.00	小时							行李费	30
小 计							¥4 224.00						¥1 800.00			¥45.00
总计金额(大写)人民币 陆仟零陆拾玖 元整								预支￥5 000.00元		核销￥6 069.00元			退补￥1 069.00元			
主管：略				记账：略				审核：略				制表：略				

图4-7 差旅费报销单

付 款 单 据   现金付讫

时间：2018年7月11日

收款单位 人力资源部李霞   付款事由 出差补齐款

人 民 币(大写) 壹仟零陆拾玖元整 (小写)￥1 069.00元

记账：略   审核：略   出纳：略   经办：略

图4-8 付款单据

4. 业务4

缴纳公司一季度各项税费，原始凭证如图4-9、图4-10所示。

中国工商银行天津河西支行   电子缴税付款凭证

转账日期：20180714   凭证字号：19807867
纳税人全称及纳税人识别号：天津凯撒家纺股份有限公司 120101355203023526
付款人全称：天津凯撒家纺股份有限公司
付款人账号：689682533628553322   征收机关名称：天津市河西区国家税务局
付款人开户银行：工行河西支行   收款国库(银行)名称：国家金库天津市河西支库
小写(合计)金额：￥396 725.00   缴款书交易流水号：78956372
大写(合计)金额：人民币叁拾玖万陆仟柒佰贰拾伍元整   税票号码：10067895647

税种名称	所属时间	实缴金额
增值税	20180401—20180630	¥232 000.00
企业所得税	20180401—20180630	¥164 725.00

（中国工商银行河西支行 2018 07 14 转讫）

第二联 作付款回单(无银行收讫章无效)   复核   记账

图4-9 电子缴税付款凭证1

中国工商银行天津河西支行　　电子缴税付款凭证

转账日期：20180714　　　　　　　　　凭证字号：19807868
纳税人全称及纳税人识别号：天津凯撒家纺股份有限公司　120101355203023526
付款人全称：天津凯撒家纺股份有限公司
付款人账号：689682533628553322　征收机关名称：天津市河西区地方税务局
付款人开户银行：工行河西支行　　收款国库(银行)名称：国家金库天津市河西支库(代理)
小写(合计)金额：￥39 540.00　　　　缴款书交易流水号：91011245
大写(合计)金额：人民币叁万玖仟伍佰肆拾元整　　税票号码：12719901650

税种名称	所属时间	实缴金额
城市维护建设税	20180401—20180630	￥16 240.00
教育费附加	20180401—20180630	￥6 960.00
地方教育费附加	20180401—20180630	￥4 640.00
个人所得税	20180601—20180630	￥11 700.00

第二联　作付款回单(无银行收讫章无效)　　复核　　　　　记账

图4-10　电子缴税付款凭证2

① 单击"增加"按钮，修改"凭证类别"为"付款凭证"，"日期"为2018-07-14，输入"附单据数"为1。

② 录入"摘要"为"缴增值税、企业所得税"。科目编码熟悉后可不再通过输入科目编码录入科目。存款科目(结算方式选择"其他"并录入"票号"为 19807867)的金额按缴税凭证录入即可。

会计分录如下。

借：应交税费——应交增值税(未交增值税)(222102)
　　应交税费——应交企业所得税(222103)
　　贷：银行存款——工行存款(100201)

③ 单击"保存"按钮。

④ 单击"增加"按钮，修改"凭证类别"为"付款凭证"，输入"附单据数"为1。

⑤ 录入"摘要"为"缴附加税"。存款科目(结算方式选择"其他"并录入"票号"为19807868)的金额按缴税凭证录入即可。单击工具栏中的"保存"按钮。

会计分录如下。

借：应交税费——应交城市维护建设税(222105)
　　应交税费——应交教育费附加(222106)
　　应交税费——应交地方教育费附加(222107)
　　应交税费——应交个人所得税(222104)
　　贷：银行存款——工行存款(100201)

5. 业务5

7月17日，支付广告费。原始凭证如图4-11和图4-12所示。

图 4-11 增值税专用发票

图 4-12 电汇凭证(回单)

① 单击"增加"按钮，修改"凭证类别"为"付款凭证"，"日期"为 2018-07-17，输入"附单据数"为 2。

② 录入"摘要"为"支付广告费"。

③ 在第一行的"科目名称"栏单击"参照"按钮，选择"销售费用——广告费"科目，在"借方金额"栏录入价税合计 50 000.00；在第二行的"科目名称"栏选择"应交税费——应交增值税(进项税额)"科目，在"借方金额"栏录入 3 000.00；在第三行的"科目名称"栏选择"银行存款——工行存款"科目，在弹出的"辅助项"对话框的"结算方式"栏中单击"参照"按钮，选择"电汇"，票号按电汇原始凭证的支票号录入相关信息，最后单击"确定"按钮，返回"记账凭证"界面，系统自动带出贷方金额为 53 000.00。

④ 单击"保存"按钮，保存并退出。

6. 业务6

7月17日，为赚取差价购买泰达股份公司股票(股票代码：000652)(上月已宣告未发放股利，每股0.3元)。原始凭证如图4-13所示。

图4-13 证券交易合并成交报告单

① 单击"增加"按钮，修改"凭证类别"为"转账凭证"，"日期"为2018-07-17，输入"附单据数"为1。

② 录入"摘要"为"购买股票"。

③ 在第一行的"科目名称"栏选择"交易性金融资产——成本"科目，弹出"辅助项"对话框，在"数量"栏输入20 000，"单价"栏输入6.35，"项目名称"选择"泰达股份公司股票"，单击"确定"按钮，在"借方金额"栏自动显示计算结果127 000.00。

④ 在第二行的"科目名称"栏选择"投资收益"科目，在"借方金额"栏录入635.00；在第三行的"科目名称"栏选择"其他货币资金——存出投资款"科目，显示"贷方金额"为127 635.00。

⑤ 单击"保存"按钮，保存并退出。

注意： 系统根据"数量×单价"自动计算出金额，并将金额先放在借方，如果方向不符，可将光标移动到贷方后，按Space(空格)键即可调整金额方向。

7. 业务7

7月21日，收到本月银行存款利息。原始凭证如图4-14所示(注：银行收账通知单略)。

图4-14 利息清单

① 单击工具栏中的"增加"按钮,修改"凭证类别"为"收款凭证","日期"为 2018-07-21,输入"附单据数"为 1。

② 录入"摘要"为"存款利息"。

③ 存款科目(结算方式不用选择),金额按利息清单录入即可。提示会计分录为:

借:银行存款——工行存款(100201)
　　贷:财务费用(6603)

④ 单击"保存"按钮。

8. 业务 8

7 月 22 日,泰达股份公司股票发放上月股利,款项已存入资金专项账户(收账通知略)。

① 单击工具栏中的"增加"按钮,修改"凭证类别"为"转账凭证","日期"为 2018-07-22,输入"附单据数"为 1。

② 录入"摘要"为"收到泰达集团股利"。

③ 在第一行的"科目名称"栏选择"其他货币资金——存出投资款"科目,在"借方金额"栏录入价税合计 6 000.00;在第二行的"科目名称"栏选择"交易性金融资产——成本"科目,弹出"辅助项"对话框,"项目名称"选择"泰达股份公司股票",单击"确定"按钮,在"贷方金额"栏输入 6 000.00。

④ 单击"保存"按钮,保存并退出。

9. 业务 9

7 月 22 日,支付上月工资(工资表单略)。原始凭证如图 4-15 所示。

① 单击"增加"按钮,修改"凭证类别"为"付款凭证","日期"为 2018-07-22,输入"附单据数"为 1。

② 录入"摘要"为"发放工资"。

③ 在第一行的"科目名称"栏选择"应付职工薪酬——工资"科目,在"借方金额"栏录入 123 900.00,按 Enter 键;继续输入第二行的"科目名称"为"银行存款——工行存款","贷方金额"为 123 900.00,在弹出的"辅助项"对话框中,选择"结算方式"为"转账支票","票号"输入 769904,"发生日期"为 2018-07-22,最后单击"确定"按钮。

图 4-15 转账支票存根

④ 单击"保存"按钮,凭证保存成功,弹出"此支票尚未登记,是否登记?"信息提示框,单击"是"按钮,弹出"票号登记"对话框。

⑤ 输入"领用日期"为 2018-07-22,"领用部门"为"财务部","姓名"为"黄宁","限额"为 123 900.00,"用途"为"发放工资",单击"确定"按钮。

10. 业务 10

7月31日，泰达股份公司股票(股票代码：000652)今日收盘价为7.13元(交易性金融资产公允价值变动计算表略)。

① 单击"增加"按钮，修改"凭证类别"为"转账凭证"，"日期"为2018-07-31，输入"附单据数"为1。

② 录入"摘要"为"股票公允价值变动"。

③ 在第一行的"科目名称"栏选择"交易性金融资产——公允价值变动"科目，弹出"辅助项"对话框，"项目名称"选择"泰达股份公司股票"，单击"确定"按钮，在"借方金额"栏录入价税合计15 600.00；在第二行的"科目名称"栏选择"公允价值变动损益"科目，输入"贷方金额"为15 600.00。

④ 单击"保存"按钮。

11. 业务 11

7月31日，向天津市养老院捐赠160件"床垫(秋天)"(床垫采购进价为180.00元/个)。原始凭证如图4-16、图4-17所示。

捐 赠 协 议 书

甲方：天津市凯撒家纺股份有限公司
乙方：天津市养老院

为改善老人居住条件，提高老人生活质量。甲方自愿向乙方捐赠生活用品。双方一致达成如下协议：

第一条 甲方自愿捐赠价值 贰万捌仟捌佰元 (人民币/其他)(大写)的160件式 床垫 给乙方。
床垫的详细名称、型号、数量及单价见捐赠设备清单。

第二条 赠予物品用途：所赠床垫用于改善养老院老人居住条件。

第三条 赠予设备交付时间、地点及方式：
  一、交付时间： 2018年7月31日
  二、交付地点：
  三、交付方式： 现场赠予方式
1. 甲方在约定期限内将捐赠设备交付乙方，并配合乙方办理相关交接手续。
2. 乙方收到甲方赠予设备后，出具有效的财务接受凭证，并登记造册，妥善管理和使用。

第四条 甲方有权向乙方查询捐赠设备的使用、管理情况，并提出意见和建议。对于甲方的查询，乙方应当如实答复。

第五条 乙方有权按照本协议约定的用途合理使用捐赠设备，但不得擅自改变捐赠设备的用途。如果确需改变用途的，应当征得甲方的同意。

第六条 其他约定事项： 甲方只一次性提供160件床垫，不负责其今后的维护和保养。

第七条 本协议一式四份，甲乙双方各执两份。

甲方：天津市凯撒家纺股份有限公司
(盖章)
代表人：
签订时间：2018年7月31日

乙方：天津市养老院
(盖章)
代表人：
签订时间：2018年7月31日

图4-16 捐赠协议书

		捐 赠 收 据	
捐赠单位：	天津市凯撒家纺股份有限公司	捐赠日期：	2018年7月31日
捐赠人地址：	天津市河西区珠江道86号	联系电话：	022-28285566
捐赠金额：	（大写）贰万捌仟捌佰元整		￥28800.00
接收单位：	天津市养老院	经办人：	
捐赠说明：		改善老人居住条件	

图 4-17 捐赠收据

① 单击"增加"按钮，修改"凭证类别"为"转账凭证"，"日期"为 2018-07-31，输入"附单据数"为 2。

② 录入"摘要"为"捐赠床垫"。

③ 在第一行的"科目名称"栏选择"营业外支出——捐赠支出——公益性捐赠"科目，在"借方金额"栏录入价税合计 33 696.00；在第二行的"科目名称"栏选择"库存商品"科目，录入"贷方金额"为 28 800.00；在第三行的"科目名称"栏选择"应交税费——应交增值税——进项税额转出"科目，录入"贷方金额"为 4 896.00。

④ 单击"保存"按钮。

注意：因本章节尚未启用供应链系统，故而商品主营业务成本结转采用手工录入方式完成，实际业务中该操作由供应链系统自动生成，具体操作将在本书第 8 章述及。

12. 业务 12

7月31日，计提本月应交房产税、车船税(合并制单)，原始凭证如图 4-18 所示。

应交房产税、车船税一览表			
2018年7月31日			单位：元
税　种	房产税	车船税	合　计
应纳税额	1 085.00	120.00	￥1 205.00
主管：略	记账：略	审核：略	制表：略

图 4-18 应交房产税、车船税一览表

① 单击"增加"按钮，修改"凭证类别"为"转账凭证"，"日期"为 2018-07-31，输入"附单据数"为 1。

② 录入"摘要"为"计提房产税、车船税"。

③ 在第一行的"科目名称"栏选择"税金及附加"科目，在"借方金额"栏录入价税

合计 1 205.00；在第二行的"科目名称"栏选择"应交税费——应交房产税"科目，录入"贷方金额"为 1 085.00；在第三行的"科目名称"栏选择"应交税费——应交车船税"科目，录入"贷方金额"为 120.00。

④ 单击"保存"按钮。

13. 业务 13

7月31日，财务部对本月录入的记账凭证进行审核、出纳签字以及记账。

1. 出纳签字

以出纳人员"W03 黄宁"身份登录，注册时间为 2018 年 7 月 31 日。在"财务会计—总账—凭证"模块中，双击"出纳签字"，在"出纳签字"弹出框中单击"确认"按钮，在"出纳签字列表"窗口双击会计凭证信息条，进入会计凭证页面，在"记账凭证"界面，单击工具栏中的"批处理"按钮下拉菜单，选择"成批出纳签字"。

2. 凭证审核

以财务经理"W01 汪小菲"身份登录，注册时间为 2018 年 7 月 31 日。执行"财务会计"|"总账"|"凭证"命令，双击"审核凭证"，在"凭证审核"弹出框中单击"确认"按钮，在"凭证审核列表"窗口双击会计凭证信息条，进入会计凭证页面，在"记账凭证"界面，单击工具栏中的"批处理"按钮下拉菜单，选择"成批审核凭证"。

3. 凭证记账

以会计人员"W02 张文华"身份登录，注册时间为 2018 年 7 月 31 日。执行"财务会计"|"总账"|"凭证"命令，双击"记账"，在"记账"弹出框中依次单击"全选""记账"按钮。

知识拓展

录入凭证如出现错误，可有以下几种方式更正。

■ 修改凭证

① 执行"凭证"|"填制凭证"命令，进入"填制凭证"窗口。

② 单击"查询凭证"按钮，输入查询条件，找到要修改的凭证。

③ 对于凭证的一般信息，将光标放在要修改的地方，直接修改；如果要修改凭证的辅助项信息，首先选中辅助核算科目行，然后将光标置于备注栏辅助项，待光标图形变为"笔形"时双击，弹出"辅助项"对话框，在对话框中修改相关信息。

④ 单击"保存"按钮，保存相关信息。

注意：未经审核的错误凭证可通过"填制凭证"功能直接修改；已审核的凭证应先取消审核后，再进行修改；若已采用制单序时控制，则在修改制单日期时，不能在上一张凭证的制单日期之前；若选择"不允许修改或作废他人填制的凭证"权限控制，则不能修改或作废他人填制的凭证；如果涉及银行科目的分录已录入支票信息，并对该支票做过报销处理，修改操作将不影响"支票登记簿"中的内容；外部系统传过来的凭证不能在总账管理系统中进行修改，只能在生成该凭证的系统中进行修改。

■ 冲销凭证
① 在"填制凭证"窗口，执行"制单"|"冲销凭证"命令，打开"冲销凭证"对话框。
② 输入条件：选择"月份""凭证类别"；输入"凭证号"等信息。
③ 单击"确定"按钮，系统自动生成一张红字冲销凭证。

注意：通过红字冲销法增加的凭证，应视同正常凭证进行保存和管理；红字冲销只能针对已记账凭证进行。

■ 删除凭证
(1) 作废凭证
① 先查询到要作废的凭证。
② 在"填制凭证"窗口中，执行"制单"|"作废/恢复"命令，进行作废或恢复作废凭证的操作。
③ 完成后，凭证的左上角显示"作废"字样，表示该凭证已作废。

注意：作废凭证仍保留凭证内容及编号，只显示"作废"字样；作废凭证不能修改，不能审核；在记账时，已作废的凭证应参与记账，否则月末无法结账，但不对作废凭证做数据处理，相当于一张空凭证；账簿查询时，查不到作废凭证的数据；若当前凭证已作废，可执行"编辑"|"作废/恢复"命令，取消作废标志，并将当前凭证恢复为有效凭证。

(2) 整理凭证
① 在"填制凭证"窗口中，执行"制单"|"整理凭证"命令，打开"选择凭证期间"对话框。
② 选择要整理的"月份"。
③ 单击"确定"按钮，打开"作废凭证表"对话框。
④ 选择真正要删除的作废凭证。
⑤ 单击"确定"按钮，系统将这些凭证从数据库中删除并对剩下的凭证重新排号。

注意：如果不想保留作废凭证时，可以通过"整理凭证"功能，将其彻底删除，并对未记账凭证重新编号；只能对未记账凭证做凭证整理；若对已记账凭证做凭证整理，应先恢复本月月初的记账前状态，再做凭证整理。

实训 3　出纳管理

【实训要求】

1. 支票管理

31 日，总经理办公室申请借转账支票支付货款，原始单据如图 4-19 所示。

2. 银行对账

31 日，收到工商银行提供的银行对账单，进行银行对账(6 月 30 日存在未达账项一笔，系银行已收企业未收款 2 000.00 元，结算方式为转账支票)。原始单据如图 4-20 所示。

借用支票审批单

2018年7月31日　　　　　金额单位：元

申请内容	支票借用部门	总经理办公室	支票类型	转账支票
	支票去向	天津翔宇汽车维修有限公司	小写金额	¥ 13 068.00
	支票用途	支付汽车维修费		
	大写金额	壹万叁仟零陆拾捌元整		

审批意见	单位负责人： 同意　略	部门负责人： 同意　略	财务负责人： 同意　略	支票借用人： 同意　陈强

备注：支票号769905

图 4-19　借用支票审批单

中国工商银行客户存款对账单

网点号：1216　　　　单位：元　　　2018年　　　页码：1
账号：120016579010525005　户名：天津凯撒家纺股份有限公司　　上页余额：

日期	凭证种类	凭证号	地点	摘要	借方发生额	贷方发生额	余额	记账信息
7-01	转账支票	768903	工商银行河西支行	招待客户住宿费	2,120.00		724,580.21	0026800099
7-15	其他	19807867	工商银行河西支行	缴增值税、企业所得税	396,725.00		327,855.21	0026800108
7-15	其他	19807868	工商银行河西支行	缴附加税	39,540.00		288,315.21	0026800117
7-19	电汇	1188907881	工商银行河西支行	支付广告费	53,000.00		235,315.21	0026800126
7-21			中心转入	存款利息		18,231.89	253,547.10	0026800135
7-22	转账支票	769904	工商银行河西支行	发放工资	123,900.00		129,647.10	0026800144
7-25	电汇	1188909883	工商银行河西支行	收到商品款		630,000.00	759,647.10	0026800169

截止2018年7月31日　账户余额：726,700.21　年结余额：0.00　透支余额：0.00　　　　726,700.21
账户可用余额：　　打印次数：1　验证码：DE6257D23024　　打印日期：2018-07-31

图 4-20　银行对账单

【岗位说明】

以"W03 黄宁"身份完成上述任务。

【实训指导】

1. 支票登记

① 以系统管理员身份进入系统管理,修改"W03 黄宁"权限,使其具有 001 账套总账模块下"出纳"的全部权限。

② 执行"出纳"|"支票登记簿"命令,打开"银行科目选择"对话框。

③ 选择科目"工行存款(100201)",单击"确定"按钮,进入支票登记窗口。

④ 单击"增加"按钮,输入"领用日期"为 2018-07-31,"领用部门"为"总经理办公室","领用人"为"陈强","支票号"为 769905,"预计金额"为 13 068.00,"用途"为"支付汽车维修费","收款人"为"天津翔宇汽车维修有限公司",单击"保存"按钮,再在工具栏上单击"退出"按钮。

注意:①只有在结算方式设置中选择"票据管理标志"功能才能在此选择登记。②领用日期和支票号必须输入,其他内容可输可不输,报销日期不能在领用日期之前。③已报销的支票可成批删除。

2. 银行对账

(1) 查询银行存款日记账。

① 执行"出纳"|"银行存款日记账"命令,打开"银行存款日记账查询条件"对话框。

② 选择科目"工行存款(100201)",默认"月份"为 2018-07,单击"确定"按钮,进入"银行存款日记账"窗口。

③ 列表内显示 7 月份凯撒公司银行存款日记账,通过查询可确定工行存款"期初余额"为 724 700.38,"期末余额"为 129 647.27。其中期初余额数据为第二步骤"单位日记账的调整余额"填录数。

(2) 输入银行对账期初数据。

① 在总账管理系统中,执行"出纳"|"银行对账"|"银行对账期初录入"命令,打开"银行科目选择"对话框。

② 选择科目"工行存款(100201)",单击"确定"按钮,进入"银行对账期初"窗口。

③ 确定"启用日期"为 2018-07-01,通过"方向"按钮将对账单余额方向确定为"贷方"。

④ 输入单位日记账的"调整余额"724 700.38;输入银行对账单的"调整前余额"726 700.38。

⑤ 单击"对账单期初未达项"按钮,进入"银行方期初"窗口。

⑥ 单击"增加"按钮,输入"日期"为 2018-06-30,"结算方式"为 202,"贷方金额"为 2 000.00。

⑦ 单击"保存"按钮,再在工具栏上单击"退出"按钮。

> **注意**：①第一次使用银行对账功能前，系统要求录入日记账及对账单未达账项，在开始使用银行对账之后不再使用。②在录入完单位日记账、银行对账单期初未达账项后，请不要随意调整启用日期，尤其是向前调，这样可能会造成启用日期后的期初数不能再参与对账。

(3) 录入银行对账单。

① 执行"出纳" | "银行对账" | "银行对账单"命令，打开"银行科目选择"对话框。

② 选择科目"工行存款(100201)"，"月份"为"2018-07—2018-07"，单击"确定"按钮，进入"银行对账单"窗口。

③ 单击"增加"按钮，输入银行对账单数据，单击"保存"按钮。

(4) 自动对账。

① 执行"出纳" | "银行对账" | "银行对账"命令，打开"银行科目选择"对话框。

② 选择科目"工行存款(100201)"，"月份"为"2018-07—2018-07"，单击"确定"按钮，进入"银行对账"窗口。

③ 单击"对账"按钮，打开"自动对账"条件对话框。

④ 输入"截止日期"为2018-07-31，默认系统提供的其他对账条件。

⑤ 单击"确定"按钮，显示自动对账结果。

> **注意**：①对账条件中的方向、金额相同是必选条件，对账截止日期可以不输入。②对于已达账项，系统自动在银行存款日记账和银行对账单双方的"两清"栏打上圆圈标志。③需关闭"银行对账单"窗口，再执行自动对账，否则提示"操作锁定，请稍后再试"。

(5) 手工对账。

① 在银行对账窗口，对于一些应勾对而未勾对上的账项，可分别双击"两清"栏，直接进行手工调整。手工对账的标志为Y，以区别于自动对账标志。

② 对账完毕，单击"检查"按钮，检查结果平衡后，单击"确认"按钮。

(6) 输出余额调节表。

① 执行"出纳" | "银行对账" | "余额调节表查询"命令，进入"银行存款余额调节表"窗口。

② 选择科目"工行存款(100201)"。

③ 单击"查看"按钮或双击该行，即显示该银行账户的银行存款余额调节表。

实训4 期末结转

【实训要求】

1. 自定义结转及生成

31日，使用期末自定义公式，计算本月应交增值税并结转本月未交增值税；计提本月应交的城市维护建设税、教育费附加及地方教育费附加(各项税费计提表略)。

2. 期间损益结转及生成

【岗位说明】

以"W02 张文华"身份登录平台,完成转账定义、生成以及凭证记账。

以"W01 汪小菲"身份登录平台,审核记账凭证。

【实训指导】

1. 自定义结转及生成

(1) 转账定义。

① 在总账管理系统中,执行"期末"|"转账定义"|"自定义转账"命令,进入"自定义转账设置"窗口。

② 单击"增加"按钮,打开"转账目录"设置对话框。

③ 输入"转账序号"为 1,"转账说明"为"结转未交增值税";选择"凭证类别"为"转账凭证"。

④ 单击"确定"按钮,继续定义转账凭证分录信息。

⑤ 单击"增行"按钮,选择"科目编码"为 22210106,"方向"为"借";双击金额公式栏,单击"参照"按钮,打开"公式向导"对话框。

⑥ 选择"期末余额"函数,单击"下一步"按钮,继续公式定义。

⑦ 选择"科目"为 222101,其他项为默认,单击"完成"按钮,金额公式带回自定义转账设置窗口。

⑧ 单击"增行"按钮,确定分录的贷方信息。选择"科目编码"为 222102,"方向"为"贷",单击"参照"按钮,打开"公式向导"对话框,选择"取对方科目计算结果"金额公式 JG( ),单击"下一步"按钮,再单击"完成"按钮,金额公式带回自定义转账设置窗口。

⑨ 单击"保存"按钮。

> **注意:**①转账科目可以为非末级科目,部门可为空,表示所有部门。②如果使用应收款、应付款管理系统,则在总账管理系统中,不能按客户、供应商辅助项进行结转,只能按科目总数进行结转。③输入转账计算公式有两种方法:一是直接输入计算公式;二是以引导方式录入公式。④JG( )含义为"取对方科目计算结果",其中的"( )"必须为英文符号,否则系统提示"金额公式不合法:未知函数名"。

⑩ 单击"增加"按钮,输入"转账序号"为 2,"转账说明"为"计提城市维护建设税";选择"凭证类别"为"转账凭证"。

⑪ 单击"增行"按钮,确定分录的贷方信息。选择"科目编码"为 6403,"方向"为"借",单击"参照"按钮,打开"公式向导"对话框,选择"取对方科目计算结果"金

额公式 JG( )，单击"下一步"按钮，再单击"完成"按钮，金额公式带回自定义转账设置窗口。

⑫ 单击"增行"按钮，选择"科目编码"为222105，"方向"为"贷"；双击金额公式栏，单击"参照"按钮，打开"公式向导"对话框。选择"期末余额"函数，单击"下一步"按钮，继续公式定义。选择"科目编码"为222102，其他项为默认，单击"完成"按钮，金额公式带回自定义转账设置窗口。将光标移至末尾，输入"*0.07"，按 Enter 键确认。

⑬ 同理，完成"教育费附加"及"地方教育费附加"计提的自定义设置。

"教育费附加"会计分录及计算公式为：

借：税金及附加(6403)　　　　　JG( )

　　贷：应交税费——应交教育费附加(222106)　　QM(222102,月)*0.03

"地方教育费附加"会计分录及计算公式为：

借：税金及附加(6403)　　　　　JG( )

　　贷：应交税费——应交地方教育费附加(222107)　　QM(222102,月)*0.02

(2) 转账生成。

① 执行"期末"|"转账生成"命令，进入"转账生成"窗口。

② 选择"自定义转账"单选按钮，双击编号0001所在行的"是否结转"栏，出现 Y 标记。

③ 再单击"确定"按钮，生成转账凭证。

④ 单击"保存"按钮，凭证左上角显示"已生成"字样，系统自动将当前凭证追加到未记账凭证中。

注意：①转账生成之前，注意转账月份为当前会计月份。②进行转账生成之前，先将相关经济业务的记账凭证登记入账。③转账凭证每月只生成一次。若使用应收款、应付款管理系统，则总账管理系统中，不能按客户、供应商进行结转。

(3) 凭证审核记账。

转账生成凭证仍需以"W01 汪小菲"身份登录平台，审核凭证；以"W02 张文华"身份登录平台，将凭证记账。操作过程不再赘述。

(4) 城市维护建设税、教育费附加及地方教育费附加计提凭证的生成。

① 执行"期末"|"转账生成"命令，进入"转账生成"窗口。

② 选择"自定义转账"单选按钮，双击编号0002至0004所在行的"是否结转"栏，三行出现 Y 标记。

③ 再单击"确定"按钮，生成转账凭证。

④ 执行"编辑"|"成批保存凭证"命令，批量生成计提凭证，将生成凭证审核、记账。

2. 期间损益结转(按收入和支出分别生成记账凭证)

(1) 转账定义。

① 执行"期末"|"转账定义"|"期间损益"命令，进入"期间损益结转设置"窗口。

② 选择"凭证类别"为"转账凭证",选择"本年利润"科目为4103,单击"确定"按钮。

(2) 转账生成。

① 执行"期末"|"转账生成"命令,进入"转账生成"窗口。

② 选择"期间损益结转"单选按钮。

③ 类型选择为"收入",单击右侧的"全选"按钮,单击最下方的"确定"按钮,生成收入结转本年利润的记账凭证,单击"保存"按钮。关闭"记账凭证"对话框,返回"转账生成"对话框。

④ 类型选择为"支出",单击右侧的"全选"按钮,单击最下方的"确定"按钮,系统提示"有未记账凭证,是否继续结转?"信息框,单击"是"按钮,生成费用结转本年利润的记账凭证,单击"保存"按钮。

⑤ 单击"保存"按钮,系统自动将当前凭证追加到未记账凭证中。

⑥ 最后将新生成的凭证批审、批记。

注意:在进行期末结转凭证生成时,应务必确保之前所有业务凭证审核、记账完毕,以确保结转数据的准确,当出现"有未记账凭证,是否继续结转?"信息框,需仔细核实是否有凭证遗漏记账,本例中未记账凭证为结转期间损益收入凭证,因不影响期间损益支出凭证数据,故直接忽略信息提示生成凭证。

知识拓展

反记账的操作步骤

记账后,如果需要修改记账凭证,需反记账、反审核、撤销出纳签字,"反审核、撤销出纳签字"的功能在记账凭证中。反记账执行较复杂,在"财务会计—总账—期末"模块中,双击"对账",在弹出的"对账"界面中,按Ctrl+H组合键,出现"恢复记账前状态功能已被激活"提示信息,单击"确定"按钮,在"财务会计—总账—凭证—记账"模块的下方出现"恢复记账前状态"功能,双击"恢复记账前状态",可以根据需要选择恢复的时段,单击"确定"按钮,在输入口令的界面单击"确定"按钮,在"恢复记账完毕"弹出框中单击"确定"按钮。

实训5 账务管理系统对账与结账

【实训要求】

31日,财务部对总账系统进行月末处理。

【岗位说明】

以"W02 张文华"身份登录平台，完成应收款管理与应付款管理系统结账。

以"W01 汪小菲"身份登录平台，进行总账管理系统对账、结账。

【操作指导】

1. 对账

① 以财务经理"W01 汪小菲"身份登录，注册时间为 2018 年 7 月 31 日。执行"期末"|"对账"命令，进入"对账"窗口。

② 将光标置于要进行对账的月份"2018-07"处，单击"选择"按钮。

③ 单击"对账"按钮，开始自动对账，并显示对账结果。

④ 单击"试算"按钮，可以对各科目类别余额进行试算平衡。

⑤ 单击"确认"按钮。

2. 结账

① 以会计人员"W02 张文华"身份登录，注册时间为 2018 年 7 月 31 日。在应收款管理系统中，执行"期末"|"月末结账"命令，双击"四月"所在行的"结账标志"栏，出现 Y 标记，单击"下一步"按钮后，单击"完成"按钮，显示"7 月份结账成功"。同理，完成应付款管理系统结账。

注意：若启用除总账以外的系统，则在总账结账前需将其他系统全部结账，总账方能结账。

② 以财务经理"W01 汪小菲"身份登录，注册时间为 2018 年 7 月 31 日。在总账管理系统中，执行"期末"|"结账"命令，进入"结账"窗口。单击选择要结账的月份"2018-07"，单击"下一步"按钮。

③ 单击"对账"按钮，系统对要结账的月份进行账账核对。

④ 单击"下一步"按钮，系统显示"2018 年 07 月工作报告"。

⑤ 查看工作报告后，单击"下一步"按钮，再单击"结账"按钮，若符合结账要求，系统将进行结账，否则不予结账。

⑥ 结账后，如果发现有问题，需要修改，应反结账，在"结账"界面，选择需要取消的月份，按 Ctrl+Shift+F6 组合键，取消结账。

⑦ 将账套输出至 D 盘根目录下"4-2 总账结账"文件夹。

思政园地

数字中国(四)——中国节能：数智节能　创新发展

中国节能环保集团有限公司与用友合作搭建集团 ERP 财务数智化平台，建设集团财务核算和报表系统、财务共享系统、资金管理系统三大管控系统，实现集团财务核算统一管控，报销业务处理效率提升了 15%，资金运营收益提高了 30%。

第5章 固定资产管理系统

 理论知识

5.1 固定资产管理系统概述

5.1.1 固定资产管理系统的功能

固定资产管理系统是企业管理信息系统的一个重要组成部分，用于固定资产的核算和管理工作。手工条件下对固定资产的核算难以及时提供各种固定资产的管理信息。因此使用现代化手段对固定资产进行核算和提供各种综合管理信息对提高企业的管理水平具有重要意义。

应根据固定资产基础数据庞大、增减变动难以及时反映的具体情况，从细化固定资产核算、加强固定资产管理出发，及时为固定资产管理提供详细、准确的资料，以促进企业提高固定资产的使用效率和保护企业财产的安全。用友 ERP-U8 管理软件中的固定资产管理系统主要用于完成企业固定资产日常业务的核算和管理，生成固定资产卡片，按月反映固定资产的增加、减少、原值变化及其他变动，并输出相应的增减变动明细账，按月自动计提折旧，生成折旧分配凭证，同时输出一些同设备管理相关的报表和账簿。

5.1.2 固定资产管理系统与其他系统之间的关系

固定资产管理系统主要与账务、成本核算和会计报表系统存在数据传递关系。其中与账务系统的数据关系是：在固定资产管理系统中，根据转账数据文件自动生成的转账凭证需传送到账务系统进行账务处理。为了保证数据的一致性，在设置自动转账凭证模板或向账务系统传送数据时，需要检查凭证涉及的会计科目在账务系统是否存在。

固定资产管理系统与成本核算系统的数据关系是：根据固定资产折旧文件分类统计、汇总折旧费用分配数据，并将该数据传送到成本核算系统供计算成本时使用。

会计报表管理系统也可以通过相应的取数函数，从固定资产管理系统中提取分析数据。

5.1.3 固定资产管理系统数据流程

固定资产管理系统数据流程如图 5-1 所示。

图 5-1　固定资产管理系统数据流程

5.2　固定资产管理系统业务处理

5.2.1　固定资产管理系统初始设置

固定资产管理系统的初始设置主要包括以下几个方面。

1．固定资产账套的建立

固定资产管理系统初始设置是根据用户单位的具体情况，建立一个合适的固定资产账套。建立固定资产管理系统账套含义和作用与账务系统是一致的。其核心内容是设定系统主要编码的编码方式和固定资产管理系统与账务系统的接口。各软件的设置方法不完全相同，设计较好的软件一般提供建账向导功能引导用户完成设置。

1）折旧信息

根据财务制度的规定，企业固定资产的折旧方法有：平均年限法、工作量法、双倍余额递减法、年限总和法。企业可根据国家规定和自身条件选择采用其中的一种，有关的计算公式通常通过初始设置应用专门的函数来实现。

如果单位性质为行政事业单位，则按照会计制度规定所有固定资产不计提折旧，可以选择本账套不提折旧。一旦确定本账套不提折旧，账套内与折旧有关的功能不能操作且判断在保存初始化设置后不能修改。

2）基本编码设置

固定资产管理系统基本编码主要有使用部门、固定资产类别等。其他会计子系统也可能需要使用这些编码，因此有时也将其称为公共码表。基本码表的设置有两种基本的方式：一种是设立公共码表设置功能，多个子系统均需要使用的编码在此功能中设置，各子系统共用；另一种方式是在各子系统中分别设置有关编码，其他子系统需要使用这些编码时可以向相关子系统调用。在处理这些基本编码时需要注意以下几个问题。

(1) 凡具有国家标准的，如固定资产类别，国家标准(GT/T14885—96)将固定资产类别编码规定为六位四级(即2112)，如果没有特殊情况应尽量参照使用国家标准。

(2) 编码应尽量具有一定的层次，如固定资产使用部门编码，可按使用部门—车间—工段—班组设为四级编码以便按级分类汇总，提供尽量多层次的管理信息。

(3) 多数软件对编码的总长度都有规定，在设计代码时应注意不能超越系统编码总长度的要求。

(4) 对没有公共码表一致性控制的软件，各子系统的公共码表应尽量保持一致。

3) 账务接口

设置对账科目与总账对账。对账是指将固定资产管理系统内所有资产的原值、累计折旧及总账系统中的固定资产科目和累计折旧科目的余额核对，看数值是否相等。

固定资产管理系统在月末结账前自动执行"对账"功能一次，并给出对账结果，如果不平，说明两系统出现偏差，应予以调整。但是偏差并不一定是由错误引起的，有可能是操作的时间差异(在账套刚开始使用时比较普遍，如第一个月原始卡片没有录入完毕等)造成的，因此需要判断是否选择"对账不平允许月末结账"功能，如果希望严格控制系统间的平衡，并且能做到两个系统录入的数据没有时间差异，则不选择该选项。

2. 设置基础数据

基础数据包括部门设置、部门对应折旧科目设置、资产类别设置、资产组设置、增减方式设置、使用情况以及折旧方法设置。

(1) 部门设置。

部门档案用于设置固定资产所属部门的详细信息，该项设置一般在基础档案的部门档案中设置，由固定资产管理系统直接调用。

(2) 部门对应折旧科目设置。

资产计提折旧后必须把折旧数据归入成本或费用项目，根据不同使用者的具体情况，可按部门归集，也可按类别归集。部门折旧科目的设置就是为部门选择一个折旧科目，以便在录入卡片时自动显示折旧科目。在生成部门折旧分配表时，每一部门内按折旧科目汇总，从而制作记账凭证。

(3) 资产类别设置。

固定资产的种类繁多，规格不一，要强化固定资产管理，做好固定资产核算，必须科学地设置固定资产分类，为核算和统计管理提供依据。企业可根据自身的特点和管理要求，确定一个较为合理的资产分类方法。

(4) 资产组设置。

资产组是企业可以认定的最小资产组合，区分的依据是可以产生独立的现金流入，如我们可以把同一个生产线中的资产划分为一个资产组。

资产组与固定资产类别不同，同一资产组中的资产可以分属不同的固定资产类别。在计提减值准备时企业有时需要以资产组为单位进行计提。企业可根据自身实际管理要求确定合理的资产组分类方法。

(5) 增减方式设置。

增减方式包括增加方式和减少方式两类。增加的方式主要有：直接购入、投资者投入、捐赠、盘盈、在建工程转入、融资租入。减少的方式主要有：出售、盘亏、投资转出、捐赠转出、报废、毁损、融资租出、拆分减少等。其中，增减方式中的"盘盈""盘亏""毁损"不能修改和删除。

(6) 使用情况。

从固定资产核算和管理的角度，需要明确资产的使用状况，一方面可以正确地计算和计提折旧，另一方面便于统计固定资产的使用情况，提高资产的利用效率。系统预置的使用状况有：使用中(包括在用、季节性停用、经营性出租、大修理停用)、未使用以及不需用。其中，系统第一级使用状况中的"使用中""未使用""不需用"不能增加、修改和删除。

(7) 折旧方法设置。

折旧方法设置是系统自动计算折旧的基础。系统给出了常用的 7 种方法：不提折旧、平均年限法(一)、平均年限法(二)、工作量法、年数总和法、双倍余额递减法(一)、双倍余额递减法(二)，并列出了它们的折旧计算公式。这几种方法是系统设置的折旧方法，用户只能选用，不能删除和修改。如果这几种方法不能满足企业的需要，固定资产管理系统提供了定义功能，用户可以定义适合自身实际情况的折旧方法的名称和计算公式。

3. 固定资产卡片管理

固定资产卡片管理包括固定资产卡片项目设置、固定资产卡片样式设置和期初固定资产卡片的录入。

(1) 固定资产卡片项目设置。

固定资产卡片的输入通常采用设置输入格式文件的方式进行。固定资产卡片的格式，不同的单位差异很大。即使是同一个单位，采用不同的核算、管理要求，卡片的项目也会不同。为了增加固定资产管理系统的通用性，一般都为用户留下足够的增减卡片项目的余地，通常在初始设置中，由用户设置自定义项目或对系统提供的卡片模板项目进行修改。固定资产卡片项目定义就是为了完成这一工作而设置的功能。在这里用户实际上是在进行固定资产卡片文件的库存结构设置或修改，因此这些设置和修改是有条件的，一般都需要对增加的项目设置数据类型和数据宽度，用户在使用时应该注意这些限定条件。另外，固定资产的附属设备及变动情况虽不参加核算，但仍是固定资产卡片中应记录的内容，也应根据情况设置项目输入计算机。

需要注意的是，固定资产卡片项目的设置涉及数据库结构的变动，一旦这一设置完成并输入数据，一般来说就只允许增加项目不允许修改或删除已有项目，以免发生数据丢失或混乱。有些软件在设置完成后干脆封闭此项设置，因此使用前必须做好充分的准备。

(2) 固定资产卡片样式设置。

卡片样式指卡片的显示格式，包括格式(表格线、对齐形式、字体大小、字形等)、所包含的项目和项目的位置等。由于不同的企业使用的卡片样式可能不同，即使是同一企业内部，对不同的资产也会由于管理的内容和侧重点而使用不同样式的卡片，固定资产管理系统提供卡片样式自定义功能。

(3) 期初固定资产卡片的录入。

固定资产卡片录入既是初始设置的内容，也是系统日常业务输入的内容。原始卡片指卡片所记录的资产的开始使用日期的月份先于其录入系统的月份。在使用固定资产管理系统进行核算前，必须将原始卡片资料录入系统，保持历史资料的连续性。原始卡片的录入不限制必须在第一个期间结账前，任何时候都可以录入原始卡片。

5.2.2 固定资产管理系统日常业务处理

1．固定资产增加

资产增加是指购进或通过其他方式增加企业资产。进行固定资产增加处理时，只要将增加文件全部记录追加到固定资产卡片文件中即可。

2．固定资产减少

资产在使用过程中，总会由于各种原因，如毁损、出售、盘亏等，退出企业，此时要做资产减少处理。若当前账套设置了计提折旧，在将该记录从固定资产卡片文件中删除前，则必须在计提折旧后才可执行资产减少。

3．固定资产变动

固定资产的变动包括价值信息变更和非价值信息变更两部分。

(1) 价值信息变更。

该部分包括固定资产原值变动(包括原值增加和原值减少两部分)，以及使用年限调整、折旧方法调整、净残值(率)调整、工作总量调整、累计折旧调整在内的折旧要素变更。

(2) 非价值信息变更。

该部分包括部门转移、使用状况调整和资产类别调整等。

资产变动要求输入相应的"变动单"来记录资产调整结果。固定资产管理系统的"变动单管理"功能，可以对系统制作的变动单进行查询、修改、制单、删除等处理。

4．资产评估

随着市场经济的发展，企业在经营活动中，根据业务需要或国家要求需要对部分资产或全部资产进行评估和重估，其中固定资产评估是资产评估的重要组成部分。资产评估主要完成的功能包括：将评估机构的评估数据手工录入或以公式定义方式录入系统中；根据国家要求手工录入评估结果或根据定义的评估公式生成评估结果。

资产评估功能提供可评估的资产内容，包括原值、累计折旧、净值、使用年限、工作总量、净残值率。

5. 资产盘点

企业要定期对固定资产进行清查，至少每年清查一次，清查通过盘点实现。固定资产管理系统的"资产盘点"功能是在对固定资产进行实地清查后，通过录入清查的实物数据与账面上记录的盘点单进行核对，并由系统自动生成盘点结果清单的过程。

6. 生成凭证

固定资产管理系统"生成凭证"功能是实现与总账管理系统之间的数据自动传输，这种传输是由固定资产管理系统通过记账凭证向总账管理系统传递有关数据，如资产增加、减少、报废、毁损、累计折旧调整，以及折旧分配等记账凭证。

7. 固定资产管理系统的输出

固定资产管理系统的输出主要是指卡片和账表的输出。卡片及账表输出是固定资产管理系统处理成果的重要体现，凡核算、管理需要的内容均应有相应的输出功能模块相对应。固定资产管理系统输出的内容繁多，主要有账表输出和固定资产卡片输出两部分。

固定资产管理系统对于用户常用的账表提供内置模板，并设置相应的菜单项目。账表包括账簿、折旧表、统计表、分析表和减值准备表 5 类。常见的账表包括固定资产登记簿、固定资产折旧计算表、固定资产变动情况表、使用状况分析表、减值准备明细表等有关账表。

5.2.3 固定资产管理系统期末业务处理

1. 计提减值准备

企业应当在期末(至少在每年年度终了)，对固定资产逐项进行检查，如果由于市价持续下跌，或技术陈旧等原因导致其可回收金额低于账面价值的，应当将可回收金额低于账面价值的差额作为固定资产减值准备，固定资产减值准备按单项资产计提。

2. 计提累计折旧

自动计提折旧是固定资产管理系统的主要功能之一。系统每期计提折旧一次，根据用户录入系统的资料自动计算每项资产的折旧，并自动生成折旧分配表，然后制作记账凭证，将本期的折旧费用自动登账。执行此功能后，系统将自动计提各个资产当期的折旧额，并将当期的折旧额自动累加到累计折旧项目。使用工作量法计提折旧时，每月计提折旧前必须录入资产当月的工作量。

1) 累计折旧计算的影响因素

影响折旧计算的因素包括原值变动、累计折旧调整、净残值(率)调整、折旧方法调整、使用年限调整、使用状况调整、工作总量调整、减值准备期初余额、计提减值准备调整、转回减值准备调整。影响折旧计算的因素发生变动后的调整应遵循以下原则。

(1) 发生与折旧计算有关的变动后，以前修改的月折旧额或单位折旧的继承值无效；

如加速折旧法在变动生效的当期以净值为计提原值，以剩余使用年限为计提年限计算折旧；平均年限法还以原公式计算。

(2) 当发生原值调整，默认本月计提的折旧额不变，下月按变化后的值计算折旧。若按变化后的值计算本月折旧则需启用"本变动单当期生效"功能。

(3) 当发生累计折旧调整，默认本月计提的折旧额不变，下月按变化后的值计算折旧。若按变化后的值计算折旧则需启用"累计折旧调整当期生效"功能。

(4) 当发生净残值(率)调整时，默认本月计提的折旧额不变，下月按变化后的值计算折旧。若按变化后的值计算折旧则需启用"净残值(率)调整当期生效"功能。

(5) 折旧方法调整、使用年限调整、工作总量调整，减值准备期初当月按调整后的值计算折旧。

(6) 使用状况调整、计提减值准备调整，本月计提的折旧额不变，下月按变化后的值计算折旧。

(7) 固定资产管理系统各种变动后计算折旧采用未来适用法，不自动调整以前的累计折旧，采用追溯调整法的企业只能手工调整累计折旧。

2) 计提累计折旧的原则

(1) 在一个期间内可以多次计提折旧，每次计提折旧后，只是将计提的折旧累加到月初的累计折旧，不会重复累计。

(2) 如果上次计提折旧已制单，并将数据传递到总账系统，则必须删除该凭证才能重新计提折旧。

(3) 计提折旧后又对账套进行了影响折旧计算或分配的操作，必须重新计提折旧，否则系统不允许结账。

(4) 如果使用自定义的折旧方法月折旧率或月折旧额出现负数时，则自动中止计提。

(5) 企业资产的使用部门和资产折旧要汇总的部门可能不同，为了加强资产管理，使用部门必须是明细部门，而折旧分配部门不一定分配到明细部门，不同的单位处理可能不同，通过固定资产管理系统提供"部门分配条件"功能选择实现。

3．对账

会计信息系统应保证固定资产管理系统管理的固定资产的价值和账务系统中固定资产科目的数值相等。而两个系统的资产价值是否相等，通过执行本系统提供的对账功能实现，对账操作不限制执行的时间，任何时候均可进行对账。固定资产管理系统在执行月末结账时自动对账一次，给出对账结果。

4．月末结账

月末结账每月进行一次，结账后当期的数据不能修改。本期不结账，将不能处理下期的数据；结账前一定要进行数据备份，否则数据一旦丢失，将造成无法挽回的后果。12月底结账时系统要求完成所有本年应生成的凭证业务。

实务训练

【实训准备】

引入"4-1 总账初始化"账套数据。

实训 1　固定资产系统初始化设置

【实训要求】

1. 启用固定资产系统

2. 建立固定资产账套(见表 5-1)

表 5-1　固定资产账套

控制参数	参数设置
启用月份	2018-07
折旧信息	本账套计提折旧 折旧方法：平均年限法(一) 折旧汇总分配周期：1 个月 当(月初已计提月份=可使用月份－1)时，将剩余折旧全部提足
编码方式	资产类别编码方式：2-1-1-2 固定资产编码方式：按"类别编码+部门编码+序号"自动编码 卡片序号长度为 3
财务接口	与账务系统进行对账 固定资产对账科目：固定资产(1601)；累计折旧对账科目：累计折旧(1602) 选中"在对账不平情况下允许固定资产月末结账"

3. 设置固定资产系统选项

与账务系统接口：固定资产缺省入账科目(1601)、累计折旧缺省入账科目(1602)、减值准备缺省入账科目(1603)、增值税进项税额缺省入账科目(22210101)、固定资产清理缺省入账科目(1606)。

选中"业务发生后立即制单""月末结账前一定要完成制单登账业务"复选框。

4. 设置固定资产部门对应折旧科目(见表 5-2)

表 5-2　固定资产部门对应折旧科目

部门	对应折旧科目
行政管理部门	660205 管理费用/折旧费
仓管部	660205 管理费用/折旧费
销售部	660106 销售费用/折旧费
采购部	660205 管理费用/折旧费

5. 设置固定资产类别(见表 5-3)

表 5-3　固定资产类别

编码	类别名称	折旧年限	净残值率	单位	折旧方法	卡片样式
01	房屋及建筑物	30 年	5%	栋	平均年限法(一)	含税卡片样式
02	办公设备	5 年	1%		平均年限法(一)	含税卡片样式
03	运输工具	6 年	5%	辆	平均年限法(一)	含税卡片样式

6. 设置固定资产增减方式对应入账科目(见表 5-4)

表 5-4　固定资产增减方式对应入账科目

增减方式目录	对应入账科目
增加方式	
直接购入	工行存款(100201)
在建工程转入	在建工程(1604)
减少方式	
出售	固定资产清理(1606)
报废	固定资产清理(1606)
盘亏	待处理财产损溢(1901)
毁损	固定资产清理(1606)

7. 录入原始卡片(见表 5-5)

表 5-5　原始卡片

固定资产名称	类别编号	所在部门	增加方式	可使用年限(月)	开始使用日期	原值(元)	累计折旧(元)	对应折旧科目名称
仓库	01	仓管部	在建工程转入	360	2017-04-01	300 000.00	11 083.33	管理费用/折旧费
传真机	02	总经理办公室	直接购入	60	2017-10-01	3 510.00	463.32	管理费用/折旧费
笔记本电脑	02	销售部	直接购入	60	2013-12-01	8 900.00	7 929.90	销售费用/折旧费
DELL 台式机	02	财务部	直接购入	60	2017-11-01	6 490.00	749.60	管理费用/折旧费

(续表)

固定资产名称	类别编号	所在部门	增加方式	可使用年限(月)	开始使用日期	原值(元)	累计折旧(元)	对应折旧科目名称
ThinkPad 一体机	02	采购部	直接购入	60	2017-11-01	6 490.00	749.60	管理费用/折旧费
HP 扫描仪	02	采购部	直接购入	60	2014-08-01	3 000.00	2 376.00	管理费用/折旧费
轿车	03	总经理办公室	直接购入	72	2017-10-01	215 460.00	22 743.00	管理费用/折旧费
江铃瑞沃载货车	03	仓管部	直接购入	72	2016-05-01	250 000.00	82 465.28	管理费用/折旧费
办公楼	01	总经理办公室	在建工程转入	360	2016-12-16	2 953 568.60	140 294.51	管理费用/折旧费
宿舍楼	01	人力资源部	在建工程转入	360	2017-06-06	2 667 131.40	84 459.16	管理费用/折旧费
合计						6 414 550.00	353 313.70	

注：使用状况均为"在用"。

【岗位说明】

以"A01 陈强"身份登录平台，启用固定资产系统。

以"W02 张文华"身份登录平台，完成固定资产系统初始化所有工作。

【实训指导】

1. 启用固定资产系统

① 以"A01 陈强"身份执行"开始"|"程序"|"用友 ERP-U8"|"企业应用平台"命令，打开"登录"对话框。

② 输入操作员"A01 陈强"，在"账套"下拉列表框中选择"001 天津凯撒家纺股份有限公司"，更改"操作日期"为 2018-07-01，单击"登录"按钮。

③ 执行"基础设置"|"基本信息"|"系统启用"命令，打开"系统启用"对话框。选中"FA 固定资产"复选框，弹出"日历"对话框，选择固定资产系统"启用日期"为 2018-07-01，单击"确定"按钮，系统弹出"确实要启用当前系统吗？"信息提示对话框，单击"是"按钮返回。

2. 建立固定资产账套

① 以"W02 张文华"身份登录平台，在"业务工作"选项卡中，执行"财务会计"|"固定资产"命令，系统弹出"这是第一次打开此账套，还未进行过初始化，是否进行初始化？"信息提示对话框，单击"是"按钮，打开固定资产"初始化账套向导"对话框。

② 在"固定资产初始化向导——约定与说明"对话框中，选择"我同意"。单击"下一步"按钮，打开"固定资产初始化向导——启用月份"对话框。

③ 选择"启用月份"为 2018-07，单击"下一步"按钮，打开"固定资产初始化向导——折旧信息"对话框。

④ 选中"本账套计提折旧"复选框；选择"折旧方法"为"平均年限法(一)"，"折旧分配周期"为"1个月"；选中"当月初已计提月份=可使用月份－1)时，将剩余折旧全部提足"复选框。单击"下一步"按钮，打开"固定资产初始化向导——编码方式"对话框。

⑤ 确定"资产类别编码长度"为 2112，选择"自动编号"单选按钮，选择"固定资产编码方式"为"类别编号+部门编号+序号"，选择"序号长度"为 3。单击"下一步"按钮，打开"固定资产初始化向导——财务接口"对话框。

⑥ 选中"与账务系统进行对账"复选框；选择"固定资产的对账科目"为"固定资产(1601)"，"累计折旧的对账科目"为"累计折旧(1602)"；选中"在对账不平情况下允许固定资产月末结账"复选框。单击"下一步"按钮，打开"固定资产初始化向导——完成"对话框。

⑦ 单击"完成"按钮，完成本账套的初始化，系统弹出"是否确定所设置的信息完全正确并保存对新账套的所有设置"信息提示对话框。

⑧ 单击"是"按钮，系统弹出"已成功初始化本固定资产账套"信息提示对话框，单击"确定"按钮。

3. 设置固定资产系统选项

① 执行"设置"|"选项"命令，进入"选项"窗口。

② 单击"编辑"按钮，打开"与账务系统接口"选项卡。

③ 选中"业务发生后立即制单""月末结账前一定要完成制单登账业务"复选框，选择"缺省入账科目"为"固定资产(1601)""累计折旧(1602)""固定资产减值准备(1603)""增值税进项税额(22210101)""固定资产清理(1606)"，单击"确定"按钮。

4. 设置固定资产部门对应折旧科目

① 执行"设置"|"部门对应折旧科目"命令，进入"部门编码表"窗口。

② 选择"部门"为"行政管理部门"，单击"修改"按钮。

③ 选择"折旧科目"为"管理费用/折旧费(660205)"，单击"保存"按钮，系统弹出"是否将行政管理部门的所有下级部门的折旧科目替换为[折旧费]?"信息提示对话框，单击"是"按钮。替换之后，即可看到行政管理部门下的总经理办公室、财务部、人力资源部和总务部对应折旧科目均修改为"管理费用/折旧费"。

④ 同理，完成仓管部、销售部折旧科目的设置。

5. 设置固定资产类别

① 执行"设置"|"资产类别"命令，进入"类别编码表"窗口。

② 单击"增加"按钮，输入"类别名称"为"房屋及建筑物"，"使用年限"为"30 年"，"净残值率"为 5%，"计量单位"为"栋"；选择"计提属性"为"正常计提"，"折旧方法"为"平均年限法(一)"，"卡片样式"为"含税卡片样式"，单击"保存"按钮。

③ 同理，完成办公设备、运输工具的设置。

6. 设置固定资产增减方式对应入账科目

① 执行"设置"|"增减方式"命令，进入"增减方式"窗口。
② 在左侧列表框中，单击"直接购入"增加方式，单击"修改"按钮。
③ 输入对应入账科目"工行存款(100201)"，单击"保存"按钮。
④ 同理，输入其他增减方式的对应入账科目。

7. 录入原始卡片

① 执行"卡片"|"录入原始卡片"命令，进入"资产类别参照"窗口。
② 选择"固定资产类别"为"房屋及建筑物(01)"，单击"确认"按钮，进入"固定资产卡片录入"窗口。
③ 输入"固定资产名称"为"仓库"；双击"部门名称"选择"仓管部"，双击"增加方式"选择"在建工程转入"，双击"使用状况"选择"在用"；输入"开始使用日期"为2017-04-01；输入"原值"为300 000.00，"累计折旧"为11 083.33；输入"可使用年限"为"360 月"；其他信息自动算出。
④ 单击"保存"按钮，系统弹出"数据成功保存！"信息提示对话框，单击"确定"按钮。
⑤ 同理，完成其他固定资产卡片的输入。
⑥ 执行"处理"|"对账"命令，系统将固定资产系统录入的明细资料数据汇总并与财务核对，显示与财务对账结果，单击"确定"按钮返回。

实训 2　固定资产增加业务

【实训要求】

天津凯撒家纺股份有限公司 2018 年 7 月份发生如下经济业务，具体内容见实训指导中的业务描述。请在 U8 中完成业务处理。

【岗位说明】

以"W02 张文华"身份登录平台，完成固定资产增加业务处理。

【实训指导】

1. 业务 1：采购消费性固定资产

7 月 3 日，因业务需要，销售部购入 3 台联想台式机。相关原始凭证如图 5-2～图 5-4 所示。
(1) 批增固定资产卡片。
① 执行"卡片"|"资产增加"命令，进入"资产类别参照"窗口。

② 选择"资产类别"为"办公设备(02)",单击"确定"按钮,进入"固定资产卡片"窗口。

③ 输入"固定资产名称"为"联想一体机";双击"部门名称"弹出"本资产部门使用方式"信息提示对话框;选择"单部门使用"选项,单击"确定"按钮,打开"部门参照"对话框,选择"销售部"选项,双击"增加方式"选择"直接购入",双击"使用状况"选择"在用",输入"原值"为5 100.00,"规格型号"为520-24IKU,"可使用年限"为"60月","开始使用日期"为2018-07-03。

④ 单击"保存"按钮,系统提示"数据成功保存!"。单击"确定"按钮,进入"填制凭证"窗口。单击"退出"按钮,弹出"凭证"窗口。

⑤ 单击"确定"按钮,提示"还有没有保存的凭证,是否退出?",单击"是"按钮退出。

⑥ 在"固定资产卡片"窗口界面单击"复制"按钮,打开"固定资产"对话框,在"起始资产编号"栏录入02X003,"终止资产编号"栏录入02X004,"卡片复制数量"选择2,单击"确定"按钮,弹出"卡片批量复制完成"信息提示框。单击"确定"按钮,关闭"固定资产卡片"窗口。

(2) 生成会计凭证。

① 执行"固定资产"|"处理"|"批量制单"命令,弹出"批量制单"窗口。"常用条件"全部默认,单击"确定"按钮,打开"批量制单"对话框。

图5-2 增值税专用发票

图 5-3 转账支票存根

固定资产卡片						
使用单位：销售部					填表日期：2018年7月3日	
类别	办公设备	出厂或交接验收日期	2017年12月10日		预计使用年限	5年
编号	02X002	购入或使用日期	2018年07月03日		预计残值	1%
名称	联想一体机	放置或使用地址	销售部		预计清理费用	
型号规格	520-24IKU	负责人	王大国		月折旧率	
建造单位	联想(上海)电子科技有限公司	总造价	5 100.00		月大修理费用提存率	
设备主要技术参数或建筑物占地面积、建筑面积及结构		设备主要配件名称数量或建筑物附件设备		大修理记录		固定资产改变记录
				时间	项目	

图 5-4 固定资产卡片

② 双击"业务日期"为 2018-07-03 的 3 条待制单记录的"选择"栏，该栏标记 Y 标志后，单击工具栏上的"合并"按钮，此时 3 条记录"合并号"一栏显示 1。

③ 单击"制单设置"选项卡，显示会计凭证列表，单击工具栏上的"凭证"按钮，系统自动生成会计凭证，选择"凭证类别"为"付款凭证"，根据图 5-3 所示的支票存根，修改制单日期、辅助项和附件数，单击"保存"按钮，凭证右上角显示"已生成"标志。

2. 业务 2：采购需要安装的固定资产

7月15日，仓管部购入安防监控系统一套，预计使用年限为 5 年。7月17日，安防监控系统交付使用，向安装企业支付安装费。相关原始凭证如图 5-5～图 5-8 所示。

(1) 在账务处理系统中录入增加在建工程的会计凭证。

① 执行"财务会计"|"总账"|"凭证"|"填制凭证"命令,打开"凭证"窗口。

② 单击工具栏上的"增加"按钮,修改"凭证类别"为"付款凭证","凭证日期"为 2018-07-15,"附件张数"为2,"摘要"为"购入安防监控系统","科目名称"为"在建工程","借方金额"为 60 000.00,按 Enter 键;继续输入第二行的"科目名称"为"应交税费——应交增值税(进项税额)","借方金额"为 9 600.00,按 Enter 键;继续输入第三行的"科目名称"为"银行存款——工行存款","贷方金额"为 69 600.00,单击"保存"按钮,凭证保存成功。

图 5-5　安防监控系统增值税专用发票

图 5-6　安防监控系统电汇凭证

图 5-7　安装费增值税专用发票

图 5-8　安装费电汇凭证

(2) 在账务处理系统中录入支付固定资产安装费的会计凭证。

① 执行"财务会计"|"总账"|"凭证"|"填制凭证"命令，打开"凭证"窗口。

② 单击工具栏上的"增加"按钮，修改"凭证类别"为"付款凭证"，"凭证日期"为2018-07-17，"附件张数"为2，"摘要"为"支付安防监控系统安装费"，"科目名称"为"在建工程"，"借方金额"为3 000.00，按 Enter 键；继续输入第二行的"科目名称"为"应交税费——应交增值税(进项税额)"，"借方金额"为180.00，按 Enter 键；继续输入第三行的"科目名称"为"银行存款——工行存款"，"贷方金额"为3 180.00，单击"保存"按钮，凭证保存成功。

(3) 在固定资产处理系统中录入固定资产卡片并生成会计凭证。

① 执行"固定资产"|"卡片"|"资产增加"命令,进入"资产类别参照"窗口。

② 选择"资产类别"为"办公设备(02)",单击"确定"按钮,进入"固定资产卡片"窗口。

③ 输入"固定资产名称"为"安防监控系统",双击"部门名称"弹出"本资产部门使用方式"信息提示对话框;选择"单部门使用"选项,单击"确定"按钮,打开"部门参照"对话框;选择"仓管部"选项,双击"增加方式"选择"在建工程转入",双击"使用状况"选择"在用",输入"原值"为 63 000.00,"规格型号"为 6611-3U,"开始使用日期"为 2018-07-17,其他信息为默认。

④ 单击"保存"按钮,系统提示"数据成功保存!"。单击"确定"按钮,进入"填制凭证"窗口。

⑤ 选择"凭证类别"为"转账凭证",修改制单日期、附件数后,单击"保存"按钮。

实训 3　固定资产变动业务

【实训要求】

天津凯撒家纺股份有限公司 2018 年 7 月份发生如下经济业务,具体内容见实训指导中的业务描述。请在用友 ERP-U8 中完成业务处理。

【岗位说明】

以"W02 张文华"身份登录平台,完成固定资产变动业务处理。

【实训指导】

1. 业务 1

7 月 19 日,财务部使用的 DELL 台式机因备份财务数据需要加装一个刻录机。相关原始凭证如图 5-9 和图 5-10 所示。

图 5-9　增值税普通发票

付款申请单

申请日期：2018 年 7 月 19 日

款项用途	购买刻录机			
付款金额	人民币（大写）：叁佰陆拾元整			¥360.00
支付方式	□银行转账　☑现金　□支票　□承兑汇票　□其它：（现金付讫）			
收款单位	北京志强电子贸易有限公司	收款人开户行		
收款账号		开票情况	☑已开票　□未开票　□其它	
总经理：略　　财务负责人：略　　部门审核：略　　制单：黄宁				

图 5-10　付款申请书

① 执行"固定资产"|"卡片"|"变动单"|"原值增加"命令，进入"固定资产变动单"窗口。

② 输入"卡片编号"为 02A02001，在"增加"栏输入"增加金额"为 360.00，输入"变动原因"为"增加配件"。

③ 单击"保存"按钮，进入"填制凭证"窗口。

④ 选择"凭证类型"为"付款凭证"，填写修改其他项目，单击"保存"按钮。

2. 业务 2

7 月 29 日，对总经理办公室使用的轿车进行测试，测试其可回收金额为 162 717.00 元。相关原始凭证如图 5-11 所示。

固定资产减值准备批准报告

固定资产名称	购入时间	折旧年限(月)	净残值率	累计折旧	净值	可回收金额	已提减值准备	减值准备
轿车	2017-10-1	72	5%	22 743.00	192 717.00	162 717.00	0	30 000.00

月末，对本企业固定资产进行测试，测试结果表明总经理办公室使用的轿车其可收回金额低于账面价值，经公司董事会研究决定对其计提￥30 000.00(人民币叁万元整)减值准备。

天津凯撒家纺股份有限公司
2018 年 7 月 29 日

图 5-11　固定资产减值准备批准报告

① 执行"固定资产"|"卡片"|"变动单"|"计提减值准备"命令，进入"固定资产变动单"窗口。

② "卡片编号"栏选择 03A01001，输入"减值准备金额"为 30 000.00，输入"减值原因"为"技术进步"。

③ 单击"保存"按钮，进入"填制凭证"窗口。
④ 选择"凭证类别"为"转账凭证"，填写修改其他项目，单击"保存"按钮。

实训4　计提当月折旧

【实训要求】

7月30日，财务部对企业全部固定资产计提折旧。

【岗位说明】

以"W02 张文华"身份登录平台，完成计提固定资产折旧并生成相应的会计凭证。

【实训指导】

① 执行"固定资产"|"处理"|"计提本月折旧"命令，系统弹出"是否要查看折旧清单？"信息提示对话框，单击"否"按钮。

② 系统继续弹出"本操作将计提本月折旧，并花费一定时间，是否要继续？"信息提示对话框，单击"是"按钮。

③ 系统计提折旧完成后，进入"折旧分配表"窗口；单击"凭证"按钮，进入"填制凭证"窗口。

④ 选择"凭证类别"为"转账凭证"，填写修改其他项目，单击"保存"按钮。

实训5　固定资产减少业务

【实训要求】

7月30日，销售部使用的笔记本电脑因配置过低不满足实际工作需要将其报废。相关原始凭证如图5-12和图5-13所示。

固定资产(报废、毁损)报告单
日期：2018年 7月 30日

报废(毁损)固定资产名称及规格	资产编码	单位	数量	购买日期	已提折旧	资产净值	已使用年限(月)
笔记本电脑	02X001	台	1	2013-12-01	8 076.75	823.25	55
报废(毁损)原因	笔记本电脑接近报废年限，配置过低无法满足业务处理需要，申请报废						
处理意见	申报部门主管意见		设备主管鉴定意见		固定资产管理部门意见		主管部门审批
	同意		同意		同意		同意
审核：　略　　　制单：　略							

图5-12　固定资产(报废、毁损)报告单

图 5-13 收款收据

【岗位说明】

以"W02 张文华"身份登录平台，在固定资产管理系统中完成固定资产减少处理并生成相应的会计凭证；在账务处理系统中录入固定资产清理收入及结转凭证。

【实训指导】

1. 在固定资产处理系统中完成固定资产减少处理并生成会计凭证

① 执行"固定资产"|"卡片"|"资产减少"命令，进入"资产减少"窗口。

② "卡片编号"选择 02X001，单击"增加"按钮。

③ 选择"减少方式"为"报废"，"清理原因"栏输入"资产报废"，单击"确定"按钮，系统提示"所选卡片已经减少成功！"。

④ 进入"填制凭证"窗口，选择"凭证类别"为"转账凭证"，填写修改其他项目，单击"保存"按钮。

2. 在账务处理系统中录入固定资产清理收入及结转会计凭证

① 执行"财务会计"|"总账"|"凭证"|"填制凭证"命令，打开"凭证"窗口。

② 单击工具栏上的"增加"按钮，修改"凭证类别"为"收款凭证"，"凭证日期"为 2018-07-30，"附件张数"为 1，"摘要"为"固定资产清理收入"，"科目名称"为"库存现金"，"借方金额"为 153.25，按 Enter 键；继续输入第二行的"科目名称"为"固定资产清理"，"贷方金额"为 153.25，单击"保存"按钮，固定资产清理收入凭证保存成功。

③ 单击工具栏上的"增加"按钮，修改"凭证类别"为"转账凭证"，"凭证日期"为 2018-07-30，"摘要"为"结转固定资产清理"，"科目名称"为"营业外支出"，"借方金额"

为 300.00，按 Enter 键；继续输入第二行的"科目名称"为"固定资产清理"，"贷方金额"为 300.00，单击"保存"按钮，结转固定资产清理凭证保存成功。

实训 6 固定资产盘点业务

【实训要求】

7 月 31 日，对企业办公设备进行盘点，发现采购部使用的 HP 扫描仪丢失。经查，该项资产损失由采购部林群负责赔偿，赔偿款尚未收到。相关原始凭证如图 5-14 所示。

固定资产盘盈盘亏报告表
2018 年 7 月 31 日

固定资产编号	名称	单位	数量	盘盈			盘亏			
				重置价值	估计折旧额	估计净值	原价	已提折旧额	已提减值准备	净值
02G001	HP 扫描仪	台	1.00				3 000.00	2 425.50		574.50
合计			1.00				3 000.00	2 425.50		574.50
差异原因				资产丢失						
资产管理部门建议处理意见				由采购部林群赔偿						
单位主管部门审批意见				同意						
单位负责人：略		财务部门负责人：略			资产管理部门负责人：略					制单：略

图 5-14 固定资产盘盈盘亏报告表

【岗位说明】

以"W02 张文华"身份登录平台，在固定资产管理系统中完成固定资产盘点业务；处理盘亏固定资产并生成相应的会计凭证；在账务处理系统中录入固定资产清理结转凭证。

【实训指导】

1. 在固定资产处理系统中完成固定资产盘点

① 执行"固定资产"|"卡片"|"资产盘点"命令，进入"资产盘点"窗口。

② 单击"增加"按钮，打开"新增盘点单——数据录入"对话框，单击"范围"，打开"盘点范围设置"对话框，选中"按资产类别盘点"复选框，"资产类别"栏选择"办公设备[02]"，单击"确定"按钮。系统显示全部办公设备类固定资产列表。

③ 双击在列表中"固定资产编号"为 02G001 所在行的"选择"栏，该栏显示 Y 标记。

④ 单击"删行"按钮，完成该项资产删除。

⑤ 单击"退出"按钮，系统提示"本盘点单数据已变更，是否保存！"，单击"是"按钮，系统提示"盘点单保存成功！"。

⑥ 单击"确定"按钮，退出"资产盘点"窗口。

2. 在固定资产处理系统中完成固定资产盘亏处理

① 执行"固定资产"|"卡片"|"盘点盘亏确认"命令，进入"盘盈盘亏确认"窗口。

② 双击在列表中"固定资产编号"为 02G001 所在行的"选择"栏，该栏显示 Y 标记；在"处理意见"栏录入"采购部林群照价赔偿"。

③ 单击"保存"按钮，系统提示"保存成功！"，单击"确定"按钮，退出"盘盈盘亏确认"窗口。

④ 执行"固定资产"|"卡片"|"资产盘亏"命令，进入"资产盘亏"窗口。

⑤ 双击在列表中"固定资产编号"为 02G001 所在行的"选择"栏，该栏显示 Y 标记。

⑥ 单击工具栏上的"盘亏处理"按钮，打开"资产减少"窗口，在"清理原因"栏录入"资产盘亏"，系统提示"所选卡片已经减少成功！"，进入"填制凭证"窗口。

⑦ 选择"凭证类别"为"转账凭证"，填写修改其他项目，单击"保存"按钮。

3. 在账务处理系统中录入固定资产清理结转会计凭证

① 执行"财务会计"|"总账"|"凭证"|"填制凭证"命令，打开"凭证"窗口。

② 单击工具栏上的"增加"按钮，修改"凭证类别"为"转账凭证"，"凭证日期"为 2018-07-31，"摘要"为"资产盘亏"，"科目名称"为"其他应收款"，"辅助项"为"林群"，"借方金额"为 672.17，按 Enter 键；继续输入第二行的"科目名称"为"待处理财产损溢"，"贷方金额"为 574.50，按 Enter 键；继续输入第三行的"科目名称"为"应交税费——应交增值税——进项税额转出"，"贷方金额"为 97.67，单击"保存"按钮，结转固定资产清理凭证保存成功。

实训 7　债务重组业务

【实训要求】

2018 年 4 月 1 日，尚有一批采购入库货物尚未支付货款，原始凭证如图 5-15 所示。31 日，公司用一辆货车抵债，相关原始凭证如图 5-16 和图 5-17 所示(发票通过固定资产系统处理)。

图 5-15 期初采购专用发票

图 5-16 债务重组协议

图 5-17 增值税专用发票

【岗位说明】

以"W03 黄宁"身份登录平台,完成虚拟付款单录入。

以"W02 张文华"身份登录平台,完成付款单审核、核销应付账款及相应凭证生成处理,在固定资产管理系统中完成固定资产减少业务;在账务处理系统中录入固定资产清理结转凭证。

【实训指导】

1. 在固定资产处理系统中完成固定资产减少处理并生成会计凭证

① 以"W02 张文华"身份登录平台,执行"财务会计"|"应付款管理"|"设置"|"期初余额"命令,根据实验数据录入期初采购发票;执行"财务会计"|"应付款管理""设置"|"初始设置"命令,将基本科目设置中应付科目设置为"220202"。

② "卡片编号"选择 03C01001,单击"增加"按钮。

③ 选择"减少方式"为"债务重组","清理收入"栏输入 178 000.00,"增值税"栏输入 28 480.00,"清理原因"栏填入"以资产清偿债务",单击"确定"按钮,系统提示"所选卡片已经减少成功!"。

④ 进入"批量制单"窗口,补录增值税相关科目,选择"凭证类别"为"转账凭证",单击"保存"按钮,生成凭证。

2. 在应付款管理系统中录入虚拟付款单并生成会计凭证

① 以"W03 黄宁"身份登录平台,执行"财务会计"|"应付款管理"|"付款单据处理"|"付款单录入"命令,进入"收付款单录入"窗口。

② 单击"增加"按钮,"结算方式"选择"其他","供应商"选择"西安爱家家居用品制造有限公司","金额"输入 41 588.00,单击"保存"按钮,关闭"收付款单录入"窗口。

③ 以"W02 张文华"身份登录平台,执行"应付款管理"|"付款单据处理"|"付款单审核"命令,弹出"付款单查询条件"对话框,所有选项为默认,单击"确定"按钮,进入"收付款单列表"窗口。

④ 双击"西安爱家家居用品制造有限公司"付款单所在行,进入"收付款单录入"窗口,单击工具栏上的"审核"按钮,完成付款单据审核,系统弹出"是否立即制单"对话框,单击"否"按钮。

⑤ 返回"收付款单录入"窗口。

⑥ 单击"核销"按钮,在 7 月 31 日的采购专用发票中输入"本次结算金额"为 41 588.00,单击"保存"按钮。

⑦ 执行"制单处理"命令,打开"制单查询"对话框。

⑧ 选中"收付款单制单""核销制单"复选框,单击"确定"按钮,进入"应付制单"窗口。

⑨ 单击工具栏上的"全选"按钮,继续单击工具栏上的"合并"按钮,此时列表中两条记录"选择标志"栏均显示 1。

⑩ 单击工具栏上的"制单"按钮,进入"填制凭证"窗口,修改"凭证类别"为"转账凭证",补录"贷方科目"为"营业外收入——资产重组利得"。

3. 在账务处理系统中填制因以资产清偿债务产生固定资产清理结转会计凭证

① 执行"财务会计"|"总账"|"凭证"|"填制凭证"命令,打开"凭证"窗口。

② 单击工具栏上的"增加"按钮,修改"凭证类别"为"转账凭证","凭证日期"为 2018-07-31,"摘要"为"债务重组处理","科目名称"为"固定资产清理","借方金额"为 13 765.28,按 Enter 键;继续输入第二行的"科目名称"为"待处理财产损溢","贷方金额"为 13 765.28,单击"保存"按钮,结转固定资产清理凭证保存成功。

实训 8 固定资产管理系统对账与结账

【实训要求】

7月31日,财务部对固定资产管理系统对账、结账。

【岗位说明】

分别以"W03 黄宁""W01 汪小菲"身份登录平台,完成本月在账务处理系统中填制的会计凭证,以及由固定资产管理系统生成的会计凭证的出纳签字、审核和记账。

以"W02 张文华"身份登录平台,完成凭证记账、固定资产管理系统与账务处理系统对账,以及固定资产管理系统结账。

【实训指导】

1. 在账务处理系统中完成本月会计凭证的相关处理

① 以"W03 黄宁"身份登录平台,执行"财务会计"|"总账"|"凭证"|"出纳签字"命令,对本月"收款凭证""付款凭证"进行出纳签字。

② 以"W01 汪小菲"身份登录平台,执行"财务会计"|"总账"|"凭证"|"审核凭证"命令,对本月"收款凭证""付款凭证"以及"转账凭证"进行审核。

③ 以"W02 张文华"身份登录平台,执行"总账"|"凭证"|"记账"命令,对本月"收款凭证""付款凭证"以及"转账凭证"进行记账。

2. 完成固定资产管理系统对账

① 以"W02 张文华"身份登录平台,执行"固定资产"|"处理"|"对账"命令,系统弹出"与财务对账结果"信息提示对话框。

② 系统提示"结果:平衡",单击"确定"按钮。

3. 完成固定资产管理系统结账

① 执行"固定资产"|"处理"|"月末结账"命令,打开"月末结账"信息提示对话框。

② 单击"开始结账"按钮,打开"与账务对账结果"信息提示对话框。

③ 单击"确定"按钮,系统提示"月末结账成功完成!",单击"确定"按钮,系统提示"本账套最新可修改日期已经更改为 2018-08-01"。

④ 将账套输出至 D 盘根目录下"5-1 固定资产"文件夹。

思政园地

数字中国(五)——中国葛洲坝集团：数智化促进企业改革

中国葛洲坝集团股份有限公司与用友合作启动数智化转型升级，打造集团企业业财税资共享模式，银企联云和分析云助力提升企业资金监控和抵抗资金风险的能力，有效降低信息传递成本，实现数字分析和管理提升，优化业务流程273个，凭证自动生成率80%。

第6章 薪资管理系统

 理论知识

6.1 薪资管理系统概述

6.1.1 薪资管理系统的功能

工资核算涉及企业的每位员工,原始数据繁杂,工资项目众多,手工进行工资核算时,需要占用财务人员大量的精力和时间,并且容易出错,采用薪资管理系统进行工资核算可以有效提高工资核算的准确性和及时性,为成本核算提供可靠的数据来源;也可以保障职工的利益,有利于调动职工的积极性,降低生产成本,提高经济效益。

薪资管理系统的核算和管理任务主要包括以下内容。

(1) 根据企业各部门提供的职工劳动的数量和质量及考勤情况,及时、准确地输入与职工工资有关的原始数据并计算职工的工资,包括职工应发工资、个人所得税和各种代扣款并编制工资单。以便发放工资并正确反映和监督企业与职工的工资结算情况。

(2) 根据职工的工作部门和工作性质,汇总分配工资费用和计提职工福利费、劳动保险费等,并生成相应的记账凭证。以便进行工资费用的账务处理和正确地计算产品的成本。

(3) 根据管理的需要提供有关的工资统计分析数据。

(4) 及时处理职工调入、调出、内部调动及工资调整数据。

6.1.2 薪资管理系统与其他系统之间的关系

薪资管理系统与系统管理共享基础数据。薪资管理系统主要与账务和成本核算系统存在数据传递关系。其中与账务处理系统的数据关系是:在薪资管理系统中根据转账数据文件自动生成的转账凭证需传送到账务处理系统进行账务处理。为了保证数据的一致性,在设置自动转账凭证模板或向账务系统传送数据时,需要检查凭证涉及的会计科目在账务系统是否存在。

薪资管理系统与成本核算系统的数据关系是:将工资费用分配数据传送到成本核算系统供计算成本时使用。

6.1.3 薪资管理系统数据流程

薪资管理系统数据处理流程如图 6-1 所示。

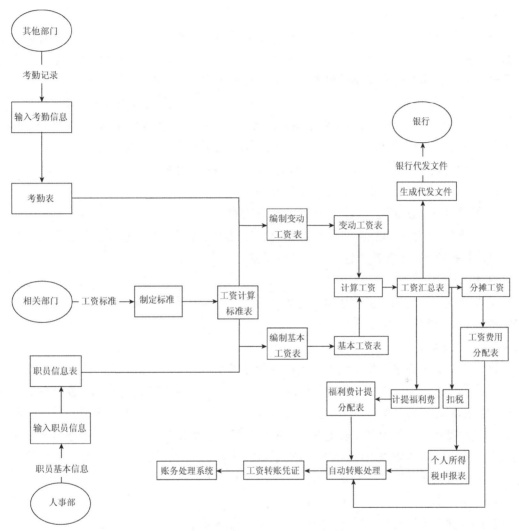

图 6-1 薪资管理系统数据处理流程

6.2 薪资管理系统业务处理

6.2.1 薪资管理系统的初始设置

1. 工资账套的建立

在薪资管理系统中建立工资账套需首先在系统管理中建立本单位的核算账套。工资账套仅针对薪资管理系统，其作用是进行工资管理。一个核算账套下只能建立一个工资账套。建立工资账套时可以根据建账向导分 4 步进行，即参数设置、扣税设置、扣零设置、人员编码。

1) 参数设置

(1) 工资类别。首先应选择本账套处理的工资类别个数：单个或多个。薪资管理系统是按工资类别来进行管理的。不同企业的管理模式不尽相同，工资的核算方式也存在不同的模式，因此薪资管理系统提供单类别工资核算和多类别工资核算两种方式。

① 单类别工资核算。所有人员统一工资核算的企业，使用单工资类别核算。

② 多类别工资核算。每个工资账套中，可建立 999 个工资类别(含发放次数，第 998、999 号为系统使用)。如符合以下情况之一的企业，使用多工资类别核算：

- 分别对在职人员、退休人员、离休人员进行核算的企业。
- 分别对正式工、临时工进行核算的企业。
- 每月进行多次工资发放，月末统一核算的企业。
- 企业有多个工厂或在不同地区有分支机构，而由总管机构统一进行工资核算的企业。

(2) 币别名称。该参数设置工资账套的币别。

2) 扣税设置

该设置确定是否从工资中代扣个人所得税。若选择此项，工资核算时系统就会根据输入的税率自动计算个人所得税。

3) 扣零设置

该设置确定是否进行扣零处理。采用现金方式发放工资的单位，为了简化发放工作，大多数单位对工资中的尾数进行扣零处理。所谓扣零是指将本月工资中的尾数留待下月合并处理。扣零方式各单位有所不同，有的单位将元以下扣零，有的单位将拾元以下扣零。扣零方式设置就是由使用单位确定进行扣零处理的工资数据单位。若选择进行扣零处理，系统在计算工资时将依据所选择的扣零类型将零头扣下，并在积累成整时补上。扣零的计算公式将由系统自动定义，无须设置。

4) 人员编码

薪资管理系统的人员编码与公共平台的人员编码保持一致。

以上参数对于薪资管理系统的正常工作具有重要意义，因此设置完成系统投入使用后一般不能进行修改，设置时应给予特别的注意(部分参数设置可以在"设置"菜单下的"选项"中进行设置、修改)。

2. 基础信息设置

1) 工资类别

每个工资类别下有职工档案、工资变动、工资数据、报税处理、银行代发等。对工资类别的维护包括建立工资类别、打开工资类别、删除工资类别、关闭工资类别和汇总工资类别。

2) 部门设置

员工薪资一般是按部门进行管理的。薪资管理系统直接调用基础档案中的部门档案，不再另行设置。

3) 人员类别设置

人员类别与工资费用的分配、分摊有关，从账务处理角度看，不同性质的人员其工资费用应分别计入不同的账户，为了使计算机自动进行工资费用的分配，需要正确划分人员类别，以便按人员类别进行工资汇总计算。一般按照树形结构分类，薪资管理系统直接调用基础档案中的人员类别，不再另行设置。

4) 人员附加信息设置

此项设置可增加人员信息，丰富人员档案的内容，便于对人员进行更加有效的管理。例如，增加设置人员的性别、民族、婚否等。另外，还能够对薪资中的人员附加信息与人事基础信息设置对应关系，这些附加信息可分别通过手动或自动方式与人事档案的对应人员信息保持一致。

5) 工资项目的定义

由于各个单位工资项目不尽相同，因此需要用户根据本单位的实际情况定义工资表中的工资项目。工资项目定义的内容主要有：序号或栏目号；项目名称；数据类型和数据长度。定义工资项目时需要注意如下几项。

(1) 工资项目定义的基本作用是定义存放工资数据的数据库文件的库结构，因此工资项目定义的先后将决定该项目在数据库中和在工资表、工资单中的位置。故定义时应考虑各工资项目的先后顺序。

(2) 工资项目中有些项目是所有单位必需的，如部门编码、职工编码、姓名、签名等。这些项目一般薪资管理系统均要求定义为字符型，且项目的数据类型与程序中设计的处理方式密切相关。为了避免出现混乱，系统事先已将这些项目定义好提供给用户，在使用时一般不应修改这些项目的名称和数据类型，只在必要时修改数据长度即可。

(3) 工资项目定义并输入数据后，如要修改、增加或删除这些工资项时一般会使已输入的数据丢失或出错，因此在定义工资项目时应适当考虑一段时期的发展需要，以便保证系统投入使用后保持较长时间的稳定。

(4) 在定义各个工资项目的数据宽度时，应以能容纳该项目下可能出现的最大数据的宽度为依据，以免出现数据溢出的错误。

(5) 部分工资项目，如应发工资、实发工资、个人所得税等项目的数据是由其他项目数据经过计算得出的，因此凡参与计算的工资项目的数据类型必须设置成数字形。

6) 公式设置

薪资管理系统的计算公式有两类，一类是月工资折算成日工资以便正确地计算职工病事假扣款，另一类是每一职工应发、实发、个人收入所得税。设置时应注意如下几项。

(1) 月工资折算成日工资有两种计算方法：一种是每月按 22.5 天计算；另一种是按 30 天计算。前者意味着周六、日不发工资，因此病事假包含的周六、日也不应扣工资。后者正相反，周六、日发工资因此病事假包含的周六、日也应扣工资。

(2) 计算有关职工应发、实发、个人收入所得税等工资项目的计算公式一般使用序号代表对应的工资项目。也有一些软件允许在公式中使用工资项的名称。当在公式中使用工资项的名称时，工资项的名称必须与工资项目定义中规定的完全一致。

另外，在企业中还存在按计件单价支付劳动报酬的形式，即计件工资。由于对计时工资和计件工资的核算方法不同，因此企业两种工资形式并存时，需要对计件工资单独进行设置。计件工资设置主要包括计件工资标准设置及计件工资方案设置，主要用于定义统计计件数据的标准及统计口径。

7) 操作员管理和操作权限的分配

按照会计内部控制制度的要求，薪资管理系统与其他会计子系统一样提供了操作员管理和操作权限的分配功能。在使用这些功能时应按照不相容职权必须分隔的原则设置每个工作人员的操作权限。由于工资数据的处理与现金的支出密切相关，因此在设置操作人员的工作权限时应该对工资数据的输入和处理及工资单的打印做适当的分隔。

8) 银行信息设置

当企业发放工资采用银行代发形式时，需要确定银行的名称及账号的长度、职工银行开户账号、银行代发文件格式等。银行名称设置可设置多个发放工资的银行，以适应不同的需要，例如，同一工资类别中的人员由于在不同的工作地点，需在不同的银行代发工资，或者不同的工资类别由不同的银行代发工资。该项设置一般在基础档案中的银行档案设置，由薪资管理系统直接调用。基础档案中完成银行名称等信息设置后，可在薪资管理系统中设置相应银行的银行代发文件格式。

6.2.2 薪资管理系统日常业务处理

1. 工资数据的编辑

薪资管理系统输入工作量大且重要的是工资数据的编辑。薪资管理系统数据处理的基础是每个职工的各项基本工资数据。职工工资数据按输入频率，通常可分成：每月相对固定不变的部分，如基本工资、职务工资、职称工资及各种固定补贴等；每月变动的部分，如病事假扣款、房水电、医药费、托儿费等代扣款。这两部分数据在系统中的输入处理方式不完全相同：每月固定不变的数据在系统投入使用时一次输入，长期使用，只在提职、提薪、晋级时才进行修改；每月变动部分需要在每月处理工资数据前进行编辑修改。因此工资数据编辑的主要功能如下：

(1) 系统初次投入使用时输入每个职工的各项工资数据。
(2) 每月处理工资数据前对需要变动的工资数据进行修改编辑。
(3) 根据给定的各种条件快速、正确地查询任意职工的各种工资数据。

2. 薪资管理系统数据输入的快速操作

薪资管理系统投入使用后，日常的工作主要是对已有的工资数据进行修改、编辑工作。各种工资软件为了方便操作人员进行工资数据的修改，大多提供了各种快速处理功能，用户在进行有关操作时应注意使用这些功能。薪资管理系统提供的快速操作功能主要有如下几项。

(1) 指定需要输入的某些工资项。该功能可以让用户选择需要输入的工资项，使屏幕上只显示指定的工资项以方便用户输入数据。

(2) 成批替换某工资项目内容。利用此功能可以通过设置公式将每一职工原来某一工资项数据加某一固定值后替代该工资项的数据。这一功能可以方便地处理如年末每一职工工龄工资增加一个固定数目的业务问题。

(3) 按指定条件快速查找。利用此功能可以根据职工所属部门、职工个人编码、姓名快速查找指定记录以便进行修改。也可以根据指定的条件找出所有符合条件的记录供用户进行修改。

3．职工工作调动的处理

职工调入、调出本单位，其基本工资数据只能输入或删除。一般情况下，职工调出如果不牵涉人事管理，该职工工资数据不必保留备查。特殊情况(如某单位需要保留)则应对软件做特殊要求。职工在单位内部各部门间调动有两种处理方法：一种是先在工资数据表原部门删掉该职工，在新部门中增加；另一种是通过修改职工部门编码直接实现调动。采用第二种方法操作简单，并可以保证该员工的基础资料数据不会丢失，建议尽量采用这种方法。需要注意的是，使用这种方法职工个人顺序码必须在整个单位范围对所有职工按顺序进行编码，否则将会出现数据的混乱。

4．工资数据的扣零

工资数据的扣零是将本月工资尾数留待下月处理的一种数据处理方式。对使用现金发放工资的单位，这种处理是减少分发现金困难的重要措施。扣零处理的要点是将上月扣零数加上本月工资尾数后，将整数部分合并到本月实发工资数中，尾数部分作为本月扣零保存以便下月处理。这一处理过程对每个职工每月都需要进行一次。为了处理方便，需要在工资数据库中设置上月扣零字段和本月扣零字段，采用成批替换字段值的方法进行处理。一般来说，本月扣零值应在工资条中体现，以便职工核对工资数据。上月扣零为系统内部处理使用，在工资条中不必显示。这两个字段在扣零处理时都是需要的，因此应在程序设计时进行设定。用户在进行工资项目设置时不必考虑这两个字段的设置。扣零的处理由系统自动进行，用户只需设置扣零条件即可。具体的处理步骤如下。

(1) 系统投入使用的第一个月，按设定的扣零条件截取扣零数据填入本月扣零字段。

(2) 下月初运行月份初始化功能，系统自动用工资数据文件中本月扣零字段的值替换上月扣零字段值。替换后本月扣零字段清零。

(3) 将上月扣零字段值加上本月工资应扣零数后将整数部分合并到本月实发工资数中，尾数部分作为本月扣零填入本月扣零字段。

以后各月重复进行步骤(2)和(3)的处理。

5. 票面分解处理

票面分解的目的是生成票面分解一览表,以便在直接使用现金发放工资的企业提取适合分发工资的、不同面值的货币张数。为了达到这个目的,需要进行以下两个基本步骤的处理。

(1) 对每个职工的实发工资数据进行分解,得到每个职工各种面值的货币张数。这一处理的具体方法有以下两种。

① 余额整除法,其计算公式是:

$$实发工资 \div 人民币面值 = 需要量 \cdots 余额$$

按公式将实发工资数依次除 100、10、5、2、1 即可得到从 100 元到 1 元的各种票面张数,角和分面值的人民币张数可依此类推。

② 截取子串法。通过将实发工资字段转换为字符型数据,然后使用截取子串函数逐位取值并判断,从而得到每种面值的货币张数。

(2) 得到每个职工每种票面的货币数量后,将每种票面分别汇总,即可得到整个企业各种票面的一览表。

6. 个人所得税的计算与申报

目前我国规定职工个人所得税由企业代扣,个人所得税采用分级累进制。由于纳税基数和税率的规定可能发生变化,不同职工(如外籍职工和本国员工)纳税规定不同,因此个人所得税的计算必须要有足够的灵活性。一般采用两种方法处理:一种是完全由用户设定计算公式进行处理。采用这种方法系统提供的公式设定功能必须具有设置逻辑判断式的功能,否则无法完成所得税的处理。另一种方法是在程序中设计相应的处理程序,仅由用户设定各级纳税基数和各段的税率,系统自动生成相应的计算公式。应该说后一种方法用户使用更方便。

由于单位代扣代缴工资部分应交个人所得税是国家的规定,因此薪资管理系统必须具备计算个人所得税的功能。

7. 银行代发

目前许多单位发放工资时都采用工资银行卡方式。银行代发即由银行发放企业职工个人工资。这种做法既减轻了财务部门发放工资工作的繁重,有效地避免了财务部门到银行提取大笔款项所承担的风险,又提高了对员工个人工资的保密程度。考虑到目前银行已广泛使用计算机进行业务处理,越来越多的单位通过银行发放工资,因此设置工资数据磁盘文件的标准格式也是薪资管理系统的基本功能。

工资数据的磁盘文件不是简单地备份工资单的数据,这是因为银行所需的职工工资数据有规定的格式。因此应根据银行的要求,进行银行文件格式设置与文件方式设置,确定向银行提供的数据是以何种文件形式存放在磁盘中。

8. 工资数据的输出

工资数据的输出，主要是工资单及工资条、工资汇总表、票面分解一览表的查询与打印输出，生成工资数据的磁盘文件，以及为进行账务处理输出系统而自动生成的工资业务转账凭证。

查询与打印工资单和工资条实质是将工资数据库中的内容，按照规定的表格形式查询打印出来。但需要注意的是，工资数据库中的有些项目是为了工资数据计算的方便而设置的，因此应允许用户设定打印工资单的项目。对工资项目较多的情况，还应允许用户汇总某些项目数据合并打印，以解决工资条超过打印机打印宽度的问题。当然用户在设置工资项目时，也应充分考虑是否满足打印宽度的问题，以减少输出时的困难。

薪资管理系统中一般设置生成工资票面分解表功能，该表反映的是以现金方式发放工资时所需的各种面额货币的张数。如果本单位已通过银行发放工资，则该表就无须打印了。

生成工资数据的磁盘文件，即根据银行文件格式设置与文件方式设置，生成工资数据磁盘文件送交银行。

自动转账凭证编制工作必须在当月工资业务处理完毕，并将工资数据进行汇总后才能进行，否则编制后的凭证将会出现错误。另外，工资转账凭证传送工作必须在账务系统每月结账前进行，并应注意每月只能传送一次工资凭证，否则将产生凭证的重复。这些操作顺序一般应由系统程序进行控制。如果用户使用的软件没有这种控制或控制不够充分，则用户应制定相应的制度进行管理，以保证数据处理的正确。

薪资管理系统提供的工资数据统计分析分为工资表和工资分析表两类。工资表主要用于本月工资发放和统计，可以进行修改和重建。而工资分析表是以工资数据为基础，对部门、人员类别的工资数据进行分析和比较，产生各种分析表，供决策人员使用。

6.2.3 薪资管理系统期末业务处理

1. 月末结转

月末处理是将当月数据经过处理后结转至下月。每月工资数据处理完毕后均可进行月末结转。由于在工资项目中，有的项目是变动的，即每月的数据均不相同，在每月工资处理时，均需将其数据清零，而后输入当月的数据，此类项目即为清零项目。

因月末处理功能只有主管人员才能执行，所以应以主管的身份登录系统。

月末结转只在会计年度的1月至11月进行，且只在当月工资数据处理完毕后才可进行。若为处理多个工资类别，则应打开工资类别，分别进行月末结转。若本月工资数据未汇总，系统将不允许进行月末结转。进行期末处理后，当月数据将不允许变动。

2. 年末结转

年末结转只在当月工资数据处理完毕后才能进行，对多工资类别，应关闭所有工资类别。若当月工资数据未汇总，系统将不允许进行年末结转。进行年末结转后，本年各月数据将不允许变动。年末处理功能只有主管人员才能进行。

实务训练

【实训准备】

引入"4-1 总账初始化"账套数据。

实训1　薪资管理系统初始化设置

【实训要求】

1. 启用薪资管理系统
2. 设置薪资管理系统参数(见表6-1)

表6-1　薪资管理系统参数

控制参数	参数设置
参数设置	工资类别个数：单个 核算币种：人民币 RMB
扣税设置	要求代扣个人所得税
扣零设置	不进行扣零处理
人员编码	与公共平台的人员编码一致

3. 设置银行档案(见表6-2)

表6-2　银行档案

项目名称	参数设置
银行编码	01002
银行名称	中国工商银行天津河西支行
账号长度	19
录入时自动带出的账号长度	15

4. 设置人员档案(见表6-3)

表6-3　人员档案

人员编号	人员姓名	性别	部门编码	部门名称	人员类别	账号
A01	陈强	男	A01	总经理办公室	企管人员	6222080302546 2230
C01	陈晨	男	C01	仓管部	仓储人员	6222080302546 2231
G01	林群	男	G	采购部	采购人员	6222080302546 2232
R01	李霞	女	A03	人力资源部	企管人员	6222080302546 2233
R02	林力	男	A04	总务部	企管人员	6222080302546 2234

(续表)

人员编号	人员姓名	性别	部门编码	部门名称	人员类别	账号
W01	汪小菲	男	A02	财务部	企管人员	6222080302546235
W02	张文华	女	A02	财务部	企管人员	6222080302546236
W03	黄宁	男	A02	财务部	企管人员	6222080302546237
X01	王大国	男	X	销售部	销售人员	6222080302546238
X02	刘丽	女	X	销售部	销售人员	6222080302546239

5. 设置工资项目(见表 6-4)

表 6-4　工资项目

项目名称	类型	长度	小数位数	增减项
基本工资	数字	8	2	增项
岗位工资	数字	8	2	增项
奖金	数字	8	2	增项
交补	数字	8	2	增项
白班加班工资合计	数字	8	2	增项
夜班加班工资合计	数字	8	2	增项
工龄工资	数字	8	2	增项
应发合计	数字	10	2	增项
医疗保险	数字	8	2	减项
失业保险	数字	8	2	减项
养老保险	数字	8	2	减项
住房公积金	数字	8	2	减项
事假扣款	数字	8	2	减项
病假扣款	数字	8	2	减项
代扣税	数字	8	2	减项
扣款合计	数字	10	2	减项
实发合计	数字	10	2	增项
白班加班天数	数字	8	2	其他
夜班加班天数	数字	8	2	其他
事假天数	数字	8	2	其他
病假天数	数字	8	2	其他
工龄	数字	8	2	其他
日工资	数字	8	2	其他
个人所得税计提基数	数字	8	2	其他
五险一金计提基数	数字	8	2	其他
工资费用分配	数字	8	2	其他
非货币性福利	数字	8	2	其他

6. 设置工资项目计算公式(见表6-5)

表6-5 工资项目计算公式

工资项目	定 义 公 式
日工资	(基本工资+岗位工资+工龄工资)/21.75
事假扣款	日工资*事假天数
病假扣款	如果工龄≥10年,病假扣款=日工资*病假天数*0.2 如果5年<工龄<10年,病假扣款=日工资*病假天数*0.3 如果工龄<5年,病假扣款=日工资*病假天数*0.4
交补	"企管人员"560.00元/月、"仓储人员"560.00元/月 "采购人员"800.00元/月、"销售人员"1 000.00元/月
工龄工资	工龄*50.00元
五险一金计提基数	基本工资+岗位工资
白班加班工资合计	白班加班天数*日工资
夜班加班工资合计	夜班加班天数*50.00元
养老保险(个人)	五险一金计提基数*8%
医疗保险(个人)	五险一金计提基数*2%
失业保险(个人)	五险一金计提基数*2‰
住房公积金	五险一金计提基数*12%
应发合计	交补+基本工资+岗位工资+工龄工资+奖金+白班加班工资合计+夜班加班工资合计
扣款合计	代扣税+事假扣款+病假扣款+住房公积金+失业保险+医疗保险+养老保险
实发合计	应发合计-扣款合计
工资费用分配	基本工资+岗位工资+工龄工资+交补+白班加班工资合计+夜班加班工资合计+奖金-事假扣款-病假扣款
个人所得税计提基数	基本工资+岗位工资+工龄工资+交补+奖金+白班加班工资合计+夜班加班工资合计-事假扣款-病假扣款-养老保险-医疗保险-失业保险-住房公积金+非货币性福利

7. 设置薪资管理系统代扣个人所得税相关设置

依据"个人所得税计提基数"从工资中代扣个人所得税,个税免征额即扣税基数为3 500.00元,外籍人士个税减除费用为4 800.00元。2012年开始实行的7级超额累进个人所得税税率表如表6-6所示。

表6-6 2012年开始实行的7级超额累进个人所得税税率表

级数	全月应纳税所得额	税率(%)	速算扣除数
1	不超过1 500.00元	3	0
2	超过1 500.00元至4 500.00元的部分	10	105.00
3	超过4 500.00元至9 000.00元的部分	20	555.00
4	超过9 000.00元至35 000.00元的部分	25	1 005.00
5	超过35 000.00元至55 000.00元的部分	30	2 755.00
6	超过55 000.00元至80 000.00元的部分	35	5 505.00
7	超过80 000.00元的部分	45	13 505.00

【岗位说明】

以"A01 陈强"身份启用薪资管理系统。

以"W02 张文华"身份进行薪资管理系统初始化设置。

【实训指导】

1．启用薪资管理系统

① 执行"开始"|"程序"|"用友 ERP-U8 V10.1"|"企业应用平台"命令，打开"登录"对话框。

② 输入"操作员"为"A01 陈强"，在"账套"下拉列表框中选择"001 天津凯撒家纺股份有限公司"，更改"操作日期"为 2018-07-01，单击"登录"按钮。

③ 执行"基础设置"|"基本信息"|"系统启用"命令，打开"系统启用"对话框，选中"WA 薪资管理"复选框，弹出"日历"对话框，选择"薪资管理系统启用日期"为"2018 年 7 月 1 日"，单击"确定"按钮，系统弹出"确实要启用当前系统吗？"信息提示对话框，单击"是"按钮返回。

2．建立工资账套

① 以"W02 张文华"身份进入企业应用平台，打开"业务工作"选项卡，选择"人力资源"中的"薪资管理"选项，打开"建立工资套——参数设置"对话框。

② 在建账第一步"参数设置"中，选择本账套所需处理的工资类别个数为"单个"，默认"货币名称"为"人民币"，不选"是否核算计件工资"复选框，单击"下一步"按钮。

③ 在建账第二步"扣税设置"中，选中"是否从工资中代扣个人所得税"复选框，单击"下一步"按钮。

④ 在建账第三步"扣零设置"中，不做选择，直接单击"下一步"按钮。

⑤ 在建账第四步"人员编码"中，系统要求和公共平台中的人员编码保持一致。单击"完成"按钮。

3．设置银行档案

① 以"A01 陈强"身份进入企业应用平台。

② 在企业应用平台"基础设置"中，执行"基础档案"|"收付结算"|"银行档案"命令，打开"银行档案"对话框。

③ 单击"增加"按钮，增加"中国工商银行天津河西支行(01002)"，默认"个人账号"为"定长"，"账号长度"为 19，自动带出"个人账号长度"为 15。

④ 单击"保存"按钮。

4．设置人员档案

薪资管理系统各工资类别中的人员档案一定是来自企业应用平台基础档案设置中设置的人员档案。企业应用平台中设置的人员档案是企业全部职工信息，薪资管理系统中的人员档案是需要进行工资发放和管理的人员，它们之间是包含关系。

① 以"W02 张文华"身份进入企业应用平台。

② 在薪资管理系统中，执行"设置"|"人员档案"命令，进入"人员档案"窗口。

③ 单击工具栏上的"批增"按钮，打开"人员批量增加"对话框。

④ 在左侧的"人员类别"列表框中，选择所有部门，单击右侧"查询"按钮，所选人员类别下的人员档案出现在右侧列表框中。单击"确定"按钮返回。

⑤ 选中"A01 陈强"所在行，单击"修改"按钮，进入"人员档案明细"窗口，修改人员档案信息，补充输入银行账号信息，选中"计税""中方人员"前的选择框，单击"确定"按钮，系统提示"写入该人员档案信息吗？"。

⑥ 单击"确定"按钮，继续修改其余人员档案信息后，单击工具栏上的"×"按钮，退出"人员档案明细"窗口。最后关闭"人员档案"窗口。

5. 设置工资项目

① 在薪资管理系统中，执行"设置"|"工资项目设置"命令，打开"工资项目设置"对话框。

② 单击"增加"按钮，工资项目列表中增加一空行。

③ 单击"名称参照"下拉列表框，从下拉列表中选择"基本工资"选项。

④ 单击"增加"按钮，增加其他工资项目("名称参照"未涉及项目，请手工录入)。

⑤ 单击"确认"按钮，系统弹出"工资项目已经改变，请确认各工资类别的公式是否正确？"信息提示对话框，单击"确定"按钮。

6. 设置工资项目计算公式

(1) 设置不含函数的计算公式。

① 在"工资项目设置"对话框中，单击"公式设置"选项卡。

② 单击"增加"按钮，在工资项目列表中增加一空行，单击该行，在下拉列表中选择"日工资"选项。

③ 单击"公式定义"文本框，单击运算符"("，在"("后单击工资项目列表中的"基本工资"。

④ 单击运算符"+"，在"+"后单击工资项目列表中的"岗位工资"。

⑤ 单击运算符"+"，在"+"后单击工资项目列表中的"工龄工资"。

⑥ 单击运算符")"，在")"后单击运算符"/"，在"/"后输入数字21.75，单击"公式确认"按钮，完成"日工资"项目计算公式设置。

⑦ 继续单击"增加"按钮，在工资项目列表中增加一空行，单击该行，在下拉列表框中选择"事假扣款"选项。

⑧ 单击"公式定义"文本框，单击工资项目列表中的"日工资"。

⑨ 单击运算符"*"，在"*"后单击工资项目列表中的"事假天数"，单击"公式确认"按钮。

⑩ 参照以上流程完成除"病假扣款"与"交补"以外其余项目的公式设置。

(2) 设置包含函数的计算公式。

① 单击"增加"按钮，在工资项目列表中增加一空行，单击该行，在下拉列表框中选择"病假扣款"选项。

② 单击"公式定义"文本框，再单击"函数公式向导输入"按钮，打开"函数向导——步骤之1"对话框。

③ 从"函数名"列表中选择iff，单击"下一步"按钮，打开"函数向导——步骤之2"对话框。

④ 单击"逻辑表达式"参照按钮，打开"参照"对话框，从"参照"列表中选择"工龄"，单击"确定"按钮。

⑤ 在逻辑表达式文本框中单击运算符">"，在">"后单击运算符"="，在"="后输入数字10，在"算术表达式1"后的文本框中输入"日工资*病假天数*0.2"，单击"完成"按钮，将函数第一个参数设定为"工龄>=10"。

⑥ 返回"公式设置"对话框。单击"公式定义"文本框中iff函数第三个参数位置，继续单击"函数公式向导输入"按钮，打开"函数向导——步骤之1"对话框。

⑦ 从"函数名"列表中选择iff，单击"下一步"按钮，打开"函数向导——步骤之2"对话框。

⑧ 单击"逻辑表达式"参照按钮，打开"参照"对话框，从"参照"列表中选择"工龄"，单击"确定"按钮。

⑨ 在逻辑表达式文本框中单击运算符">"，在">"后单击运算符"="，在"="后输入数字5，在数字5后输入"and"，重复步骤⑧后，单击运算符"<"，在"<"后输入数字10，在"算术表达式1"后的文本框中输入"日工资*病假天数*0.3"，在"算术表达式2"后的文本框中输入"日工资*病假天数*0.4"，单击"完成"按钮，返回"公式设置"窗口，将函数第一个参数设定为"工龄>=5"，单击"公式确认"按钮。

注意： 逻辑表达式中"and"前后均应敲入一个空格。

⑩ 单击"增加"按钮，在工资项目列表中增加一空行，单击该行，在下拉列表框中选择"交补"选项。

⑪ 单击"公式定义"文本框，再单击"函数公式向导输入"按钮，打开"函数向导——步骤之1"对话框。

⑫ 从"函数名"列表中选择iff，单击"下一步"按钮，打开"函数向导——步骤之2"对话框。

⑬ 单击"逻辑表达式"参照按钮，打开"参照"对话框，从"参照"下拉列表中选择"人员类别"选项，从下面的列表中选择"企管人员"，单击"确定"按钮。

⑭ 在逻辑表达式文本框中的公式后面单击鼠标，输入"or"后，再次单击"逻辑表达

式"参照按钮,出现"参照"对话框,从"参照"下拉列表中选择"人员类别"选项,从下面的列表中选择"仓储人员",单击"确定"按钮,返回"函数向导——步骤之 2"对话框。

注意: 逻辑表达式中"or"前后均应敲入一个空格。

⑮ 在"算术表达式 1"后的文本框中输入 560,单击"公式定义"文本框中 iff 函数第三个参数位置,参照以上步骤输入"iff(人员类别="采购人员",800,1000")",单击"完成"按钮,返回"公式设置"窗口,单击"公式确认"按钮。

⑯ 单击"确定"按钮,退出公式设置。

7. 设置薪资管理系统代扣个人所得税相关设置

① 执行"设置"|"选项"命令,打开"选项"对话框,单击"编辑"按钮。

② 单击"扣税设置"选项卡,将个人所得税申报表中"收入额合计"项对应的工资默认是"实发工资"下的单选框,调整为"个人所得税计提基数"。

③ 单击"税率设置"按钮,打开"个人所得税申报表——税率表"对话框。

④ 查看系统预置的所得税纳税基数是否为"3 500.00",附加费用是否为"1 300.00"。税率表是否与国家现行规定一致。不一致需要按国家规定修订。

⑤ 单击"确定"按钮返回。

实训 2　工资数据变动及计算

【实训要求】

1. 7 月初企业人员工资情况(见表 6-7)

表 6-7　7 月初企业人员工资

姓　名	工龄(年)	基 本 工 资	岗 位 工 资
陈　强	10	4 400.00	1 800.00
陈　晨	1	3 500.00	1 400.00
林　群	3	3 800.00	1 400.00
李　霞	6	3 200.00	1 200.00
林　力	1	3 000.00	1 400.00
汪小菲	8	4 200.00	1 600.00
张文华	7	3 800.00	1 200.00
黄　宁	4	3 000.00	1 000.00
王大国	5	3 500.00	1 600.00
刘　丽	6	3 500.00	1 600.00

2. 根据职工出勤表(见图6-2)，录入2018年7月工作人员的考勤数据

职工出勤表

部 门	职 务	姓 名	白班加班天数	夜班加班天数	事假天数	病假天数
总经理办公室	总经理	陈 强	5	2	2	
财务部	财务经理	汪小菲	6			
	会计	张文华	8	4		1
	出纳	黄 宁	8	6	1	
人力资源部	经理	李 霞	3	3		
总务部	干事	王 力				
仓管部	仓管员	陈 晨	2		1	1
采购部	采购员	林 群	4			
销售部	销售经理	刘 丽	6			
	销售员	王大国	7	2		

部门经理：略　　　　　　　　　　制表人：略

图6-2　职工出勤表

3. 根据公司发布的奖励通知(见图6-3)，调整工资数据并完成本月工资计算

天津凯撒家纺股份有限公司关于发放2018年度第二季度特别奖励的通知

各单位、各部门：

因2018年第二季度销售部推广产品业绩较好，为了激励先进，充分调动全体员工的工作积极性，经公司研究决定对销售部员工给予每人800.00元奖励并于本月一次性发放。

天津凯撒家纺股份有限公司
2018年7月10日

图6-3　奖励通知

【岗位说明】

以"W02 张文华"身份完成工资数据的录入及计算。

【实训指导】

1. 录入基本工资数据

① 执行"业务处理"|"工资变动"命令，进入"工资变动"窗口。

② 单击"过滤器"下拉列表框，从中选择"过滤设置"选项，打开"项目过滤"对话框。

③ 选择"工资项目"列表框中的"基本工资""岗位工资"和"工龄"选项，单击">"

按钮,将这三项选入"已选项目"列表框中。

④ 单击"确认"按钮,返回"工资变动"窗口,此时每个人的工资项目只显示三项。

⑤ 依照上表内容输入工作人员基本工资数据。

注意:本例中"工龄"项目采用手工一次性录入方式,下一年度初可通过"替换"功能将该字段统一"+1"处理;在实际业务处理中亦可增设并录入"参加工作年"项目,在"工龄"项目中通过设置由函数 iff( )、year( )以及 val( )相互嵌套的计算公式,实现"工龄"项目的自动计算。

2. 录入 2018 年 7 月工作人员的考勤数据

① 在"工资变动"窗口,单击"过滤器"下拉列表框,从中选择"过滤设置"选项,打开"项目过滤"对话框。

② 选择"工资项目"列表框中的"白班加班天数""夜班加班天数""事假天数"和"病假天数"选项,单击">"按钮,将这四项选入"已选项目"列表框中。

③ 单击"确认"按钮,返回"工资变动"窗口,此时每个人的工资项目只显示四项。

④ 根据"实训要求"中的表格内容输入工作人员的基本工资数据。

3. 根据公司发布的奖励通知,调整工资数据并完成本月工资计算

(1) 批量录入工资数据。

① 在"工资变动"窗口,单击工具栏上的"全选"按钮,在所有人员记录的"选择"栏出现 Y 标记。

② 单击工具栏上的"替换"按钮,单击"工资项目"下拉列表框,从中选择"奖金"选项,在"替换成"文本框中输入"奖金+800"。

③ 在"替换条件"文本框中分别选择"部门""=""销售部",单击"确定"按钮,系统弹出"数据替换后将不可恢复。是否继续?"信息提示对话框,单击"是"按钮,系统弹出"2 条记录被替换,是否重新计算?"信息提示对话框,单击"是"按钮,系统自动完成工资计算。

(2) 计算并汇总本月工资。

① 在"工资变动"窗口中,单击工具栏上的"计算"按钮,计算工资数据。

② 单击工具栏上的"汇总"按钮,汇总工资数据。

③ 单击工具栏上的"退出"按钮,退出"工资变动"窗口。

实训 3　工资分摊设置

【实训要求】

进行工资费用分摊设置。相关内容如表 6-8 所示。

表6-8 工资费用分摊

工资分摊 部门		应付工资(100%)		工会经费(2%)		职工教育经费(2.5%)	
		借方科目	贷方科目	借方科目	贷方科目	借方科目	贷方科目
行政管理部门	企管人员	660201	221101	660201	221109	660201	221107
仓管部	仓管人员	660201		660201		660201	
采购部	采购人员	660201		660201		660201	
销售部	销售人员	660104		660104		660104	

工资分摊 部门		个人养老保险(8%)		个人失业保险(2‰)		个人医疗保险(2%)	
		借方科目	贷方科目	借方科目	贷方科目	借方科目	贷方科目
行政管理部门	企管人员	221101	224102	221101	224104	221101	224103
仓管部	仓管人员						
采购部	采购人员						
销售部	销售人员						

工资分摊 部门		公司养老保险(20%)		公司失业保险(1%)		公司医疗保险(10%)	
		借方科目	贷方科目	借方科目	贷方科目	借方科目	贷方科目
行政管理部门	企管人员	660201	221103	660201	221105	660201	221104
仓管部	仓管人员	660201		660201		660201	
采购部	采购人员	660201		660201		660201	
销售部	销售人员	660104		660104		660104	

工资分摊 部门		公司生育保险(8%)		公司工伤保险(1%)		公司住房公积金(12%)	
		借方科目	贷方科目	借方科目	贷方科目	借方科目	贷方科目
行政管理部门	企管人员	660201	221110	660201	221106	660201	221108
仓管部	仓管人员	660201		660201		660201	
采购部	采购人员	660201		660201		660201	
销售部	销售人员	660104		660104		660104	

工资分摊 部门		个人住房公积金(12%)		代扣个人所得税(100%)	
		借方科目	贷方科目	借方科目	贷方科目
行政管理部门	企管人员	221101	224101	660201	222104
仓管部	仓管人员			660201	
采购部	采购人员			660201	
销售部	销售人员			660104	

【岗位说明】

以"W02 张文华"身份登录平台,设置工资分摊。

【实训指导】
① 执行"业务处理"|"工资分摊"命令,打开"工资分摊"对话框。
② 单击"工资分摊设置"按钮,打开"分摊类型设置"对话框。
③ 单击"增加"按钮,打开"分摊计提比例设置"对话框。
④ 输入"计提类型名称"为"应付工资",单击"下一步"按钮,打开"分摊构成设置"对话框。
⑤ 按实验资料内容进行设置,工资项目选择"工资费用分摊"。返回"分摊类型设置"对话框。继续设置工会经费、职工教育经费等分摊计提项目。

实训 4　工资分摊相关账务处理

【实训要求】
20日,按规定计提本月应付职工工资、代扣个人所得税及三险一金,以及本月应交的五险一金、工会经费及职工教育经费(勾选"合并科目相同、辅助项相同的分录"复选框,计提表略)。

【岗位说明】
以"W02 张文华"身份登录平台,计提相关费用。

【实训指导】
① 执行"业务处理"|"工资分摊"命令,打开"工资分摊"对话框。
② "计提费用类型"选择"应付工资",确定"分摊计提的月份"为 2018-07。
③ 选择"核算部门"为"所有部门"。
④ 选中"明细到工资项目"复选框。
⑤ 单击"确定"按钮,打开"应付工资一览表"对话框。
⑥ 选中"合并科目相同、辅助项相同的分录"复选框,单击工具栏上的"制单"按钮,即生成记账凭证。
⑦ 单击凭证左上角的"字"位置,选择"转账凭证",单击"保存"按钮,凭证左上角出现"已生成"字样,代表该凭证已传递到总账。
⑧ 同理,完成其他费用类型计提,单击工具栏上的"退出"按钮,返回。

注意:可利用"批制"功能成批完成所有税费计提。

实训 5　缴纳社保业务

【实训要求】
31日,缴纳本月五险一金。相关原始凭证如图 6-4~图 6-7 所示。

天津市社会保险费专用收据

2018 年 7 月 31 日

流水号：16950654639　　　　　　　　　　　　　　　　　　　　　　　　NO：120001805639
缴款单位：天津凯撒家纺股份有限公司　　经济类别：私有有限责任（公司）　　单位：元

收费项目	起始年月	终止年月	人数	单位缴纳额	个人缴纳额	滞纳金	利息	合计金额
养老保险	201807	201807	10	10,020.00	4,008.00	-	-	14,028.00
医疗保险	201807	201807	10	5,010.00	1,002.00			6,012.00
失业保险	201807	201807	10	501.00	100.20			601.20
工伤保险	201807	201807	10	501.00	-			501.00
生育保险	201807	201807	10	4,000.80	-			4,000.80
								-
								-
小计				20,040.00	5,110.20			25,150.20
人民币合计（大写）：贰万伍仟壹佰伍拾元贰角整								￥25,150.20

收款单位（章）：　财务复核人：略　　业务复核人：略　　　　　　操作员：略

图 6-4　社会保险费专用收据

中国工商银行转账支票存根

支票号码：1889076995

科　　目：

对方科目：

签发日期：2018 年 7 月 31 日

收款人：天津市社会保险基金管理中心
金　额：￥25 150.20
用　途：缴纳保险费
备　注：

单位主管：（略）　　会计：（略）
复　核：（略）　　记账：（略）

图 6-5　社会保险费转账支票存根

天津住房公积金缴存收据

日期：2018 年 7 月 31 日　　　　　　　　　　NO 2660698891

缴款单位	天津凯撒家纺股份有限公司	公积金账号	1602215869	单位性质	民营企业
单位人数	15	汇缴时间	2018.07.01～2018.07.31	缴款方式	转账支票
人民币(大写)	壹万贰仟零贰拾肆元整				千百十万千百十元角分 ￥ 1 2 0 2 4 0 0
备注					住房公积金管理机构盖章

收款人：(略)　　　　复核：(略)　　　　开票人：(略)

图 6-6　住房公积金缴存收据

图 6-7 住房公积金转账支票存根

【岗位说明】

以"W02 张文华"身份登录平台,填制相关记账凭证。

【实训指导】

1. 填制缴纳社会保险记账凭证

① 执行"财务会计"|"总账"|"凭证"|"填制凭证"命令,打开"凭证"窗口。

② 单击工具栏上的"增加"按钮,修改"凭证类别"为"付款凭证","凭证日期"为 2018-07-31,"摘要"为"缴纳社会保险",依据原始凭证录入缴纳社会保险记账凭证。

③ 单击"保存"按钮,凭证保存成功。

2. 填制缴纳住房公积金记账凭证

① 继续单击工具栏上的"增加"按钮,修改"凭证类别"为"付款凭证","凭证日期"为 2018-07-31,"摘要"为"缴纳住房公积金",依据原始凭证录入缴纳住房公积金记账凭证。

② 单击"保存"按钮,凭证保存成功。

实训 6 薪资管理系统结账

【实训要求】

31 日,财务部对薪资管理系统结账,将"缺勤天数""缺勤扣款""事假天数""事假扣款""奖金"以及"代扣税"项目清零。

【岗位说明】

分别以"W03 黄宁""W01 汪小菲"身份登录平台,完成本月在账务处理系统中填制的会计凭证，以及有薪资管理系统生成的会计凭证的出纳签字、审核和记账。

以"W02 张文华"身份登录平台，完成凭证记账以及薪资管理系统结账。

【实训指导】

1. 在账务处理系统中完成本月会计凭证的相关处理

① 以"W03 黄宁"身份登录平台，执行"财务会计"|"总账"|"凭证"|"出纳签字"命令，对本月"付款凭证"进行出纳签字。

② 以"W01 汪小菲"身份登录平台，执行"财务会计"|"总账"|"凭证"|"审核凭证"命令，对本月"付款凭证"以及"转账凭证"进行审核。

③ 以"W02 张文华"身份登录平台，执行"总账"|"凭证"|"记账"命令，对本月"付款凭证"以及"转账凭证"进行记账。

2. 完成薪资管理系统结账

① 执行"业务处理"|"月末处理"命令，打开"月末处理"对话框。单击"确定"按钮，系统弹出"月末处理之后，本月工资将不许变动，继续月末处理吗？"信息提示对话框，单击"是"按钮，系统继续弹出"是否选择清零项？"信息提示对话框，单击"是"按钮，打开"选择清零项目"对话框。

② 在"请选择清零项目"列表框中，单击选择"缺勤天数""缺勤扣款""事假天数""事假扣款""奖金"以及"代扣税"项目，单击">"按钮，将所选项目移到右侧的列表框中。

③ 单击"确定"按钮，系统弹出"月末处理完毕！"信息提示对话框，单击"确定"按钮返回。

④ 将账套输出至 D 盘根目录下"6-1 薪资管理"文件夹。

思政园地

数字中国(六)——中国水电五局：打造全链路综合管理平台

中国水电五局与用友合作，搭建集团 ERP 财务数智化平台，以业务发展为着力点驱动数智化转型升级，加强了公司对项目投标、合同、过程执行到竣工的过程管控能力，降低了项目风险；建立了计划管理体系，强化计划管理，加强过程成本控制；构建了全过程项目管理平台，以项目进度管理、成本管理为核心；通过信息化促进了企业标准化建设落地，实现管理制度化、制度流程化、流程表单化、表单信息化。

第7章 采购与应付款管理系统

 理论知识

7.1 采购与应付款管理系统概述

7.1.1 采购与应付款管理系统的功能

采购与应付款管理系统追求的目标是：密切供应商关系，保障供给，降低采购成本，预测采购资金需求；正确管理与核算供应商的往来款项，包括应付款项和预付款项。其主要功能包括：根据生产订单、库存情况和管理的需要产生采购订单；通过采购订单与实际入库单的对比，动态掌握采购订单执行情况；处理采购入库单、采购发票，并根据采购发票确认采购入库成本，以便财务部门及时掌握存货采购成本；与"库存管理"一起使用可以随时掌握存货的现存量信息，从而减少盲目采购，避免库存积压；处理各种采购活动产生的付款单，以随时掌握采购业务的付款情况；形成各种与供应商的往来账；对应付账款进行账龄分析；形成各种会计凭证，传递给总账系统。

7.1.2 采购与应付款管理系统和其他系统之间的关系

采购与应付款管理系统中录入的采购订单、采购到货单传递到库存管理系统中生成采购入库单，并将入库情况反馈给采购与应付款管理系统。采购管理与应付款管理可以根据库存管理系统的采购入库单生成采购发票，并根据库存管理系统的采购入库单进行采购结算。

经过采购与应付款管理系统结算的入库单传递到存货核算系统中登记存货明细账；对没有结算的入库单存货系统进行暂估处理。

采购与应付款管理系统中采购发票记账、应付款核销等业务生成的记账凭证传递到账务处理系统，在账务处理系统中可进行查询、审核和记账操作。

采购与应付款管理系统处理直运业务时，销售管理与应收款管理中的销售订单会传递到采购与应付款管理系统中生成采购订单；直运采购发票、采购结算单传递到存货核算系统中登记存货明细表，存货核算系统为采购与应付款管理系统提供采购成本。销售与应收款管理中的应收款和采购与应付款管理系统中的应付款之间可以进行转账处理。

7.1.3 采购与应付款管理系统数据流程

采购管理系统数据流程如图 7-1 所示。

图 7-1 采购管理系统数据流程

应付款管理系统数据流程如图 7-2 所示。

图 7-2 应付款管理系统数据流程

7.2 采购与应付款管理系统业务处理

7.2.1 采购与应付款管理系统初始设置

采购与应付款管理系统的初始设置是为用户在计算机上处理自己企业的采购与应付业务准备一个适宜的运行环境，使通用的采购与应付业务管理系统能够适应本企业采购与应付业务的管理需要，同时，可在企业的经济业务处理发生变化时对已有的设置进行修改，以便适应企业的这种变化。系统的初始设置主要有如下几项。

1. 账套建立

此处初始建账的作用与其他系统是一样的，即为系统今后日常数据处理的需要，建立各种数据库文件的结构。因此，初始建账非常重要，一旦设置错误，将影响系统的日常处理。而且，设置时要考虑企业将来的业务发展，如初始建账时，要设置供应商、存货等档案信息，设置信息在初始建账中一旦确定并在后续日常处理中启用后将无法修改。

2. 基础档案信息设置

(1) 供应商档案设置。此功能设置有关供应商的档案信息，以便对供应商进行管理。这些信息包括供应商代码、供应商名称、电话、地址、付款条件、信用情况等，其中前两项是最重要的。一般来说，供应商代码一经设置并使用，既不允许删除，也不允许修改，只允许增加新的供应商单位。

(2) 采购部门和采购人员档案设置。采购部门和采购人员档案设置是对涉及采购业务的企业各部门和负责采购业务的个人进行编码，以便在采购业务中明确责任单位和责任人，并可按采购部门和人员对采购业务进行统计分析。为保证数据的一致性，采购部门和采购人员的编码一旦设定并被使用，既不允许删除也不允许修改(除编码以外的其他内容允许修改)。

(3) 存货分类设置。存货分类用于设置存货分类编码、名称等。一般来说，工业企业的存货分类可以分为三类：材料、产成品、应税劳务；商业企业的存货分类一般可以分为两类：商品、应税劳务。

(4) 计量单位设置。该功能用于设置存货的计量单位组和计量单位信息。未使用的计量单位的类别可随时修改；已被存货档案引用的计量单位所在的计量单位组的类别不能修改。

(5) 存货档案设置。该功能实现对存货档案的设立和管理，随同发票一起开具的采购费用等也应设置在存货档案中。用户可以根据业务的需要方便地增加、修改、删除、查询、打印存货档案。存货档案设置中还包含增值税税率设置，以便在处理采购业务时选择对应的税率由系统自动计算对应的进项税额。

(6) 结算方式设置。企业支付货款的结算方式主要有现金、支票、汇兑、银行汇票、商业汇票、银行本票、托收承付和委托收款等。由于不同的结算方式管理要求不同(如对支票等需要登记支票号以便加强对支票的管理和进行银行对账)，对应的会计科目也可能不同，因此一般依据结算方式设置对应的会计科目，以便系统能够生成相应的记账凭证。

(7) 付款条件设置。供应商采用赊销方式进行销售时，为了促使客户及时支付货款，当客户能够在一定的期限内付款时，供应商可以给客户一定的折扣。付款条件通常表示为"5/10,2/20,n/30"，即：客户在10天内偿还货款，可得到5%的折扣，只要付原价的95%的货款；在20天内偿还货款，可得到2%的折扣，只要付原价的98%的货款；在30天内偿还货款，则须按照全额支付货款；在30天以后偿还货款，则不仅要按全额支付货款，还可能要支付延期付款利息或违约金。为了处理这种业务需要进行付款条件的设置。付款条件主要设置折扣有效期限、对应折扣率和应付账款的到期天数。

(8) 仓库档案。存货一般是用仓库来保管的，启用采购与应付款管理系统应首先对仓库档案进行管理。由于仓库记录在使用后，所属部门不可修改，因此用户应先输入部门档案后，方可输入仓库档案，以便所属部门的录入。

(9) 收发类别。收发类别设置是为了用户对材料的出入库情况进行分类汇总统计而设置的，表示材料的出入库类型，用户可根据各单位的实际需要进行设置。

(10) 产品结构档案设置。此功能设置某一产品所包含下一级产品的信息，如产品编码、下一级产品编码、数量、存放仓库等信息。

(11) 采购类型。采购类型是由用户根据企业需要自行设定的项目，用户在填制采购入库单等单据时，会涉及采购类型选择。采购类型不分级次，企业可以根据实际需要进行设立。例如：从国外购进、从国内纯购进、从省外购进、从本地购进、从生产厂家购进、从批发企业购进，为生产采购、为委托加工采购、为在建工程采购，等等。

3. 采购管理系统的初始设置

1) 期初记账

期初记账是将采购期初数据记入有关采购账。期初记账后，期初数据不能增加、修改，除非取消期初记账。账簿都应有期初数据，以保证其数据的连贯性。用户在初次使用采购管理系统时，应输入期初数据。如果系统中已有上年的数据，不允许取消期初记账。期初数据包括期初暂估入库、期初代管挂账确认单、期初在途存货、期初受托代销商品。

2) 系统选项设置

(1) 超订单到货及入库控制。企业如允许超订单到货入库可以选择"超订单到货及入库控制"选项，此时到货入库数量可超订单数量，但不能超过订单数量入库上限，即订单数量×(1+入库超额上限)，入库上限在存货档案中设置。

(2) 最高进价控制。企业如需进行最高进价控制可设置"最高进价控制"口令，控制采购价格的上限，限制业务员的权限。当填制采购单据超过最高进价时，系统提示并要求输入控制口令，口令不正确不能保存采购单据。最高进价针对本币含税单价或本币无税单价：当单据中的"价格标识＝含税"时，最高进价就是针对本币含税单价，进行最高进价控制时,用本币含税单价与最高进价进行比较;当单据中的"价格标识=无税"时,最高进价就是针对本币无税单价,进行最高进价控制时,用本币无税单价与最高进价进行比较。

4. 应付款管理系统的初始设置

1) 会计科目设置

(1) 基本科目设置。即对会计核算使用的基本科目进行设置,若用户未在单据中指定科目,且控制科目设置与产品科目设置中没有明细科目的设置,则系统制单依据制单规则取基本科目设置中的科目设置。基本科目是指应付款管理系统凭证制单所需要的会计科目,主要包括应付科目、预付科目、采购科目、税金科目等,如核算应付款的科目设置为"应付账款"。注意,"应付账款"科目必须是按"供应商"辅助核算的科目。核算进项税的科目设置为"应交税费——应交增值税——进项税额"。

(2) 控制科目设置。即进行应付科目、预付科目的设置。控制科目是指在应付款管理系统中带有供应商往来辅助核算的科目,如核算预付款的科目设置为"预付账款"。控制科目可按供应商分类、地区分类、采购类型、存货分类进行设置。

(3) 产品科目设置。即进行采购科目、应交增值税科目设置,如核算存货采购的科目设置为"在途物资"。若产品科目没有输入,则系统取基本科目设置中的采购科目、税金科目。如果按存货分类进行科目设置,则可按"存货分类+税率"进行科目的设置。

(4) 结算方式科目设置。即进行结算方式、币种、科目的设置。设置不同结算方式对应的科目,如:"现金"结算方式对应的科目设置为"库存现金","支票"结算方式对应的科目设置为"银行存款"。对于现结的发票及收付款单,系统依据单据上的结算方式查找对应的结算科目,系统制单时自动带出,若未输入,则录入相应单据时需手工输入凭证科目。

2) 账龄区间设置

为了对应付账款进行账龄分析,首先应在此设置账龄区间,主要设置各账龄区间的天数。账龄区间设置指用户定义账期内应付账款或付款时间间隔的功能,其作用是便于用户根据自己定义的账款时间间隔,进行账期内应付账款或付款的账龄查询和账龄分析,清楚了解在一定期间内所发生的应付款、付款情况。

3) 逾期账龄区间设置

逾期账龄区间设置是指用户定义应付账款或付款时间间隔的功能。设置逾期账龄区间是便于用户根据自己定义的账款时间间隔,进行逾期应付账款或付款的账龄查询和账龄分析,清楚了解在一定期间内所发生的应付款、付款情况。

4) 系统选项设置

(1) 受控科目制单方式。应付款管理系统提供两种制单方式:明细到供应商、明细到单据。

① 明细到供应商。当将一个供应商的多笔业务合并生成一张凭证时,如果核算这多笔业务的控制科目相同,系统将自动将其合并成一条分录。这种方式的目的是用户在总账系统中能够根据供应商来查询其详细信息。此种方式下,应付账款核销、红票对冲等制单采取合并制单方式,不单独制单。

② 明细到单据。当用户将一个供应商的多笔业务合并生成一张凭证时,系统会将每一

笔业务形成一条分录。这种方式的目的是用户在总账系统中也能查看到每个供应商的每笔业务的详细情况。

(2) 应付款核销方式。核销即付款冲销应付款的操作，应付款管理系统提供两种应付款的冲销方式：按单据、按存货(产品)。

① 按单据核销。系统将满足条件的未结算单据全部列出，由用户选择要结算的单据，根据用户所选择的单据进行核销。

② 按存货核销。系统将满足条件的未结算单据按存货列出，由用户选择要结算的存货，根据用户所选择的存货进行核销。

5) 期初余额录入

用户需要将正式启用账套前的所有应付业务数据录入系统中，作为期初建账的数据，系统即可对其进行管理，这样既保证了数据的连续性又保证了数据的完整性。

当初次使用应付款管理系统时，要将上期未处理完全的单据录入应付款管理系统，以便于以后的处理。当进入第二年度处理时，系统自动将上年度未处理完全的单据转成为下一年度的期初余额。在下一年度的第一个会计期间，可进行期初余额的调整。期初数据通过各类期初单据输入系统中，需录入的期初单据包括期初采购发票、期初应付单、期初预付单和期初票据。

期初采购发票是指还未核销的应付账款，在应付款管理系统中以发票的形式列示，已核销部分金额不显示。期初应付单是指还未结算的其他应付单，在应付款管理系统中以应付单的形式列示，已核销部分金额不显示。期初预付单是指提前支付的供应商款项，在系统中以付款单的形式列示。期初票据是指还未结算的票据。

7.2.2　采购与应付款管理系统日常业务处理

采购管理系统提供的日常业务处理内容主要包括提供请购、采购订货、采购到货、采购入库、采购开票以及采购结算。

应付款管理系统提供的日常业务处理内容主要包括提供应付单据处理、付款单据处理、核销处理、转账处理以及制单处理。

1. 采购管理系统的日常业务处理

1) 采购管理系统的输入

采购管理系统的日常数据输入主要是采购请购单、采购订单、到货单、采购入库单、采购发票和退货单的输入。

(1) 请购单的输入。采购请购单的输入是采购业务处理的起点，用于描述和生成采购的需求，如采购什么货物、采购多少、何时使用、谁用等；同时，请购单也可为采购订单提供建议内容，如建议供应商、建议订货日期等。用户可以根据业务实际需要选择是否需要输入采购请购单。

(2) 采购订单的输入。对于工业企业，采购订单是系统根据生产计划和库存余额自动生成的。而对于一般的商业企业，采购业务是从采购订单开始的。采购订单中需要输入的基本数据有供应商代码、采购部门代码、税率、付款条件、存货代码、存货数量、存货单价、采购人员等信息。由于许多数据都是用代码输入，在记不清的情况下，可以利用系统的提示功能。通过采购订单的管理，可以帮助企业对采购业务进行事前预测、事中控制与监督。采购订单审核后可用于参照生成采购发票和采购入库单。

(3) 到货单的输入。到货单可以手工新增，也可以根据采购订单生成。到货单的输入不是必要的，用户可以根据业务需要选择是否输入采购到货单。

(4) 采购入库单的输入。采购入库单是根据采购到货签收的实收数量填制的单据。它需要输入的基本数据有供应商代码、订单号、仓库编码、业务员代码、存货代码、数量、单价等。另外，采购入库单可根据采购订单产生，也可根据已输入计算机的采购发票和以前相同的入库单产生。此处输入的单价只作为暂估价，存货的最终价格由采购发票决定。库存管理系统未启用前，可在采购管理系统中录入入库单据；库存管理系统启用后，必须在库存管理系统中录入入库单据，在采购管理系统可查询入库单据并根据入库单生成发票。

采购入库单按进出仓库方向分为蓝字采购入库单、红字采购入库单；按业务类型分为普通采购入库单、受托代销入库单、代管采购入库单、固定资产采购入库单。

蓝字入库单是采购入库单的正向单据。蓝字入库单中存货的金额必须大于等于零。红字入库单是采购入库单的逆向单据。红字入库单中存货的金额必须小于等于零。在采购业务活动中，如果发现已入库的货物因质量等因素要求退货，则对普通采购业务进行退货单处理并填制红字入库单。如果发现已审核的入库单数据有错误(如多填数量等)，可以原数冲回，即将原错误的入库单，以相等的负数量填制红字入库单，冲抵原入库单数据。采购管理系统启用时，用户可以输入期初红字入库单。

(5) 采购发票的输入。采购发票是以供应商的原始发票为依据输入的。采购发票需要输入的基本数据有原始发票号、供应商代码、税率、采购部门、付款条件、存货代码、数量、单价等。采购发票是会计核算的依据，采购存货的价格与金额由采购发票决定，当然，与供应商结算的金额也由它来决定。采购发票可由采购订单或采购入库单生成。

企业在收到供货单位的发票后，如果没有收到供货单位的货物，可以对发票压单处理，待货物到达后，再输入系统做报账结算处理；也可以先将发票输入系统，以便实时统计在途货物。

采购发票按业务性质分为蓝字发票、红字发票。采购发票按发票类型分为增值税专用发票、普通发票和运费发票。

(6) 退货单的输入。采购退货单用来退已入库的存货。退货单需要输入的数据和入库单输入的数据相同，在此不再赘述。

2) 采购管理系统的处理

此处讲述的采购管理系统的数据处理，主要是从用户使用的角度考虑的，主要包括采购业务数据的输入处理、采购结算、采购入库处理、采购退货处理、现付业务处理和普通采购业务类型处理。

(1) 采购业务数据的输入处理。从日常业务数据的输入可以看出，采购管理系统日常业务数据输入项目较多，输入的工作量较大，因此输入出现错误的可能性也大。为保证数据输入的正确和可靠，尽量减少输入的工作量，在系统的输入设计中采用了一些针对性措施。了解设计中的这些处理特点对于正确、灵活地使用采购管理系统处理企业的采购业务具有重要意义。

① 输入单据的格式用户可根据本身的需要自行设计。手工输入与计算机输入的数据项目是相同的，有些用户希望单据输入格式尽量与手工单据格式一致，减少因使用习惯差异带来的错误。需要注意的是，这种格式的一致是有限的，在格式一致的表象下用户界面中还包含计算机重要的使用特点。所以在单据输入时为了避免误操作，每张单据输入完后需要做存盘操作；输入下一张单据前需要做增加操作；增加一条记录需要做插入操作；等等。为了用户使用方便，系统在多数用户界面都提供了增加、插入、删除等常用操作的快捷键，熟悉这些快捷键的标志和使用方法是熟练使用此系统的基础。

② 相互关联的单据可以由系统自动互相生成。在采购与应付系统中，采购订单、采购发票和采购入库单是相互联系的。采购入库单可由采购订单和采购发票生成，采购发票也可由采购入库单生成。这种相互生成，一是为了输入的方便，提高输入速度，二是在某些情况下，体现一种控制，如只有通过订货这一环节采购才能完成的话，采购入库单只能由采购订单生成。

③ 凡是在初始设置中进行过设置的项目，如存货代码或名称、供应商代码或名称、付款条件、结算方式等项目，在输入的用户界面对应项目中设置操作键，用以调出设置内容供用户选择输入。这种输入方法对用户有一个提示的作用，但当选择的项目太多时，反而会降低输入的速度。

④ 输入单据的各个项目时，有些项目的数据必须输入，而有些项目的数据是可以根据已输入项目的数据生成的。例如，在采购发票的输入中，输入存货的数量、单价，系统自动计算金额，因为，输入的单价一般是含税的，系统可根据税率自动算出存货未含税的金额。

⑤ 作为正式记录存入系统的单据应该经过确认。采购数据直接与企业的钱和物有关，为了保证业务的真实和数据的正确，只有经过确认的单据才有效。所以，系统一般都设有一个单据审核的功能，对输入的数据进行确认。

(2) 采购结算。采购结算也叫采购报账，在手工业务中，采购业务员拿着经主管领导审批过的采购发票和仓库确认的入库单到财务部门报账，由财务人员确认采购成本并进行相应的账务处理。采购结算从操作处理上分为自动结算、手工结算两种方式。自动结算是由计算机系统自动将相同供货单位的、存货相同且数量相等的采购入库单和采购发票进行结算。手工结算可以结算入库单中的部分货物，未结算的货物可以在今后取得发票后再结算；可以同时对多张入库单和多张发票进行报账结算；手工结算支持到下级单位采购，付款给其上级主管单位的结算，支持三角债结算，即支持甲单位的发票可以结算乙单位的货物。

(3) 采购入库处理。按照货物和发票到达的时间先后，可以将采购入库业务划分为单货同行、货到票未到、票到货未到 3 种类型，不同的业务类型相应的处理方式有所差异。

① 单货同行。单货同行即发票随货物到达。当货物及其采购发票同时到达企业时，首先检验发票与货物是否一致。如果单货一致，则填制采购入库单和采购发票，及时进行采购结算。如果单货不一致，可以区分损耗原因，报有关领导批准后做有损耗的采购结算。当同时启用采购管理、库存管理、存货核算、应付款管理、总账系统时，单货同行的采购业务处理流程如图 7-3 所示。

图 7-3 单货同行的采购业务处理流程

② 货到票未到。当货物先到，而采购发票未到达企业时，企业可根据实际入库数量填制采购入库单，做暂估入库；待取得发票后，再输入发票进行报账结算。对于暂估业务，在月末暂估入库单记账前，要对所有没有结算的入库单填入暂估单价，然后才能记账。暂估入库的后续业务处理可以分为单到回冲、月初回冲和单到补差 3 类。

- 单到回冲。采取单到回冲方式在下月初不做处理，采购发票收到后，在采购管理系统中录入采购发票并进行采购结算(手工结算)；再到存货核算中进行"暂估处理"，存货核算系统中生成红字回冲单、蓝字回冲单，并据以登记存货明细账。红字回冲单的入库金额为上月暂估金额，蓝字回冲单(报销)的入库金额为发票上的报销金额。存货核算系统中生成的凭证，传递到总账。单到回冲业务处理流程如图 7-4 所示。

图 7-4 单到回冲业务处理流程

- 月初回冲。月初回冲是在转月月初，在存货核算系统中生成与暂估入库单完全相同的"红字回冲单"，并登录相应的存货明细账。

收到并录入采购发票后，对采购入库单和采购发票做采购结算；结算完毕后，进入存货核算系统，执行"暂估处理"功能；进行暂估处理后，系统根据发票自动生成一张"蓝字回冲单"，其上的金额为发票上的报销金额；同时登记存货明细账，使库存增加；对"蓝字回冲单"制单，生成采购入库凭证。月初回冲业务处理流程如图7-5所示。

图7-5 月初回冲主要业务处理流程

- 单到补差。采取单到补差方式则在下月初不做处理，采购发票收到后，在采购管理系统中录入并进行采购结算，再到存货核算中进行"暂估处理"。如果报销金额与暂估金额的差额不为零，则产生调整单，一张采购入库单生成一张调整单，用户确认后，自动记入存货明细账；如果差额为零，则不生成调整单。最后对"调整单"制单，生成凭证，传递到总账。单到补差业务处理流程如图7-6所示。

③ 票到货未到。当先收到了供货单位的发票，而没有收到供货单位的货物时(即出现在途存货)，可以对发票进行压单处理，待货物到达后，再一并输入计算机做结算处理。但如果需要实时统计在途货物的情况，就必须将发票输入计算机，待货物到达后，再填制入库单并做采购结算。

图 7-6 单到补差业务处理流程

(4) 采购退货处理。在实务中，由于材料质量不合格、企业转产等原因，企业可能发生退货业务。当企业尚未录入采购入库单发生退货时，只要把货退还给供应商即可，在采购管理系统中不做任何处理。故而，我们仅介绍入库后的退货。采购退货的结算可以分为3种情况：结算前全额退货、结算前部分退货和结算后退货。

① 结算前全额退货。对于已录入采购入库单，但未进行采购结算，并且全额退货的情况下，需要填制一张全额数量的红字采购入库单；把这张红字采购入库单与原入库单进行结算，冲抵原入库单数据。结算前全额退货业务处理流程如图 7-7 所示。

图 7-7 结算前全额退货业务处理流程

② 结算前部分退货。对于已录入采购入库单，但未进行采购结算，并且部分退货的情况下，需要填制一张部分数量的红字采购入库单并填制一张相对应的采购发票，其中：发票上的数量＝原入库单数量－红字入库单数量。最后，把这张红字入库单与原入库单、采购发票进行结算，冲抵原入库单数据。结算前部分退货业务处理流程如图 7-8 所示。

图 7-8　结算前部分退货业务处理流程

③ 结算后退货。对于已录入采购入库单、采购发票，并且已进行采购结算的情况下，需要填制一张红字采购入库单，再填制一张红字发票，最后，把这张红字采购入库单与红字发票进行结算，冲抵原入库单数据。结算后退货业务处理流程如图 7-9 所示。

图 7-9　结算后退货业务处理流程

(5) 现付业务处理。现付业务是指在采购业务发生时，立即付款开发票。在实际业务中，当采购人员在采购取得货物的同时将货款先行垫付，这时需将款项直接支付给本单位的采购人员。在采购发票保存后就可以进行现付款处理，已审核的发票不能再做现付处理。现付业务处理流程如图 7-10 所示。

图 7-10　现付业务处理流程

(6) 普通采购业务处理。普通采购业务是指所有正常的采购业务，适用于一般工商企业的采购业务。普通采购业务提供对采购请购、采购订货、采购入库、采购发票、采购成本核算、采购付款全过程的管理。普通采购业务处理流程如图 7-11 所示(到货单录入环节可省略，以虚线表示)。

图 7-11 普通采购业务处理流程

3) 采购管理系统的输出

采购管理系统的输出主要是各种统计分析报表，输出的报表分为统计、分析报表两类。一类是依据输入的数据直接按各种条件进行筛选后输出。如：采购明细与统计表依据采购订单，采购明细与统计表、增值税抵扣表、费用明细表等依据采购发票，入库明细与统计表依据采购入库单，分别可以按供应商、按存货种类等条件形成相应的明细与统计报表。另一类是两种输入的数据进行比较后，再按各种条件筛选后输出。如：订单执行统计表是采购订单与入库单的比较，结算明细与统计表、货到票未到明细与统计表、票到货未到明细与统计表、在途存货余额表、暂估入库余额表是采购入库单与采购发票的比较，供应商的往来账、应付账款的账龄分析表是采购发票与付款单的比较。两类输入的数据经比较后，再分别按供应商、按存货种类等条件形成相应的报表。统计、分析的报表可以 3 种形式输出：在屏幕上显示；在打印机上打印；以其他格式输出到文件中。

2．应付款管理系统的日常业务处理

1) 应付款管理系统的输入

应付款管理系统的数据输入主要包括应付单据与付款单的输入。

(1) 应付单据的输入。在系统中填制采购发票、应付单，统称为应付单据。采购发票前面已述及，不再赘述。这里我们仅对应付单进行介绍。

应付单用于记录采购业务之外的应付款情况，应付单的方向包括正向和负向。若启用采购管理系统，则采购发票在采购管理系统中录入而不在应付款管理系统中录入，并传递给应付款管理系统，仅在应付款管理系统进行审核。若未启用采购管理系统，则应在应付款管理系统录入采购业务中的各类发票，以及采购业务之外的应付单。

(2) 付款单的输入。付款单要求输入的基本数据有供应商代码、结算方式(如现金、支票、汇票等)、经手人代码、金额、结算科目、银行账号、币种等。

2) 应付款管理系统的处理

应付款管理系统的数据处理主要包括单据处理、核销处理、转账处理和制单处理四部分。

(1) 单据处理。应付账款单据处理包括应付单据和付款单据处理。

① 应付单据处理。应付单据处理即把应付单据进行记账，并在单据上填审核日期、审核人的过程。已审核的应付单据不允许修改及删除。在采购系统中增加的发票也在应付系统中审核入账。

② 付款单据处理。付款单据处理即付款申请的审核，即在单据上填审核日期、审核人的过程。已审核的付款单据不允许修改及删除。付款单据处理有确认付款、对单据输入的正确与否进行审查、记入应付明细账3个含义。

(2) 核销处理。应付账款的核销是指确定付款单与原始的采购发票、应付单之间的对应关系的操作。即需要指明每一次付款是付的哪几笔采购业务的款项。明确核销关系后，可以进行精确的账龄分析，以更好地管理应付账款。系统可以完成以下情况下的核销。

① 付款单的数额大于等于采购发票的核销数额，付款单与原有单据完全核销。

② 付款单数额小于采购发票的数额时，在核销时使用预付款。

(3) 转账处理。在日常处理中，经常会发生以下几种转账处理的情况。

① 应付冲应付。该功能指将供应商、部门、业务员、项目和合同的应付款转到另一个中去。通过应付冲应付将应付款业务在供应商、部门、业务员、项目和合同之间进行转入、转出，实现应付业务的调整，解决应付业务在不同供应商、部门、业务员、项目和合同间入错户或合并户问题。

② 应付冲应收。该功能指用某供应商的应付账款，冲抵某客户的应收款项。

③ 预付冲应付。该功能指企业将应付供应商款项与已付供应商款项进行对冲，填制转账凭证，同时减少应付账款和预付账款账面余额，抵减企业债务。

④ 红票对冲。该功能指用某供应商的红字发票与其蓝字发票进行冲抵。

(4) 制单处理。该功能指应付款管理系统中的制单处理，即生成凭证，并将凭证传递至总账记账。系统在各个业务处理的过程中都提供了实时制单的功能。常见的生成凭证种类有以下几种。

① 应付单制单。当系统依据采购发票生成记账凭证时，系统便可生成如下凭证。

借：在途物资
　　应交税费——应交增值税——进项税额
　　贷：应付账款——某供应商

② 付款单制单。当某一采购发票与某一付款单核销完成后，假设全额核销，付款方式为"支票"，系统便可生成如下凭证。

借：应付账款
　　贷：银行存款

③ 应付冲应付制单。当供应商之间进行合并，或发现已审核的采购发票，或其他应付单据中供应商错了；或者某个部门撤销了，要将该部门名下的应付款全部转到另一个部门名下，系统便可生成如下凭证。

借：应付账款——天津公司——转出户
　　贷：应付账款——深圳公司——转入户

④ 应付冲应收制单。如果存在既是供应商又是客户的情况，或存在企业欠供应商天津公司的钱，供应商天津公司又欠客户深圳公司的钱，客户深圳公司又欠本企业的钱这样关系的存在，则财务人员需要进行转账处理，调整应付账款。

借：应付账款
　　预付账款
　　贷：应收账款

或者

借：应付账款
　　贷：应收账款
　　　　预收账款

⑤ 预付冲应付制单。如果在应付款核销中，使用了预付账款支付，系统便可生成如下凭证。

借：应付账款
　　贷：银行存款
　　　　预付账款

⑥ 红票对冲制单。如果对同一个供应商，既有蓝字发票，同时又有红字发票，财务人员需要将红蓝发票进行冲销，调整应付账款。系统便可生成同方向一正一负凭证，如下所示。

贷：应付账款(红字)
贷：应付账款(蓝字)

(3) 应付款管理系统的输出。应付款管理系统的输出主要包括单据、业务账表、统计分析和科目账表输出。

① 单据输出主要指向总账系统输出的记账凭证。输出记账凭证是为了采购管理与应付款管理系统能够与总账系统联合运行，由计算机系统自动完成采购和应付业务的会计核算。应付款管理系统主要依据输入的采购发票和付款单生成记账凭证，然后向总账系统传递。应付款管理系统还提供发票、应付单、收付款单和凭证的查询。

② 业务账表输出可以进行总账、明细账、余额表和对账单的查询，并可以实现总账、明细账、单据之间的联查。

③ 业务分析包括应付账龄分析、付款账龄分析、欠款分析和欠款预测。

④ 科目账表输出包括科目余额表和科目明细表。

7.2.3 采购与应付款管理系统期末业务处理

采购管理系统的期末业务处理主要指采购管理系统的月末结账和数据卸出。应付款管理系统的期末业务处理内容包括汇兑损益和月末结账。

1．采购管理系统的期末业务处理

(1) 月末结账。采购管理系统的月末结账是逐月将每月的单据数据封存，并将当月的采购数据记入有关报表中。结账前用户应检查本会计月工作是否已全部完成，只有在当前会计月所有工作全部完成的前提下，才能进行月末结账，否则会遗漏某些业务。月末结账前一定要进行数据备份，否则数据一旦发生错误，将造成无法挽回的后果。

没有期初记账，将不允许月末结账。不允许跳月结账，只能从未结账的第一个月逐月结账；不允许跳月取消月末结账，只能从最后一个月逐月取消。上月未结账，本月单据可以正常操作，不影响日常业务的处理，但本月不能结账。月末结账后，已结账月份的采购管理系统中的入库单、采购发票等不可修改、删除。

采购管理、销售管理系统月末结账后，才能进行库存管理、存货核算、应付款管理系统的月末结账。

(2) 数据卸出。数据卸出是将当前数据库中不经常使用或业务已经执行完毕的数据按照指定会计年度卸出到历史账套库，可以减少当前数据库的数据量，提高查询和操作效率。卸出的历史数据库可以进行数据查询。

在年末所有需要月结的产品结账以后，进行卸出操作，卸载日期取当年最后一个会计月的终止日期。卸出时只支持所有系统数据一起卸出，不支持分系统卸出。

2．应付款管理系统的期末业务处理

(1) 汇兑损益。企业如果本期发生外币业务，则需要外币业务进行汇兑损益核算。一般来说，企业财会人员对外币业务处理的时点通常为应付业务结算完后或月末进行调整汇差，通过汇兑损益科目调整应付账款。

汇兑损益可以在月末计算，也可选择在单据结清时计算。

(2) 月末结账。如果确认本月的各项处理已经结束，可以选择执行应付款管理系统月末结账功能。当执行了月末结账功能后，该月将不能再进行任何处理。

如果上一个月没有结账，则本月不能结账，一次只能选择一个月进行结账。

实务训练

【实训准备】

引入"4-1 总账初始化"账套数据。

实训1　业务信息设置

【实训要求】

1. 启用采购管理系统、销售管理系统、库存管理系统、存货核算系统
2. 设置仓库档案(见表7-1)

表7-1　仓库档案

仓库编码	仓库名称	部门名称
01	床上用品仓库	仓管部
02	卫浴用品仓库	仓管部
03	不良品仓库	仓管部
04	受托代销商品库	仓管部
05	退货质检仓库	质检部

注：各仓库计价方式均为"先进先出法"，勾选"计入成本"。

3. 设置收发类别(见表7-2)

表7-2　收发类别

收发类别编码	收发类别名称	收发标志	收发类别编码	收发类别名称	收发标志
1	入库	收	2	出库	发
101	采购入库	收	201	销售出库	发
102	盘盈入库	收	202	盘亏	发
103	受托代销入库	收	203	受托代销出库	发
104	以旧换新入库	收	204	资产置换出库	发
105	资产置换入库	收	205	以旧换新出库	发
106	退货入库	收	206	分期收款出库	发
107	返修入库	收	207	废品损失	发
			208	返修出库	发
			209	发放福利	发

4. 设置采购类型(见表7-3)

表7-3　采购类型

采购类型编码	采购类型名称	入库类别	是否默认值	是否列入MPS/MRP计划
1	直接采购	采购入库	是	否
2	受托代销	受托代销入库	否	否
3	资产置换	资产置换入库	否	是
4	以旧换新	以旧换新入库	否	是

5. 设置销售类型(见表7-4)

表7-4 销售类型

销售类型编码	销售类型名称	出库类别	是否默认值	是否列入MPS/MRP计划
1	直接销售	销售出库	是	否
2	委托代销	受托代销出库	否	否
3	资产置换	资产置换出库	否	否
4	以旧换新	以旧换新出库	否	是
5	分期收款销售	分期收款出库	否	否

6. 设置费用项目分类(见表7-5)

表7-5 费用项目分类

分类编码	分类名称
1	运杂费
2	销售费用

7. 设置费用项目(见表7-6)

表7-6 费用项目

费用项目编码	费用项目名称	费用项目分类名称
101	代垫运杂费	运杂费
201	运费	销售费用
202	包装费用	销售费用
203	代销手续费	销售费用

8. 设置非合理损耗类型(见表7-7)

表7-7 非合理损耗类型

非合理损耗类型编码	非合理损耗类型名称
01	货物短缺

【岗位说明】

以"A01 陈强"身份登录平台,启用采购管理系统、销售管理系统、库存管理系统、存货核算系统;设置业务信息。

【实训指导】

1. 系统启用

① 登录企业应用平台。执行"开始"|"程序"|"用友ERP-U8 V10.1"|"企业应用平台"命令,打开"登录"对话框。输入操作员A01或"陈强";无密码;在"账套"下拉列表框中选择"001 天津凯撒家纺股份有限公司";更改"操作日期"为2018-07-01;单击"确

定"按钮,进入UFIDA U8窗口。

② 系统启用。在企业应用平台中,执行"基础设置"|"基本信息"|"系统启用"命令,打开"系统启用"对话框。启用采购管理、销售管理、库存管理、存货核算,"启用日期"均为2018-07-01。

2. 设置仓库档案

① 在企业应用平台中,执行"基础设置"|"基础档案"|"业务"|"仓库档案"命令,进入"仓库档案"设置界面。

② 按所给实训资料依次输入数据。

3. 设置收发类别

① 在企业应用平台中,执行"基础设置"|"基础档案"|"业务"|"收发类别"命令,进入"收发类别"设置界面。

② 按所给实训资料依次输入数据。

4. 设置采购类型

① 在企业应用平台中,单击"基础设置"|"基础档案"|"业务"|"采购类型"选项,进入"采购类型"设置界面。

② 按所给实训资料依次输入数据。

注意:如需修改记录,请选中所在行,单击工具栏上的"修改"按钮。

5. 设置销售类型

① 在企业应用平台中,执行"基础设置"|"基础档案"|"业务"|"销售类型"命令,进入"销售类型"设置界面。

② 按所给实训资料依次输入数据。

6. 设置费用项目分类

① 在企业应用平台中,执行"基础设置"|"基础档案"|"业务"|"费用项目分类"命令,进入"费用项目分类"设置界面。

② 按所给实训资料依次输入数据。

7. 设置费用项目

① 在企业应用平台中,执行"基础设置"|"基础档案"|"业务"|"费用项目"命令,进入"费用项目"设置界面。

② 按所给实训资料依次输入数据。

8. 设置非合理损耗类型

① 在企业应用平台中,执行"基础设置"|"基础档案"|"业务"|"非合理损耗类型"命令,进入"非合理损耗类型"设置界面。

② 按所给实训资料依次输入数据。

全部完成后，将账套备份至"7-1 业务信息设置"。

实训 2　采购业务管理相关系统初始化

【实训要求】

进行与采购业务相关的系统初始化。

1. 采购管理系统初始化

(1) 设置单据编号。

修改采购订单编号规则为"完全手工编号"。

(2) 设置采购管理系统参数(见表 7-8)。

表 7-8　采购管理系统参数

选项卡	参数设置
业务及权限控制	允许超订单到货及入库

(3) 采购管理系统期初记账。

2. 应付款管理系统初始化

(1) 设置应付款管理系统参数(见表 7-9)。

表 7-9　应付款管理系统参数

选项卡	参数设置
常规	单据审核日期依据单据日期 自动计算现金折扣
凭证	核销生成凭证

(2) 设置基本科目(见表 7-10)。

表 7-10　基本科目

基础科目种类	科目	币种
应付科目	220202	人民币
预付科目	1123	人民币
采购科目	1402	人民币
商业承兑科目	220102	人民币
银行承兑科目	220101	人民币
票据利息科目	6603	人民币
税金科目	22210101	人民币
汇兑损益科目	6061	人民币
现金折扣科目	6603	人民币

(3) 设置结算方式科目(见表7-11)。

表7-11 结算方式科目

结算方式	币种	本单位账号	科目
1 现金	人民币	12001657901052500555	1001
201 现金支票	人民币	12001657901052500555	100201
202 转账支票	人民币	12001657901052500555	100201
5 电汇	人民币	12001657901052500555	100201
7 委托收款	人民币	12001657901052500555	100201
8 托收承付	人民币	12001657901052500555	100201

(4) 录入期初数据。

应付账款——一般应付款科目的期初余额为328 068.00元,以采购专用发票形式录入,如表7-12所示。

表7-12 录入期初数据

日期	供应商	方向	存货/数量/单价	合计金额
2018-04-01	西安爱家家居用品制造有限公司	贷	(0113)印花床上四件套(曼陀林)300/300 (0108)蚕丝被(美梦)500/240 (0112)床上四件套(美梦)320/220	328 068.00

3. 库存管理系统初始化

(1) 设置库存管理系统参数(见表7-13)

表7-13 库存管理系统参数

选项卡	参数设置
通用设置	修改现存量时点: 采购入库审核时改现存量 销售出库审核时改现存量 其他出入库审核时改现存量

(2) 录入期初数据。3月31日,对各个仓库进行盘点,结果如表7-14所示(单位:元)。

表7-14 录入期初数据

仓库名称	存货名称	规格	数量	结存单价	金额
床上用品仓库	被套(夏天)	1.8M	780	70.00	54 600.00
床上用品仓库	床笠(秋天)	1.8M	600	80.00	48 000.00
床上用品仓库	床垫(秋天)	1.8M	500	180.00	90 000.00
床上用品仓库	枕头(秋天)	1.8M	500	60.00	30 000.00
床上用品仓库	空调被(美梦)	1.8M	350	180.00	63 000.00

(续表)

仓库名称	存货名称	规格	数量	结存单价	金额
床上用品仓库	空调被(夏天)	1.8M	500	90.00	45 000.00
床上用品仓库	空调被芯(曼陀林)	1.8M	350	120.00	42 000.00
床上用品仓库	蚕丝被(美梦)	1.8M	300	240.00	72 000.00
床上用品仓库	被芯(泰国产)	1.8M	620	120.00	74 400.00
床上用品仓库	床上四件套(罗莱)	1.5M	800	240.00	192 000.00
床上用品仓库	床上四件套(罗莱)	1.8M	700	280.00	196 000.00
床上用品仓库	床上四件套(美梦)	1.5M	460	220.00	101 200.00
床上用品仓库	印花床上四件套(曼陀林)	1.8M	600	300.00	180 000.00
床上用品仓库	儿童床上四件套(卡通)	1.5M	600	160.00	96 000.00
床上用品仓库	儿童床上四件套(春天)	1.5M	520	200.00	104 000.00
卫浴用品仓库	纯棉浴巾(晚安)	70cm*40cm	800	90.00	72 000.00
卫浴用品仓库	纯棉浴巾(洁丽雅)	70cm*40cm	800	25.00	20 000.00
卫浴用品仓库	沐浴防滑拖鞋女(三利)	37～40码	900	18.00	16 200.00

4. 存货核算系统初始化

(1) 设置存货核算系统参数(见表 7-15)。

表 7-15 存货核算系统参数

选项卡	参数设置
核算方式	核算方式：按仓库核算 暂估方式：月初回冲 销售成本核算方式：销售出库单

(2) 设置存货科目和对方科目。

① 按仓库设置存货科目(见表 7-16)。

表 7-16 按仓库设置存货科目

仓库	存货科目
01 床上用品仓库	库存商品(1405)
02 卫浴用品仓库	库存商品(1405)
03 不良品仓库	库存商品(1405)
04 受托代销商品库	受托代销商品(1431)
05 退货质检仓库	库存商品(1405)

② 按收发类别设置对方科目(见表 7-17)。

表 7-17 按收发类别设置对方科目

收 发 类 别	对 方 科 目
101 采购入库	在途物资(1402)
102 盘盈入库	待处理流动资产损溢(190101)
103 受托代销入库	受托代销商品款(2314)
201 销售出库	主营业务成本(6401)
202 盘亏	待处理流动资产损溢(190101)
203 受托代销出库	主营业务成本(6401)
206 分期收款出库	主营业务成本(6401)

(3) 录入期初数据及期初记账。

【岗位说明】

以"A01 陈强"身份登录平台,进行采购管理系统初始设置。

【实训指导】

1. 采购管理系统初始化

(1) 单据编号设置。

① 执行"基础档案"|"单据设置"|"单据编号设置"命令,打开"单据编号设置"窗口,选择"编号设置"选项卡。

② 在左侧树形结构中,依次单击"采购管理"|"采购订单"选项,单击" "按钮。

③ 选中"完全手工编号"项目前的复选框。

④ 单击"保存"按钮。

(2) 系统参数设置。

① 在"业务工作"选项卡中,单击"供应链"|"采购管理"选项,展开"采购管理"下级菜单。

② 在采购管理系统中,执行"设置"|"采购选项"命令,打开"采购系统选项设置"对话框。

③ 打开"业务及权限控制"选项卡,按照实训资料的要求进行相应的设置。

④ 设置完成后,单击"确定"按钮。

(3) 采购管理系统期初记账。

① 执行"设置"|"采购期初记账"命令,系统弹出"期初记账"信息提示对话框。

② 单击"记账"按钮,稍候片刻,系统弹出"期初记账完毕!"信息提示对话框。

③ 单击"确定"按钮,返回采购管理系统。

注意: ① 采购管理系统如果不执行期初记账,无法开始日常业务处理,因此,如果没有期初数据,也要执行期初记账。

② 采购管理系统如果不执行期初记账,库存管理系统和存货核算系统不能记账。

③ 采购管理若要取消期初记账,则执行"设置"|"采购期初记账"命令,单击其中的"取消记账"按钮即可。

🛠 知识拓展

采购管理系统期初数据录入

采购管理系统有可能存在两类期初数据：一类是货到票未到即暂估入库业务，对于这类业务应调用期初采购入库单录入；另一类是票到货未到即在途业务，对于这类业务应调用期初采购发票功能录入。本例为票到货未到业务。

■票到货未到业务的处理

① 从企业应用平台进入应付款管理系统。

② 执行"设置"|"期初余额"命令，打开"期初余额—查询"对话框，单击"确认"按钮，进入"期初余额明细表"窗口。

③ 单击工具栏上的"增加"按钮，打开"单据类别"对话框，选择"采购发票"|"采购专用发票"选项，单击"确定"按钮。

④ 在"采购专用发票"窗口，单击"增加"按钮，按原始凭证增加采购专用发票。

⑤ 与应收款管理系统相同，录入应付款管理系统期初数据并与总账对账。

■货到票未到业务的处理

① 启用采购管理系统，执行"采购入库"|"入库单"命令，进入"期初采购入库单"窗口。

② 单击"增加"按钮，输入入库日期，选择仓库、供货单位、部门，"入库类别"选择"采购入库"，"采购类型"选择"普通采购"。

③ 选择存货编码，输入数量，暂估单价，单击"保存"按钮。

④ 录入完成后，单击"退出"按钮。

2. 应付款管理系统初始化

(1) 系统参数设置。

① 在"业务工作"选项卡中，单击"财务会计"|"应付款管理"选项，展开"应付款管理"下级菜单。

② 在应付款管理系统中，执行"设置"|"选项"命令，打开"账套参数设置"对话框。

③ 单击"编辑"按钮，分别打开"常规""凭证"选项卡，按照实训资料的要求进行相应的设置。

④ 设置完成后，单击"确定"按钮。

(2) 基本科目设置。

① 从企业应用平台中进入应付款管理系统。

② 执行"初始设置"|"设置科目"|"基础科目设置"命令，单击左上角的"增加"按钮，按实训资料中的"科目"栏设置应付款管理系统基础科目。

(3) 结算方式科目设置。

① 从企业应用平台中进入应付款管理系统。

② 执行"初始设置"|"设置科目"|"结算方式科目设置"命令，单击左上角的"增加"按钮，按实训资料设置应付款管理系统结算方式科目。

(4) 期初数据录入。

① 执行"设置"|"期初余额"命令，打开"期初余额—查询"对话框，单击"确认"按钮，进入"期初余额明细表"窗口。

② 单击工具栏上的"增加"按钮，打开"单据类别"对话框，"单据名称"选择"采购发票"，"单据类型"选择"采购专用发票"，单击"确认"按钮，进入"采购专用发票"窗口。

③ 按实训资料要求输入应收期初数据。输入完毕，退出"采购专用发票"窗口。

④ 单击"对账"按钮，与总账管理系统进行对账。

3. 库存管理系统初始化

(1) 系统参数设置。

① 在"业务工作"选项卡中，单击"供应链"|"库存管理"选项，展开"库存管理"下级菜单。

② 在库存管理系统中，执行"初始设置"|"选项"命令，打开"库存选项设置"对话框。

③ 打开"通用设置"选项卡，按照实训资料的要求进行相应的设置。

④ 设置完成后，单击"确定"按钮。

(2) 期初数据录入。

① 在库存管理系统中，执行"初始设置"|"期初结存"命令，进入"期初结存"窗口。

② 在右上角的单选框中选择"床上用品仓库"，单击"修改"按钮，按照实训资料，输入期初数据。输入完成后，单击"保存"按钮。

③ 单击"批审"按钮，系统弹出"批量审核成功！"信息提示对话框，单击"确定"按钮。

④ 同理，按照实训资料，输入"卫浴用品仓库"存货期初数据并审核。

⑤ 单击"确定"按钮返回。

注意：各个仓库存货的期初余额既可以在库存管理系统中录入，也可以在存货核算系统中录入。若由存货核算系统录入，则库存管理系统通过"取数"功能，直接获取数据，无须重复录入。

4. 存货核算系统初始化

1) 系统参数设置

① 在"业务工作"选项卡中，单击"供应链"|"存货核算"选项，展开"存货核算"下级菜单。

② 在存货核算系统中，执行"初始设置"|"选项"|"选项录入"命令，打开"选项录入"对话框。

③ 打开"核算方式"选项卡，按照实训资料的要求进行相应的设置。

④ 设置完成后，单击"确定"按钮。

2) 设置存货科目和对方科目

① 从企业应用平台中进入存货核算系统。

② 执行"初始设置"|"科目设置"|"存货科目"命令，进入"存货科目"窗口，按实训资料中的"存货科目设置"设置存货科目。

③ 执行"初始设置"|"科目设置"|"对方科目"命令，进入"对方科目设置"窗口，按实训资料中的"对方科目设置"设置对方科目。

注意：按照仓库核算"存货科目"时，必须在执行"基础设置"|"基础档案"|"业务"|"仓库档案"命令中，将各仓库档案勾选"计入成本"选项，否则设置"存货科目"时，"仓库编码"栏不显示仓库信息。

3) 期初数据录入及期初记账

(1) 期初数据录入。

① 执行"初始设置"|"期初数据"|"期初余额"命令，进入"期初余额"窗口。

② 按照实训资料，在右上角的单选框中选择"床上用品仓库"，单击"取数"按钮，从库存管理系统读入已录入的"床上用品仓库"存货期初数据。

③ 同理，同步"卫浴用品仓库"存货期初数据。

(2) 对账。

① 所有仓库取数完成后，单击工具栏上的"对账"按钮，弹出"库存与存货期初对账查询条件"对话框。

② 单击"全选"按钮选择全部仓库，单击"确定"按钮，系统自动对存货核算系统与库存管理系统的存货数据进行核对，完成后弹出"对账成功"信息提示框，单击"确定"按钮。

(3) 期初记账。

返回"期初余额"界面，单击工具栏上的"记账"按钮，系统对所有仓库进行记账，稍候，系统提示"期初记账成功！"信息。

注意：存货核算系统必须期初记账，否则无法处理日常业务。

全部完成后，将账套输出至"7-2 采购业务管理初始化"。

知识拓展

初始设置及期初余额的批量导入，利用"A01 陈强"批量导入收发类别、仓库档案以及库存管理系统期初余额。

【岗位说明】

以"A01 陈强"身份登录U8 实施与维护工具平台，导入基础数据。

【操作指导】

本书已预先将本章涉及的收发类别、仓库档案以及库存管理系统期初余额转换为导入模板，放置于教学资源包。在教学与练习过程中，可采用模板导入方式完成实训 1、实训 2 相关数据的录入，从而减少不必要的重复操作，有效利用课堂教学实践。

操作要点提示如下(以库存管理系统期初数据为例)：

① 在开始菜单下所有程序列表中，执行"用友 U8 V10.1"|"U8 实施与维护工具"命令，打开"登录"对话框。

② 以"A01 陈强"身份登录，选择"001 天津凯撒家纺股份有限公司"。

③ 单击"登录"按钮，进入"U8 实施与维护工具"窗口，依次单击左侧树形结构中"U8 实施与维护工具"|"基础数据导入"|"数据导入"|"打开模板"选项，打开"导入模板"界面。

④ 单击"期初"|"库存期初余额"所在行图标，打开"库存期初余额"模板，按照模板及实训要求将数据录入指定列。

⑤ 修改完成后，单击"保存"按钮，关闭模板文件；选择左侧树形结构中"U8 实施与维护工具"|"数据导入"|"导入设置"选项，在右侧界面中，单击"期初"单选项，勾选"库存期初余额"复选框。

⑥ 单击"导入选项"按钮，"操作方式"选择"追加"，单击"确定"按钮，系统弹出"保存成功！"提示信息，单击"确定"按钮，返回"导入设置"界面。

⑦ 单击"确定"按钮，系统弹出"保存成功！"提示信息，单击"确定"按钮，进入"导入设置"界面。

⑧ 选择左侧树形结构中"U8 实施与维护工具"|"数据导入"|"数据导入"选项，出现导入进度条窗口，进度条滚动完成后，系统提示"本次导入全部成功，是否查看本次的导入日志？"信息，单击"否"按钮。

⑨ 同理，完成"收发类别""仓库档案"的数据导入，也可尝试练习导入"应付期初余额"。

注意：操作中如直接使用本书教学资源包提供的模板，则执行"导入设置"时还需指定教学资源包提供模板的路径。

实训 3　普通采购业务

【实训要求】

完成以下普通采购业务处理。具体实训资料见实训指导。

【岗位说明】

以"G01 林群"身份完成采购管理系统业务处理。

以"C01 陈晨"身份完成库存管理系统业务处理。

以"W03 黄宁"身份登录平台，完成付款单录入。

以"W02 张文华"身份完成存货核算系统业务处理、完成付款单审核、核销及制单处理。

【实训指导】

1. 普通采购业务 1

7月3日，向山西春天家居用品制造有限公司签订采购合同。原始凭证如图 7-12、图 7-13、图 7-14 所示。

购销合同

合同编号：CG0001

卖方：山西春天家居用品制造有限公司
买方：天津凯撒家纺股份有限公司

为保护买卖双方的合法权益，买卖双方根据《中华人民共和国合同法》的有关规定，经友好协商，一致同意签订本合同并共同遵守。

一、货物的名称、数量及金额

货物名称	规格型号	计量单位	数量	单价（不含税）	金额（不含税）	税率	税额
空调被(美梦)	1.8M	件	300	300.00	90 000.00	16%	14 400.00
合 计					￥90 000.00		￥14 400.00

二、合同总金额：人民币壹拾万肆仟肆佰元整（￥104 400.00）。
三、收款时间：买方于收到货物 3 日内向卖方支付货款。
四、至付清所有合同款项前，卖方按买方未付款项与合同总价款的比例保留对合同标的物的所有权。
五、发货时间：卖方于签订合同当日发出全部商品。
六、发运方式：买方自提。

卖　　方：山西春天家居用品制造有限公司　　　买　　方：天津凯撒家纺股份有限公司
授权代表：赵　跃　　　　　　　　　　　　　　授权代表：林　同
日　　期：2018 年 7 月 3 日　　　　　　　　　日　　期：2018 年 7 月 3 日

图 7-12　购销合同

江苏省增值税专用发票

No 1092348911

3257462584　　　　开票日期：2018 年 7 月 3 日

购货单位	名　称	天津凯撒家纺股份有限公司	密码区	10008978+*2><618//*46464 161145641/*-+4164><6*-46></-2338990/*-52678 12345/*980-->\<-9807*90
	纳税人识别号	120101355203023526		
	地址、电话	天津市河西区珠江道 86 号 022-28285566		
	开户行及账号	中国工商银行天津河西支行 12001657901052500555		

货物或应税劳务名称	规格型号	单位	数量	单价	金额	税率	税额
空调被(美梦)	1.8M	件	300	300.00	90 000.00	16%	14 400.00
合　计					￥90 000.00		￥14 400.00

价税合计　　人民币(大写)　壹拾万肆仟肆佰元整　　　　（小写）￥104 400.00

销货单位	名　称	山西春天家居用品制造有限公司
	纳税人识别号	14010378925647813
	地址、电话	山西运城市万容县西贾工业园西座 0359-86962998
	开户行及账号	中国建行山西运城市万容支行 6722715678909825676

收款人：略　　复核：略　　开票人：略　　销货单位：(章)

图 7-13　增值税专用发票

商品入库单

验收仓库：床上用品仓库　　　　日期：2018年7月3日

商品名称	型号	应收数量	实收数量	单价	核对结果	原因	处理结果
空调被(美梦)	1.8M	300	300	300.00			
合　计							

财务经理：略　　　　　部门经理：略　　　　　制表人：略

图 7-14　商品入库单

(1) 在采购管理系统中录入"采购订单"。

① 以采购人员"G01 林群"身份登录，修改"注册日期"为"2018年7月3日"。

② 执行"供应链"|"采购管理"|"采购订货"命令，单击"采购订单"选项，再单击"采购订单"界面左上角工具栏中的"增加"按钮，"订单编号"录入 CG0001，"供应商"选择"01 山西春天家居用品制造有限公司"，"部门"选择"采购部"，表体内"存货编码"选择"0105 空调被(美梦)"，"数量"栏输入 300，"原币单价"栏输入 300.00，单击工具栏中的"保存"按钮，再单击"审核"按钮。

(2) 在采购管理系统中生成"采购到货单"。

① 执行"供应链"|"采购管理"|"采购到货"命令，单击"到货单"选项，再单击左上角工具栏中的"增加"按钮，再单击工具栏中的"生单"按钮。

② 选择"采购订单"，在"查询条件"对话框中单击"确定"按钮。在"拷贝并执行"对话框中单击"全选"按钮，选择相应采购信息，单击"确定"按钮。在"到货单"界面，依次单击"保存""审核"按钮。

(3) 在库存管理系统中生成"采购入库单"。

① 以仓管人员"C01 陈晨"身份登录，修改"注册日期"为"2018年7月3日"。

② 执行"供应链"|"库存管理"|"入库业务"|"采购入库单"命令，单击工具栏中的"生单"按钮，选择"采购到货单(蓝字)"选项，单击"查询"对话框中的"确定"按钮。进入"采购入库单"窗口，单击表单"仓库"栏，参照选择存货对应的仓库为"床上用品仓库"，依次单击"保存""审核"按钮。

(4) 在采购管理系统中生成"采购发票"。

① 以采购人员"G01 林群"身份登录，修改"注册日期"为"2018年7月3日"。

② 执行"供应链"|"采购管理"|"采购发票"|"专用采购发票"命令，单击工具栏中的"增加"按钮，使"生单"变成实色。单击"生单"旁边的向下箭头，选择"入库单"选项，在"拷贝并执行"界面，依次单击"全选""确定"按钮。

③ 在生成的专用发票界面，输入"发票号"为 1092348911，依次单击"保存""结算"按钮，专用发票左上角随即显示"已结算"图标。

(5) 在应付款管理系统中审核专用发票并生成采购发票记账凭证。

① 以会计人员"W02 张文华"身份登录，修改"注册日期"为"2018 年 7 月 3 日"。

② 执行"财务会计"|"应付款管理"|"应付单据处理"|"应付单据审核"命令，在"应付单查询条件"对话框中单击"确定"按钮，在"应付单据列表"窗口中，单击工具栏上的"全选"及"审核"按钮，对相应发票进行审核(注：此操作会在专用发票左上角标注"已审核"字样)。

③ 执行"应付款管理"|"制单处理"命令，在"制单查询"界面，选择"发票制单"选项，单击"确定"按钮。

④ 在"采购发票制单"界面，单击"全选""制单"按钮，生成相应的记账凭证，选择"凭证类别"为"转账凭证"，单击"保存"按钮或按 F6 键保存。

(6) 在存货核算系统中完成存货记账并生成存货记账凭证。

① 执行"供应链"|"存货核算"|"业务核算"|"正常单据记账"命令，在"查询条件选择"对话框中，单击"确定"按钮，在"正常单据记账列表"窗口中，单击工具栏上的"全选"及"记账"按钮，对采购入库单进行记账。

② 执行"存货核算"|"财务核算"|"生成凭证"命令，在"查询条件"对话框中，单击"全消"按钮，勾选"(01) 采购入库单(报销记账)"复选框，单击"确定"按钮。

③ 在"未生成凭证单据一览表"窗口中，选择对应单据，单击"确定"按钮。

④ 在"生成凭证"界面，单击"生成"按钮，生成相应的记账凭证后，选择"凭证类别"为"转账凭证"，单击"保存"按钮。

2. 普通采购业务 2

验货完毕，7 月 6 日，按发票金额以电汇的形式向山西春天家居用品制造有限公司付款。原始凭证如图 7-15 所示。

中国工商银行电汇凭证(付款通知)			NO 21009878686									
日期：2018 年 7 月 6 日												
收款人	山西春天家居用品制造有限公司			汇款人	天津凯撒家纺股份有限公司							
账号或地址	6227156789098256767			账号或地址	120016579010525000555							
兑付地点	天津市河西区	兑付行	工行河西支行	汇款用途	购货款							
汇款金额	人民币(大写)	壹拾万肆仟肆佰元整			千	百	十	万	千	百	十	元	角	分
							¥	1	0	4	4	0	0	0	0
收款人：(略)			复核：(略)			开票人：(略)						

图 7-15 电汇凭证

(1) 在应付款管理系统中录入"付款单"。

① 以出纳人员"W03 黄宁"身份登录，修改"注册日期"为"2018 年 7 月 6 日"。

② 执行"财务会计"|"应付款管理"|"付款单据处理"|"付款单据录入"命令，在"付款单"界面，蓝色字体项目为必须输入项，单击"增加"按钮，"供应商"选择"01

山西春天家居用品制造有限公司"、"结算方式"选择"5 电汇"、"金额"输入104 400.00、"票据号"输入21009878686。录入完毕,单击"保存"按钮。

(2) 在应付款管理系统中审核付款单并生成付款单记账凭证。

① 以会计人员"W02 张文华"身份登录,修改"注册日期"为"2018 年 7 月 6 日"。

② 执行"财务会计"|"应付款管理"|"付款单据处理"|"付款单据审核"命令,在"付款单查询条件"对话框中单击"确定"按钮,在"收付款单列表"窗口中,单击工具栏上的"全选"及"审核"按钮,对相应付款单进行审核(注:此操作会在付款单左上角标注"已审核"字样)。

③ 执行"应付款管理"|"核销处理"|"手工核销"命令,"供应商"选择"01 山西春天家居用品制造有限公司",单击"确定"按钮。

④ 在单据核销界面,参照第一行"付款单"的相应金额,在"采购发票"一行的本次结算中录入金额并单击"保存"按钮。

⑤ 执行"应付款管理"|"制单处理"命令,在"制单查询"界面,选择"收付款单制单""核销制单"选项,并单击"确定"按钮。

⑥ 在"应付制单"界面,单击"合并"按钮,生成相应的记账凭证,选择"凭证类别"为"付款凭证",单击"保存"按钮或按F6键保存。

实训 4 普通采购业务逆操作(选做业务)

【实训要求】

普通采购业务逆向操作。

【岗位说明】

以具有相应权限的操作员登录系统完成操作。

【实训指导】

逆操作,为正常流程的倒序,是修改任一流程中相应单据所进行的必要操作,步骤的顺序即为实训 1 已进行步骤的倒序,直至倒回到所要修改的单据为止。

① 执行"应付款管理"|"单据查询"|"凭证查询"命令,删除记账凭证。

② 执行"总账"|"凭证"|"填制凭证"命令,定位作废标志的凭证,需单击"整理凭证"按钮,完全删除凭证。

③ 取消核销。执行"应付款管理"|"其他处理"|"取消操作"命令,在"取消操作"界面,依次单击"全选""确认"按钮。

④ 付款单据撤销审核。执行"应付款管理"|"付款单据处理"|"付款单据审核"命令,勾选"已审核"选项,单击"确定"按钮。筛选出已审核过的付款单,依次单击"全选""弃审"按钮。

⑤ 删除付款单。执行"应付款管理"|"付款单据处理"|"付款单据录入"命令,单

击"末张"按钮,删除付款单。

⑥ 删除采购发票的记账凭证,操作方法同步骤①。

⑦ 应付单据取消审核。执行"应付款管理"|"应付单据处理"|"应付单据审核"命令,勾选"已审核"选项,单击"确定"按钮,筛选出已审核的采购发票,依次单击"全选""弃审"按钮。

⑧ 采购入库单记账凭证的删除。执行"供应链"|"存货核算"|"财务核算"|"凭证列表"命令,单击"确定"按钮。对被选定的凭证进行删除操作。

⑨ 恢复记账(正常单据记账的逆操作)。执行"供应链"|"存货核算"|"业务核算"命令,单击"恢复记账"按钮,在"查询条件选择"对话框中单击"确定"按钮,选中需要恢复记账的记录,单击工具栏中的"恢复"按钮。

⑩ 取消专用发票"已结算"。执行"供应链"|"采购管理"|"采购结算"|"结算单列表"命令,选择需要取消结算的记录,单击左上角的"删除"按钮即可。此时在"采购专用发票"界面,单击"刷新"按钮,"已结算"标志消失。

⑪ 删除专用采购发票。执行"供应链"|"采购管理"|"采购发票"|"专用采购发票"命令,选择相应的发票,删除即可。

⑫ 删除采购入库单。执行"供应链"|"库存管理"|"入库业务"|"采购入库单"命令,选择相应的入库单,单击工具栏中的"弃审"按钮,删除即可。

⑬ 删除采购到货单。执行"供应链"|"采购管理"|"采购到货"|"到货单"命令,选择相应的到货单,单击工具栏中的"弃审"按钮,删除即可。

⑭ 删除采购订单。执行"供应链"|"采购管理"|"采购订货"|"采购订单"命令,选择相应的订单,单击工具栏中的"弃审"按钮,删除即可。

⑮ 删除采购入库单作废凭证,操作方法同步骤①。

实训 5 采购现结业务

【实训要求】

完成以下采购现结业务处理。具体实训资料见实训指导。

【岗位说明】

以"G01 林群"身份登录平台,完成采购管理系统业务处理。

以"C01 陈晨"身份登录平台,完成库存管理系统业务处理。

以"W02 张文华"身份登录平台,完成存货核算系统业务处理和应付款管理单据审核及制单处理。

【实训指导】

1. 采购现结业务 1

7月7日,向山西春天家居用品制造有限公司签订采购合同。原始凭证如图 7-16、图 7-17 所示。

购 销 合 同

合同编号：**CG0002**

卖方：山西春天家居用品制造有限公司
买方：天津凯撒家纺股份有限公司

为保护买卖双方的合法权益，买卖双方根据《中华人民共和国合同法》的有关规定，经友好协商，一致同意签订本合同并共同遵守。

一、货物的名称、数量及金额

货物名称	规格型号	计量单位	数量	单价（不含税）	金额（不含税）	税率	税额
被芯(泰国产)	1.8M	件	300	100.00	30 000.00	16%	4 800.00
合　　　计					￥30 000.00		￥4 800.00

二、合同总金额：人民币叁万肆仟捌佰元整(￥34 800.00)。
三、收款时间：买方于收到货物 1 个月内向卖方支付货款。
四、至付清所有合同款项前，卖方按买方未付款项与合同总价款的比例保留对合同标的物的所有权。
五、发货时间：卖方于签订合同当日从天津仓库发出全部商品。
六、发送方式：买方自提。

卖　方：山西春天家居用品制造有限公司　　　买　方：天津凯撒家纺股份有限公司
授权代表：赵　跃　　　　　　　　　　　　　授权代表：林　群
日　　期：2018 年 7 月 7 日　　　　　　　　日　　期：2018 年 7 月 7 日

图 7-16　购销合同

商 品 入 库 单

验收仓库：床上用品仓库　　　日期：2018 年 7 月 7 日

商品名称	型号	应收数量	实收数量	单价	核对结果	原因	处理结果
被芯(泰国产)	1.8M	300	300	100.00			
合　　计							

财务经理：略　　　　　　　部门经理：略　　　　　　　制表人：略

图 7-17　商品入库单

(1) 在采购管理系统中录入采购订单。

① 以采购人员"G01 林群"身份登录，修改"注册日期"为"2018 年 7 月 7 日"。

② 执行"供应链"|"采购管理"|"采购订货"命令，单击"采购订单"选项，然后单击"采购订单"界面左上角的"增加"按钮，录入相应采购信息，单击"审核"按钮。

(2) 在采购管理系统中生成采购到货单。

① 执行"供应链"|"采购管理"|"采购到货"命令，单击"到货单"选项，依次单击"增加""生单"按钮，单击"采购订单"选项。

② 在"查询条件"对话框中单击"确定"按钮。在"拷贝并执行"对话框中选中相应记录，单击"确定"按钮。在"到货单"界面，依次单击"保存""审核"按钮。

(3) 在库存管理系统中生成"采购入库单"。

① 以仓管人员"C01 陈晨"身份登录,修改"注册日期"为"2018 年 7 月 7 日"。

② 执行"供应链"|"库存管理"|"入库业务"|"采购入库单"命令,单击工具栏中的"生单"按钮,选择"采购到货单(蓝字)"选项,单击"查询"对话框中的"确定"按钮。

③ 进入"采购入库单"界面,单击表单中"仓库"栏右边的"参照"按钮,选择存货对应的"仓库"为"床上用品仓库",依次单击"保存""审核"按钮。

2. 采购现结业务 2

7 月 16 日,按合同金额以电汇的形式向山西春天家居用品制造有限公司付款,并收到对方公司邮寄的发票。原始凭证如图 7-18、图 7-19 所示。

图 7-18 电汇凭证

图 7-19 增值税专用发票

(1) 采购管理系统中生成采购发票。

① 以采购人员"G01 林群"身份登录,修改"注册日期"为"2018 年 7 月 7 日"。

② 执行"供应链"|"采购管理"|"采购发票"|"专用采购发票"命令,单击"增

加"按钮,使"生单"变成实色。单击"生单"旁边的向下箭头,选择"入库单"选项,在"拷贝并执行"界面,依次单击"全选""确定"按钮。

③ 在生成的专用发票界面,输入"发票号"为1092348913,依次单击"保存""结算"按钮,专用发票左上角随即显示"已结算"图标。

④ 单击"现付"按钮,在弹出的"采购现付"界面,按照"电汇付款通知"录入"结算方式"为"电汇","原币金额"为34 800.00,"票据号"为2101022201。

(2) 应付款管理系统中审核专用发票并生成采购发票记账凭证。

① 以会计人员"W02 张文华"身份登录,修改"注册日期"为"2018年7月16日"。

② 执行"财务会计"|"应付款管理"|"应付单据处理"|"应付单据审核"命令,在"应付单查询条件"对话框中选择"包含已现结发票"选项,单击"确定"按钮,在"应付单据列表"窗口中,依次单击"全选""审核"按钮,对相应发票进行审核(注:此操作会在专用发票左上角标注"已审核"字样)。

③ 执行"应付款管理"|"制单处理"命令,在"制单查询"界面,选择"现结制单"选项,单击"确定"按钮。

④ 在"现结制单"界面,依次单击"全选""制单"按钮,生成相应的记账凭证,选择"凭证类别"为"付款凭证",单击"保存"按钮或按F6键保存。

(3) 在存货核算系统中完成存货记账并生成存货记账凭证。

① 执行"供应链"|"存货核算"|"业务核算"|"正常单据记账"命令,在"查询条件选择"对话框中单击"确定"按钮,在"正常单据记账列表"窗口中,单击工具栏上的"全选"及"记账"按钮,对采购入库单进行记账。

② 执行"存货核算"|"财务核算"|"生成凭证"命令,在"查询条件"对话框中,单击"全消"按钮,勾选"(01)采购入库单(报销记账)"复选框,单击"确定"按钮。

③ 在"未生成凭证单据一览表"窗口中,选择对应单据,单击"确定"按钮。

④ 在"生成凭证"界面,单击"生成"按钮,生成相应的记账凭证后,单击"保存"按钮。

实训6 采购退货业务

【实训要求】

完成以下采购退货业务处理。具体实训资料见实训指导。

【岗位说明】

以"G01 林群"身份登录平台,完成采购管理系统业务处理。

以"C01 陈晨"身份登录平台,完成库存管理系统业务处理。

以"W02 张文华"身份登录平台,完成应付款管理系统及存货核算系统业务处理。

【实训指导】

19日，发现采购的空调被有2件存在质量问题，需做退货处理。原始凭证如图7-20、图7-21所示。

图7-20 增值税专用发票

图7-21 商品入库单

(1) 在采购管理系统中根据到货单生成采购退货单。

① 以采购人员"G01 林群"身份登录，修改"注册日期"为"2018年7月19日"。

② 执行"供应链"│"采购管理"│"采购到货"命令，双击"采购退货单"选项，单击左上角工具栏中的"增加"按钮，再单击工具栏中的"生单"按钮，单击"到货单"选项，在"查询条件"对话框中单击"确定"按钮。在"拷贝并执行"对话框中单击"全选"按钮，选择相应采购信息，单击"确定"按钮。在"采购退货单"窗口修改"退货数量"为"-2"，依次单击"保存""审核"按钮。

(2) 在库存管理系统中生成红字采购入库单。

① 以仓管人员"C01 陈晨"身份登录,修改"注册日期"为"2018 年 7 月 19 日"。

② 执行"供应链"|"库存管理"|"入库业务"|"采购入库单"命令,单击工具栏中的"生单"按钮,选择"采购到货单(红字)"选项,单击"查询"对话框中的"确定"按钮。

③ 进入"采购入库单"窗口,单击表体"仓库"栏右侧的"参照"按钮,选择存货对应的"仓库"为"床上用品仓库",依次单击"保存""审核"按钮。

(3) 在采购管理系统中生成采购红字发票。

① 以采购人员"G01 林群"身份登录,修改"注册日期"为"2018 年 7 月 19 日"。

② 执行"供应链"|"采购管理"|"采购发票"|"红字专用采购发票"命令,单击工具栏中的"增加"按钮,使"生单"变成实色。单击"生单"旁边的向下箭头,选择"入库单",在"拷贝并执行"界面,依次单击"全选""确定"按钮。

③ 在生成的专用发票界面,输入"发票号"为 1092348912,单击"保存"按钮,并单击"结算"按钮,专用发票左上角随即显示"已结算"图标。

(4) 在应付款管理系统中审核红字专用发票并生成红字退货记账凭证。

① 以会计人员"W02 张文华"身份登录,修改"注册日期"为"2018 年 7 月 19 日"。

② 执行"财务会计"|"应付款管理"|"应付单据处理"|"应付单据审核"命令,在"应付单查询条件"对话框中单击"确定"按钮,在"应付单据列表"窗口中,单击工具栏上的"全选"及"审核"按钮,对相应发票进行审核(注:此操作会在专用发票左上角标注"已审核"字样)。

③ 执行"应付款管理"|"制单处理"命令,在"制单查询"界面,选择"发票制单"选项,并单击"确定"按钮。

④ 在"采购发票制单"界面,依次单击"全选""制单"按钮,生成相应的记账凭证,选择"凭证类别"为"转账凭证",单击"保存"按钮或按F6键保存。

注意: 因退货前,已向供应商付清货款(详见实训 1),故而保存凭证时会显示"凭证赤字提示"信息框。后续收回供应商退款,由"W03 黄宁"录入负数"付款单","W02 张文华"审核付款单、核销并合并制单。

(5) 在存货核算系统中存货记账并生成存货记账凭证。

① 执行"供应链"|"存货核算"|"业务核算"|"正常单据记账"命令,在"查询条件选择"对话框中单击"确定"按钮,在"正常单据记账列表"窗口中,单击工具栏上的"全选"及"记账"按钮,对采购入库单进行记账。

② 执行"存货核算"|"财务核算"|"生成凭证"命令,在"查询条件"对话框中,单击"全消"按钮,勾选"(01)采购入库单(报销记账)"复选框,单击"确定"按钮。

③ 在"未生成凭证单据一览表"窗口中,选择对应单据,单击"确定"按钮。

④ 在"生成凭证"界面,单击"生成"按钮,生成相应的记账凭证后,选择"凭证类

别"为"转账凭证",单击"保存"按钮。

实训 7 含现金折扣的采购业务

【实训要求】

完成以下含现金折扣的采购业务处理。具体实训资料见实训指导。

【岗位说明】

以"G01 林群"身份登录平台,完成采购管理系统业务处理。
以"C01 陈晨"身份登录平台,完成库存管理系统业务处理。
以"W03 黄宁"身份登录平台,完成选择付款业务处理。
以"W02 张文华"身份登录平台,完成应付款管理系统及存货核算系统业务处理。

【实训指导】

20 日,向山西春天家居用品制造有限公司采购商品。原始凭证如图 7-22～图 7-26 所示。

购销合同

合同编号:CG0003

卖方:山西春天家居用品制造有限公司
买方:天津凯撒家纺股份有限公司

为保护买卖双方的合法权益,买卖双方根据《中华人民共和国合同法》的有关规定,经友好协商,一致同意签订本合同并共同遵守。

一、货物的名称、数量及金额

货物名称	规格型号	计量单位	数量	单价(不含税)	金额(不含税)	税率	税额
纯棉浴巾(春天)	70cm*140cm	条	500	25.00	12 500.00	16%	2 000.00
沐浴防滑拖鞋女(春天)	37~40 码	双	600	18.00	10 800.00		1 728.00
儿童床上四件套(春天)	1.5M	套	400	160.00	64 000.00		10 240.00
合 计					¥87 300.00		¥13 968.00

二、合同总金额:人民币壹拾万壹仟贰佰陆拾捌元整(¥101 268.00)。
三、收款方式:签订合同当日已办理托收承付手续。现金折扣条件:2/10,1/20,n/30(价款)。按不含税金额约定折扣基数。
四、发货时间:卖方于 7 月 20 日发出所有商品。本月 30 日前买方有权因商品质量问题退货。
五、发运方式:万方承运。

卖　方:山西春天家居用品制造有限公司　　　买　方:天津凯撒家纺股份有限公司
授权代表:赵跃　　　　　　　　　　　　　　授权代表:林群
日　　期:2018 年 7 月 20 日　　　　　　　　日　　期:2018 年 7 月 20 日

图 7-22 购销合同

山西省增值税专用发票

No111290878689

1401946572　　开票日期：2018年7月21日

购货单位	名　称：天津凯撒家纺股份有限公司 纳税人识别号：120101355203023526 地　址、电　话：天津市河西区珠江道86号 022-28285566 开户行及账号：中国工商银行天津河西支行 12001657901052500555	密码区	1000895645+*2><618//*4646 4161145641/*-+4164><6758/ *-46></--45487690/*-5267812 345/*980--><-9807*90></--10 0989789

货物或应税劳务名称	规格型号	单位	数量	单价	金额	税率	税额
纯棉浴巾(春天)	70cm*140cm	条	500	25.00	12 500.00	16%	2 000.00
沐浴防滑拖鞋女(春天)	37~40码	双	600	18.00	10 800.00	16%	1 728.00
儿童床上四件套(春天)	1.5M	套	400	160.00	64 000.00	16%	10 240.00
合　计					¥87 300.00		¥13 968.00

价税合计　人民币(大写)　壹拾万壹仟贰佰陆拾捌元整　　￥101 268.00

销货单位	名　称：山西春天家居用品制造有限公司 纳税人识别号：1401037892564781313 地　址、电　话：山西运城市万荣县西贾工业园西座 0359-86962998 开户行及账号：中国建行山西运城市万荣支行 6227156789098256767	备注	(发票专用章)

收款人：略　　复核：略　　开票人：略　　销货单位：(章)

图7-23　增值税专用发票

商品入库单

验收仓库：卫浴用品仓库　　日期：2018年7月21日

商品名称	型号	应收数量	实收数量	单价	核对结果	原因	处理结果
纯棉浴巾(春天)	70cm*140cm	500	500	25.00			
沐浴防滑拖鞋女(春天)	37~40码	600	600	18.00			
合　计							

财务经理：略　　部门经理：略　　制表人：略

图7-24　商品入库单(卫浴用品)

商品入库单

验收仓库：床上用品仓库　　日期：2018年7月21日

商品名称	型号	应收数量	实收数量	单价	核对结果	原因	处理结果
儿童床上四件套(春天)	1.5M	400	400	160.00			
合　计							

财务经理：略　　部门经理：略　　制表人：略

图7-25　商品入库单(床上用品)

图 7-26 托收承兑结算凭证

(1) 在采购管理系统中录入采购订单。

① 以采购人员"G01 林群"身份登录，修改"注册日期"为"2018 年 7 月 21 日"。

② 执行"供应链"|"采购管理"|"采购订货"命令，单击"采购订单"选项，然后单击"采购订单"界面左上角工具栏中的"增加"按钮，在订单的表头"付款条件"选项中，按合同选择"2/10,1/20,n/30"，然后按合同录入相应采购信息，最后单击"审核"按钮。

(2) 在采购管理系统中生成采购到货单。

① 执行"供应链"|"采购管理"|"采购到货"命令，单击"到货单"选项，单击"增加"按钮，再单击"生单"按钮。

② 单击"采购订单"选项，在"查询条件"对话框中单击"确定"按钮。在"拷贝并执行"对话框中选中相应记录，单击"确定"按钮。在"到货单"对话框中依次单击"保存""审核"按钮。

(3) 在库存管理系统中生成采购入库单。

① 以仓管人员"C01 陈晨"身份登录，修改"注册日期"为"2018 年 7 月 21 日"。

② 执行"供应链"|"库存管理"|"入库业务"|"采购入库单"命令，单击工具栏上的"生单"按钮，选择"采购到货单(蓝字)"选项，单击"查询"对话框中的"确定"按钮。进入"采购入库单"窗口，单击表单"仓库"栏右边的"参照"按钮，选择存货对应的"仓库"为"卫浴用品仓库"，删除表体中"儿童床上四件套(春天)"所在行记录，依次单击"保存""审核"按钮。

③ 同理，生成"儿童床上四件套(春天)"入库单。

(4) 在采购管理系统中生成"采购发票"。

① 以采购人员"G01 林群"身份登录，修改"注册日期"为"2018 年 7 月 21 日"。

② 执行"供应链"|"采购管理"|"采购发票"|"专用采购发票"命令，单击"增加"

按钮,使"生单"变成实色。单击"生单"旁边的向下箭头,选择"入库单"选项,在"拷贝并执行"界面,依次单击"全选""确定"按钮。在生成的专用发票界面,输入发票号为111290878689,依次单击"保存""结算"按钮,专用发票左上角随即显示"已结算"图标。

(5) 在应付款管理系统中审核专用发票并生成采购发票记账凭证。

① 以会计人员"W02 张文华"身份登录,修改"注册日期"为"2018 年 7 月 21 日"。

② 执行"财务会计"│"应付款管理"│"应付单据处理"│"应付单据审核"命令,在"应付单查询条件"对话框中单击"确定"按钮,在"应付单据列表"窗口中,单击工具栏上的"全选"及"审核"按钮,对相应发票进行审核(注:此操作会在专用发票左上角标注"已审核"字样)。

③ 执行"应付款管理"│"制单处理"命令,在"制单查询"界面,选择"发票制单"选项,并单击"确定"按钮。在"采购发票制单"界面,依次单击"全选""制单"按钮,生成相应的记账凭证,选择"凭证类别"为"转账凭证",单击"保存"按钮或按 F6 键保存。

(6) 在应付款管理系统中生成"付款单"。

① 以出纳人员"W03 黄宁"身份登录,修改"注册日期"为"2018 年 7 月 21 日"。

② 执行"财务会计"│"应付款管理"│"选择付款"命令,在"选择付款—条件"界面,选择"供应商"为"01 山西春天家居用品制造有限公司",单击"确定"按钮。

③ 在"选择付款列表"界面的"本次折扣"栏输入 1 746.00,"付款金额"自动计算为 99 522.00(即不含税金额 87 300.00×0.98+增值税额 13 968.00)。录入完毕,单击"确定"按钮。

④ 弹出"选择付款—付款单"窗口,选择"结算方式"为"8 托收承付",单击"确定"按钮。

(7) 在应付款管理系统中生成付款单记账凭证。

① 以会计人员"W02 张文华"身份登录,修改"注册日期"为"2018 年 7 月 21 日"。

② 执行"应付款管理"│"制单处理"命令,在"制单查询"界面,选择"收付款单制单""核销制单"选项,并单击"确定"按钮。

③ 在"应付制单"界面,单击"合并"按钮,生成相应的记账凭证,选择"凭证类别"为"付款凭证",单击"保存"按钮或按F6 键保存。

(8) 在存货核算系统中完成存货记账并生成存货记账凭证。

① 执行"供应链"│"存货核算"│"业务核算"│"正常单据记账"命令,在"查询条件选择"对话框中单击"确定"按钮,在"正常单据记账列表"窗口中,单击工具栏上的"全选"及"记账"按钮,对采购入库单进行记账。

② 在"查询条件"对话框中,单击"全消"按钮,勾选"(01) 采购入库单(报销记账)"复选框,单击"确定"按钮。

③ 在"未生成凭证单据一览表"窗口中,选择"对应单据"选项,单击"确定"按钮。

④ 在"生成凭证"界面,单击"生成"按钮,生成相应的记账凭证后,选择凭证类别

为"转账凭证",单击"保存"按钮。

知识拓展

在存货核算系统中实现采购货物合并制单

按照会计实务的做账原理,我们也可以将两张凭证生成一张合并分录的记账凭证,即在上述步骤(5)第②步"财务会计"|"应付款管理"模块中审核完采购发票后,不执行后续步骤,即不生成"在途物资"的记账凭证,然后完成上述步骤(6)与步骤(7)。

在完成步骤(8)第③步时注意,在"未生成凭证单据一览表"中,须选中左上角"已结算采购入库单自动选择全部结算单上单据(包括入库单、发票、付款单),非本月采购入库单按蓝字报销制单"的选择框,同时选择对应单据,单击"确定"按钮。

最后,在"生成凭证"界面,单击"生成"按钮,生成相应的记账凭证后,单击"保存"按钮,即可生成"借:库存商品、应交税费——应交增值税(进项税额),贷:银行存款"的合并分录记账凭证。

实训 8 代垫运费二次分摊

【实训要求】

完成以下代垫运费分摊业务处理。具体实训资料见实训指导。

【岗位说明】

以"G01 林群"身份登录平台,完成采购管理系统业务处理。

以"W02 张文华"身份登录平台,完成应付款管理系统及存货核算系统业务处理。

【实训指导】

采购部门收到快递公司送来山西春天公司代垫我公司 21 日采购业务的运费单据,款项我公司暂未支付。原始凭证如图 7-27 所示。

按照会计理论,运费需要核算到货物成本中。在此处,我们需用到采购结算"费用折扣结算"功能,而不能采用原来的"手工结算"功能。因为在"手工结算"功能中,原来的入库单和采购发票已经被结算过一次,而无法再次查询到原凭证。

(1) 在采购管理系统中录入运费专用发票。

请参考前序业务操作指导,在此不再赘述。

(2) 在采购管理系统中完成费用分摊结算。

① 执行"供应链"|"采购管理"|"采购结算"命令,选择"费用折扣结算"功能,单击"查询"按钮,并选择相应发票、入库单。

② 选择"费用分摊方式"为"按金额"。

(3) 在应付款管理系统中审核专用发票并生成采购发票记账凭证。

请参考前序业务操作指导，在此不再赘述。

(4) 在存货核算系统中完成存货记账及生成存货记账凭证。

请参考前序业务操作指导，在此不再赘述("类型"选择"(20)入库调整单")。

图 7-27　增值税专用发票

实训 9　采购业务手工结算

【实训要求】

完成采购业务手工结算处理。具体实训资料见实训指导。

【岗位说明】

以"G01 林群"身份登录平台，完成采购管理系统业务处理。

以"C01 陈晨"身份登录平台，完成库存管理系统业务处理。

以"W03 黄宁"身份登录平台，完成付款单录入。

以"W02 张文华"身份登录平台，完成应付款管理系统及存货核算系统业务处理。

【实训指导】

22 日，向山西春天家居用品制造有限公司采购商品。原始凭证如图 7-28～图 7-32 所示。

购销合同

合同编号：**CG0004**

卖方：山西春天家居用品制造有限公司

买方：天津凯撒家纺股份有限公司

为保护买卖双方的合法权益，买卖双方根据《中华人民共和国合同法》的有关规定，经友好协商，一致同意签订本合同并共同遵守。

一、货物的名称、数量及金额

货物名称	规格型号	计量单位	数量	单价(不含税)	金额(不含税)	税率	税额
纯棉浴巾(春天)	70cm*140cm	条	500	25.00	12 500.00	16%	2 000.00
合　　计					￥12 500.00		￥2 000.00

二、合同总金额：人民币壹万肆仟伍佰元整(￥14 500.00)。

三、收款方式：签订合同当日已办理托收承付手续。

四、发货时间：卖方于7月22日发出所有商品。本月30日前买方有权因商品质量问题退货。

五、发运方式：买方承运。

卖　　方：山西春天家居用品制造有限公司　　　　买　　方：天津凯撒家纺股份有限公司

授权代表：赵　跃　　　　　　　　　　　　　　授权代表：林　群

日　　期：2018年7月22日　　　　　　　　　　日　　期：2018年7月22日

图 7-28　购销合同

山西省增值税专用发票

No111290878690

1401946572　　开票日期：2018年7月22日

购货单位	名称：天津凯撒家纺股份有限公司 纳税人识别号：120101355203023526 地址、电话：天津市河西区珠江道86号 022-28285566 开户行及账号：中国工商银行天津河西支行 12001657901052500555	密码区	1000895645+*2><618//*4646 4161145641/*-+4164><6758/* -46></--45487690/*-52678123 45/*980-->< -9807*90></--100 989789

货物或应税劳务名称	规格型号	单位	数量	单价	金额	税率	税额
纯棉浴巾(春天)	70cm*140cm	条	500	25.00	12 500.00	16%	2 000.00
合　计					￥12 500.00		￥2 000.00

价税合计：人民币(大写)壹万肆仟伍佰元整　　(小写)￥14 500.00

销货单位	名称：山西春天家居用品制造有限公司 纳税人识别号：1401037892564781313 地址、电话：山西运城市万容县西贾工业园西座 0359-86962998 开户行及账号：中国建行山西运城市万容支行 6227156789098256767

收款人：略　　复核：略　　开票人：略　　销货单位：(章)

图 7-29　增值税专用发票

商品入库单

验收仓库：卫浴用品仓库　　　　　日期：2018 年 7 月 22 日

商品名称	型号	应收数量	实收数量	单价	核对结果	原因	处理结果
纯棉浴巾(春天)	70cm*140cm	500	500	25.00			
合　计							

财务经理：略　　　　　部门经理：略　　　　　制表人：略

图 7-30　商品入库单

山西省增值税专用发票　　No 45678931823

1041921368　　　开票日期：2018 年 7 月 22 日

购货单位	名　称	天津凯撒家纺股份有限公司	密码区	10008978+*2><618//*4646416 1145641/*-+4164><6*- 46></-2338990/*-52678 12345/*980--><-9807*90
	纳税人识别号	120101355203023526		
	地址、电话	天津市河西区珠江道 86 号 022-28285566		
	开户行及账号	中国工商银行天津河西支行 12001657901052500555		

货物或应税劳务名称 运费	规格型号	单位 千米	数量 1000	单价 0.30	金　额 300.00 ¥300.00	税率 10%	税　额 30.00 ¥30.00
合　计							

价税合计	人民币(大写)叁佰叁拾元整			(小写)¥330.00

销货单位	名　称	山西捷达运输公司
	纳税人识别号	140104102100989767
	地址、电话	山西省运城市广元路 78 号 0359-86745678
	开户行及账号	中国建设银行运城市广田支行 62278909674567345565

收款人：略　　复核：略　　开票人：略　　销货单位：(章)

图 7-31　增值税专用发票

中国建设银行托收承付结算凭证(付款凭证)
2018 年 7 月 23 日

收款单位	全　称	山西春天家居用品制造有限公司	付款单位	全称	天津凯撒家纺股份有限公司
	账号或地址	中国建行山西运城市万容支行 6227156789098256767		账号或地址	中国工商银行天津河西支行 12001657901052500555
	汇入地点	运城市	汇入行名称	建行运城市万容支行		汇出地点	天津市	汇出行名称	工行河西支行

金额	(大写)人民币壹万肆仟捌佰叁拾元整	千	百	十	万	千	百	十	元	角	分
					1	4	8	3	0	0	0

附件		商品发运情况		合同名称号码	
附寄单证张数或册数		自　提			
备注		付款单位注意			

单位主管(略)　　会计(略)　　复核(略)　　记账(略)　　付款单位开户行盖章 2018 年 7 月 23 日

图 7-32　托收承付结算凭证

(1) 在采购管理系统中录入"采购订单"。

请参考前序业务操作指导，在此不再赘述。

(2) 在采购管理系统中生成"采购到货单"。

请参考前序业务操作指导，在此不再赘述。

(3) 在库存管理系统中生成"采购入库单"。

请参考前序业务操作指导，在此不再赘述。

(4) 在采购管理系统中生成"采购发票"及"运费发票"。

请参考前序业务操作指导，在此不再赘述。

(5) 在采购管理系统中完成发票手工结算(可以同时对多张入库单和多张发票进行手工结算)。

① 执行"供应链"｜"采购管理"｜"采购结算"命令，选择"手工结算"功能，单击"查询"按钮，选择商品采购发票、运费采购发票的同时，选中对应采购入库单。

② 选择"费用分摊方式"为"按数量"，单击"结算"按钮即可。

(6) 应付款管理系统中录入付款单、审核专用发票、核销并生成记账凭证。

请参考前序业务操作指导，在此不再赘述。

(7) 在存货核算系统中存货记账并生成存货记账凭证。

请参考前序业务操作指导，在此不再赘述。

知识拓展

货到票未到的采购业务

货到票未到指货物已经收到，但是发票未收到。按发票收到的时间，又分为本月收到和跨月收到。

■本月收到发票的处理方法

① 压单处理，收到发票之前不做任何处理，即汇款单据与发票在同一日进行账务处理。

② 按发生日期处理，即按发生日期，分别手工填制专用发票和付款单，然后进行应付单据审核、核销等操作。

■跨月收到发票的处理方法

所谓跨月收到发票即在货物到达的本月月底前，未付款及未收到发票。

此种处理方式在会计上称为暂估，即按照入库单预估价格进行先期记账，也即在暂估成本录入环节，录入商品的单价，然后正常单据记账，并生成暂估记账凭证。

下月收到发票后，暂估分为3种处理方式：单到回冲、月初回冲、单到补差。

① 单到回冲：单到回冲是指报销处理时，系统自动生成红字回冲单，并生成采购报销入库单。

② 月初回冲：月初回冲是指月初时系统自动生成红字回冲单，报销处理时，系统自动根据报销金额生成采购报销入库单。

③ 单到补差：单到补差是指报销处理时，系统自动生成一笔调整单，调整金额为实际金额与暂估金额的差额来处理暂估业务。

实训 10　采购暂估业务

【实训要求】

完成采购暂估业务处理。具体实训资料见实训指导。

【岗位说明】

以"G01 林群"身份登录平台，完成采购管理系统业务处理。

以"C01 陈晨"身份登录平台，完成库存管理系统业务处理。

以"W02 张文华"身份登录平台，完成存货核算系统业务处理。

以"X01 王大国"身份登录平台，完成销售管理系统结账。

【实训指导】

1. 采购暂估业务 1

7月31日，向山西春天家居用品制造有限公司签订采购合同。原始凭证如图7-33、图7-34所示。

购销合同

合同编号：CG0010

卖方：山西春天家居用品制造有限公司
买方：天津凯撒家纺股份有限公司

为保护买卖双方的合法权益，买卖双方根据《中华人民共和国合同法》的有关规定，经友好协商，一致同意签订本合同并共同遵守。

一、货物的名称、数量及金额

货物名称	规格型号	计量单位	数量	单价(不含税)	金额(不含税)	税率	税额
纯棉浴巾(晚安)	70cm*40cm	条	300	100.00	30 000.00	16%	4 800.00
合　　　计					¥30 000.00		¥4 800.00

二、合同总金额：人民币叁万肆仟捌佰元整(¥34 800.00)。
三、收款时间：买方于收到货物1个月内向卖方支付货款。
四、至付清所有合同款项前，卖方按买方未付款项与合同总价款的比例保留所购标的物的所有权。
五、发货时间：卖方于签订合同当日从天津仓库发出全部商品。
六、发运方式：买方自提。

卖　方：山西春天家居用品制造有限公司　　　买　方：天津凯撒家纺股份有限公司
授权代表：赵　跃　　　　　　　　　　　　　授权代表：林　群
日　　期：2018年7月31日　　　　　　　　　日　　期：2018年7月31日

图 7-33　购销合同

商品入库单

验收仓库：卫浴用品仓库　　　　　日期：2018 年 7 月 31 日

商品名称	型号	应收数量	实收数量	单价	核对结果	原　因	处理结果
纯棉浴巾(晚安)	70cm*40cm	300	300				
合　　计							

财务经理：略　　　　　　　部门经理：略　　　　　　　制表人：略

图 7-34　商品入库单(卫浴用品)

(1) 在采购管理系统中录入"采购订单"并生成"采购到货单"。

请参考前序业务操作指导，在此不再赘述。

(2) 在库存管理系统中生成"采购入库单"。

请参考前序业务操作指导，在此不再赘述。

(3) 在存货核算系统中完成存货暂估记账并生成暂估记账凭证。

① 以会计人员"W02 张文华"身份登录，修改"注册日期"为"2018 年 7 月 31 日"。

② 执行"供应链"|"存货核算"|"业务核算"命令，单击"暂估成本录入"选项，在"查询条件选择"对话框中，选择"仓库"为"卫浴用品仓库"，单击"确定"按钮，在"单价"栏录入"100.00"，单击"保存"按钮。

③ 执行"供应链"|"存货核算"|"业务核算"|"正常单据记账"命令，在"正常单据记账列表"窗口中，单击"全选"按钮及"记账"按钮，对采购入库单进行记账。

④ 执行"存货核算"|"财务核算"|"生成凭证"命令，在"查询条件"对话框中，单击"全消"按钮，勾选"(01)采购入库单(暂估记账)"复选框，单击"确定"按钮。

⑤ 在"未生成凭证单据一览表"窗口中，选择对应单据，单击"确定"按钮。

⑥ 在"生成凭证"界面，单击"生成"按钮，生成记账凭证后，单击"保存"按钮。

会计分录如下。

借：库存商品

　　贷：应付账款——暂估应付款

2. 采购暂估业务 2

次月 6 日，收到 7 月 31 日采购业务发票。原始凭证如图 7-35 所示。

(1) 采购管理系统结账

① 执行"采购管理"|"月末结账"命令，打开"月末结账"对话框。

② 单击 7 月所在行，选中该条记录。

③ 单击"结账"按钮，系统弹出"月末结账"提示框，提示"是否关闭订单？"，单击"是"按钮，在"查询条件—采购订单列表"窗口中，在"是否关闭"列表框中选择"否"按钮，单击"确定"按钮查看是否存在业务处理完成但未关闭订单，若存在则选中相应记录单击"批关"

按钮。

图 7-35 增值税专用发票

④ 返回"月末结账"界面,单击"结账"按钮,弹出"月末结账完毕!"信息提示对话框;单击"确定"按钮,"是否结账"一栏显示"已结账"字样。

⑤ 单击"退出"按钮。

(2) 销售管理系统结账。

同理,完成销售管理系统结账。

(3) 库存管理系统结账。

① 执行"库存管理"|"月末结账"命令,打开"月末结账"对话框。

② 单击 7 月所在行,选中该条记录。

③ 单击"结账"按钮,弹出"库存启用月份结账后将不能修改期初数据,是否继续结账?"信息提示框,单击"是"按钮,"是否结账"一栏显示"已结账"字样。

④ 单击"退出"按钮。

(4) 存货核算系统结账。

① 执行"存货核算"|"业务核算"|"期末处理"命令,打开"期末处理"对话框。

② 选择需要进行期末处理的仓库,单击"确定"按钮,系统弹出"您将对所选仓库进行期末处理,确认进行吗?"信息提示对话框;单击"确定"按钮,系统自动计算存货成本;完成后,系统弹出"期末处理完成!"信息提示对话框,单击"确定"按钮返回。

③ 执行"业务核算"|"月末结账"命令,打开"月末结账"对话框。

④ 单击"确认"按钮,系统弹出"月末结账完毕!"信息提示对话框,单击"确定"

按钮返回。

(5) 暂估成本结算处理。

① 以会计人员"W02 张文华"身份登录,修改登录日期为"2018 年 8 月 1 日",执行"存货核算"|"财务核算"|"生成凭证"命令,在"查询条件"对话框中,单击"全消"按钮,勾选"(24)红字回冲单"复选框,单击"确定"按钮,在"生成凭证"界面补录红字回冲单贷方科目为"应付账款——暂估应付款"。生成凭证,修改红字"凭证日期"为"2018 年 8 月 1 日"后,保存凭证。以采购人员"G01 林群"身份登录,修改"注册日期"为"2018 年 8 月 6 日"。

② 执行"供应链"|"采购管理"|"采购发票"|"专用采购发票"命令,单击工具栏中的"增加"按钮,使"生单"变成实色。单击"生单"旁边的向下箭头,选择"入库单"选项,在"拷贝并执行"界面,依次单击"全选""确定"按钮。

③ 在生成的专用发票界面,输入"发票号"为 567890116933,依次单击工具栏中的"保存""结算"按钮,专用发票左上角随即显示"已结算"图标。

④ 以会计人员"W02 张文华"身份登录,修改"注册日期"为"2018 年 8 月 6 日"。

⑤ 执行"财务会计"|"应付款管理"|"应付单据处理"|"应付单据审核"命令,在"应付单查询条件"对话框中单击"确定"按钮,在"应付单据列表"窗口中,单击工具栏上的"全选"及"审核"按钮,对相应发票进行审核并制单。

⑥ 执行"供应链"|"存货核算"|"业务核算"|"结算成本处理"命令,选择"卫浴用品仓库",选择显示记录,单击工具栏上的"暂估"按钮。

⑦ 执行"存货核算"|"财务核算"|"生成凭证"命令,在"查询条件"对话框中,单击"全消"按钮,勾选"(30)蓝字回冲单(报销)"复选框,单击"确定"按钮。修改"凭证日期"为"2018 年 8 月 6 日"后,保存凭证。

⑧ 将账套输出至 D 盘根目录下"7-3 采购与应付"文件夹。

思政园地

数字中国(七)——南方水泥:以数字化技术驱动采购变革

南方水泥是中国建材旗下水泥业务板块的核心企业之一,公司拥有水泥企业 123 家,商混(商品混凝土)企业 185 家,水泥、商混综合产能位居全国第一。2015 年,南方水泥与用友合作,着手 ERP 数字化采购平台建设,借助该平台,南方水泥融合新一代信息化技术,驱动南方水泥实现了采购变革。

采购平台的建设,规范了企业采购流程,年度累计采购金额 120 亿元,采购流程在线化率达到 96%，采购效率提升 10%。连接供应商与南方水泥的整体连接，同时与外部 TMS 平台进行整合，实现全采购/供应链条上的可视化，从订单确认、供应商发货、物流跟踪、入库签收、对账开票整个流程实现端到端一体化。通过供应商统一准入管理，实现全公司 96%以上的采购流程在线化，实现库存共享，降低采购成本。

第8章 销售与应收款管理系统

理论知识

8.1 销售与应收款管理系统概述

8.1.1 销售与应收款管理系统的功能

销售与应收款管理系统集销售业务处理、计划、核算、监督、分析功能的功能系统为一体,以完成销售业务的处理和管理,充分提高企业的经济效益为目标。销售与应收款管理系统将销售业务处理和核算合为一体;实现对于销售业务的事前、事中、事后管理。

8.1.2 销售与应收款管理系统和其他系统之间的关系

销售与应收款管理系统中录入的销售订单、销售发货单传递到库存管理系统中生成销售出库单,并将出库情况反馈给销售与应收款管理系统,销售管理与应收款管理可以根据库存管理系统的销售出库单生成销售发票。

经过审核确认的出库单传递到存货核算系统中登记存货明细账;存货核算系统为销售管理系统提供销售成本。

销售与应收款管理系统中销售发票记账、应收款核销等业务生成的记账凭证传递到总账管理系统,在总账管理系统中可进行查询、审核和记账操作。

销售与应收款管理系统处理直运业务时,销售管理与应收款管理中的销售订单会传递到采购与应付款管理系统中生成采购订单;直运销售发票传递到存货核算系统中登记存货明细表,当企业不启用直运销售必有订单控制时,直运销售发票会传递到采购管理系统中,直运采购发票可参照直运销售发票生成。销售与应收款管理中的应收款和采购与应付款管理中的应付款之间可以进行转账处理。

8.1.3 销售与应收款管理系统数据流程

销售管理系统数据处理流程如图 8-1 所示。
应收款管理系统数据处理流程如图 8-2 所示。

图 8-1 销售管理系统数据处理流程

图 8-2 应收款管理数据处理流程

8.2 销售与应收款管理系统业务处理

8.2.1 销售与应收款管理系统初始设置

销售与应收款管理系统的初始设置,是为用户在计算机上处理自己企业的销售业务准备一个适宜的运行环境,并在企业的经济业务处理发生变化时对已有的设置进行修改,以便适应企业的这种变化。系统的初始设置主要有以下几种。

1. 账套建立

建账设置的作用是为系统建立各种已清空的数据库文件和对系统需要进行的客户代码等代码设置设定编码规则。因此，初始建账非常重要，一旦设置错误，将影响系统的日常处理，而且设置时要考虑企业将来的业务发展。例如，初始建账时，要设置客户、存货等档案信息，设置信息在初始建账中一旦确定并在后续日常处理中启用后将无法修改。

2. 基础档案信息设置

(1) 客户档案设置。客户档案设置用来对购货的客户建立客户档案，以便对客户进行管理。在这里最主要的设置是客户代码和客户单位名称。除此以外，客户的银行账号、电话、邮政编码等资料也是设置的内容。一般来说，客户代码一经设置并使用，既不允许删除也不允许修改，只允许增加新的客户单位。

(2) 销售部门和销售人员档案设置。销售部门和销售人员档案设置是对独立完成销售业务的企业各部门和个人进行编码，以便在销售业务中明确责任单位和责任人，以及统计各销售部门和销售人员的销售业绩。为了保证数据的一致性，销售部门和销售人员的编码一旦设定并被使用，既不允许删除，也不允许修改。除编码以外的其他内容允许修改。

(3) 存货分类设置。存货分类用于设置存货分类编码、名称等。一般来说，工业企业的存货分类可以分为三类：材料、产成品、应税劳务。商业企业的存货分类一般可以分为两类：商品、应税劳务。

(4) 计量单位设置。该功能用于设置存货的计量单位组和计量单位信息。未使用的计量单位的类别可随时修改；已被存货档案引用的计量单位所在的计量单位组的类别不能修改。

(5) 存货档案设置。实现对存货档案的设立和管理，随同发货单一起开具的应税劳务等也应设置在存货档案中。用户可以根据业务的需要方便地增加、修改、删除、查询、打印存货档案。存货档案设置中还包含增值税税率设置。不同的产品"应交增值税——销项税额"的税率不同，因此需要根据企业销售产品的纳税要求设置所适应的税率，以便在处理销售业务时选择对应的税率由系统自动计算对应的应税金额。

(6) 结算方式设置。企业销售货款的结算方式主要有现金、支票、汇兑、银行汇票、商业汇票、银行本票、托收承付和委托收款等。由于不同的结算方式管理要求不同(如对支票等需要登记支票号以便加强对支票的管理和进行银行对账)，对应的会计科目也可能不同，因此，在设置每种结算方式时需要设置对应的会计科目，以便系统自动生成相应的记账凭证。

(7) 付款条件设置。采用赊销方式进行销售时，为了促使购货单位及时支付货款，当满足一定的付款条件时，销售单位可以给予一定的折扣。为了处理这种业务需要进行付款条件的设置。付款条件主要设置折扣有效期限、对应折扣率和应收账款的到期天数，如10天以内付款则给予20%的折扣。

(8) 销售类型。用户在处理销售业务时，可以根据自身的实际情况自定义销售类型；在填制发货单、销售出库单等单据时，会涉及销售类型选择，以便于按销售类型对销售业务数据进行统计和分析。本功能完成对销售类型的设置和管理，用户可以根据业务的需要方便地增加、修改、删除、查询、打印销售类型。

除此之外,销售与应收管理基础档案信息设置中的仓库档案、收发类别,以及产品结构档案设置的具体方式和采购与应付款管理基础档案信息设置类似,在此不再赘述。

3. 销售管理系统的初始设置

1) 期初数据录入

为了保证企业销售业务的连续性,在启用销售管理系统之初应录入系统启用之前的各类期初数据。期初数据审核后有效,在月末结账时记入有关销售账中。期初数据只有开账的第一年可以录入,开账后第一个会计月结账后不再允许新增、修改或删除期初数据,但可以对期初数据审核和弃审。期初数据通过各类期初单据输入系统中,需录入的期初单据包括期初发货单和期初委托代销发货单。

期初发货单处理销售管理系统启用日之前已经发货、出库,但尚未开发票的业务包括普通销售、分期收款发货单。而期初委托代销发货单用于处理销售管理系统启用日之前已经发生,但未完全结算的委托代销发货单。

2) 系统选项设置

(1) 超订货量发货控制。企业如允许超订货量发货,可以选择超订量发货控制选项,此时销售发货单、销售发票在参照销售订单生单时,发货单/发票的累计发货数量允许超出订单量,即允许累计发货(开票)数>订单数量,但需要根据存货档案中的发货超额上限进行控制,即累计发货(开票)数≤订单数量(1+存货档案的发货超额上限)。

(2) 超发货量开票控制。销售发票在参照销售发货单生成时,销售发票保存时会检查发货单的累计开票数和发货数。如果发货单的累计开票数>发货数量,不允许保存。企业如允许超发货量开票可以选择"超发货量开票控制"选项,此时销售发票保存时不再检查发货单的累计开票数和发货数,允许单据保存。

(3) 最低售价控制。最低售价是指存货销售时的最低销售单价。如果企业需要在销售系统中进行最低售价控制,可设置最低销价控制口令,控制销售价格的上限,限制业务员的权限。此时销售存货,如果销售单价低于此最低售价,系统则要求用户输入口令,如果口令输入正确,方可低于最低售价销售,否则不能低于最低售价销售。

4. 应收款管理系统的初始设置

1) 会计科目设置

(1) 基本科目设置。即对会计核算使用的基本科目进行设置,若用户未在单据中指定科目,且控制科目设置与产品科目设置中没有明细科目的设置,则系统制单依据制单规则取基本科目设置中的科目设置。基本科目是指应收款管理系统凭证制单所需要的会计科目,主要包括应收科目、预收科目、销售收入科目、税金科目等,如核算应收款的科目设置为"应收账款",注意,"应收账款"科目必须是按"客户"辅助核算的科目;核算销项税的科目设置为"应交税费——应交增值税——销项税额"。

(2) 控制科目设置。进行应付科目、预付科目的设置,如核算预收款的科目设置为"预收账款"。控制科目可按客户分类、地区分类、销售类型、存货分类进行控制科目的设置。

若单据上有科目,则制单时取单据上科目,若无,则系统依据单据上的客户信息在制单时自动带出控制科目。若控制科目没有输入,则系统取基本科目设置中应收、预收科目。

(3) 产品科目设置。进行销售收入科目、应交增值税科目、销售退回科目的设置,如核算存货采购的科目设置为"材料采购"。若产品科目没有输入,则系统取基本科目设置中的销售收入、税金科目。如果按存货分类进行科目设置,则可按存货分类+税率进行科目的设置。

(4) 结算方式科目设置。进行结算方式、币种、科目的设置。设置不同结算方式对应的科目,如:"现金"结算方式对应的科目设置为"库存现金","支票"结算方式对应的科目设置为"银行存款"。对于现结的发票及收付款单,若单据上有科目,则制单时取单据上科目,若无,则系统依据单据上的结算方式查找对应的结算科目,系统制单时自动带出,若未输入,则录入相应单据时需手工输入凭证科目。

2) 坏账准备设置

坏账初始设置是指定义应收款管理系统内计提坏账准备比率和设置坏账准备期初余额的功能,其作用是应收款管理系统根据应收账款进行计提坏账准备。企业应于期末针对不包含应收票据的应收款项计提坏账准备,其基本方法是销售收入百分比法、应收账款余额百分比法、应收账款账龄百分比法等。计提坏账准备的方法和计提的有关参数设置在坏账准备设置中完成。例如,当在系统参数中设置坏账处理方法为应收账款余额百分比法时,相关参数设置包括计提比例、坏账准备期初余额以及坏账入账科目。

3) 账龄区间设置

为了对应收账款进行账龄分析,首先应在此设置账龄区间,主要设置各账龄区间的天数。账龄区间设置指用户定义账期内应收账款或收款时间间隔的功能,设置账龄区间是便于用户根据自己定义的账款时间间隔,进行账期内应收账款或收款的账龄查询和账龄分析,清楚了解在一定期间内所发生的应收款、收款情况。

4) 逾期账龄区间设置

逾期账龄区间设置是指用户定义逾期应收账款或收款时间间隔的功能,设置逾期账龄区间是便于用户根据自己定义的账款时间间隔,进行逾期应收账款或收款的账龄查询和账龄分析,清楚了解在一定期间内所发生的应收款、收款情况。

5) 系统选项设置

(1) 受控科目制单方式。应收款管理系统提供两种制单方式:明细到客户、明细到单据。

① 明细到客户。当将一个客户的多笔业务合并生成一张凭证时,如果核算这多笔业务的控制科目相同,系统将自动将其合并成一条分录。这种方式的目的是用户在总账系统中能够根据客户来查询其详细信息。此种方式下,应收账款核销、红票对冲等制单采取合并制单方式,不单独制单。

② 明细到单据。当用户将一个客户的多笔业务合并生成一张凭证时,系统会将每一笔业务形成一条分录。这种方式的目的是用户在总账系统中也能查看到每个客户的每笔业务的详细情况。

(2) 应收款核销方式。核销即收款冲销应收款的操作,应收款管理系统提供两种应收款的冲销方式:按单据、按存货(产品)。

① 按单据核销。系统将满足条件的未结算单据全部列出，由用户选择要结算的单据，根据用户所选择的单据进行核销。

② 按存货核销。系统将满足条件的未结算单据按存货列出，由用户选择要结算的存货，根据用户所选择的存货进行核销。

6) 期初余额录入

用户需要将正式启用账套前的所有应收业务数据录入系统中，作为期初建账的数据，系统即可对其进行管理，这样既保证了数据的连续性，又保证了数据的完整性。

当初次使用应收款管理系统时，要将上期未处理完的单据录入应收款管理系统，以便于以后的处理。当进入第二年度处理时，系统自动将上年度未处理完的单据转成为下一年度的期初余额。在下一年度的第一个会计期间，可进行期初余额的调整。期初数据通过各类期初单据输入系统中，需录入的期初单据包括期初销售发票、期初应收单、期初预收单和期初票据。

期初销售发票是指还未核销的应收账款，在应收款管理系统中以发票的形式列示，已核销部分金额不显示。期初应收单是指还未结算的其他应收单，在应收款管理系统中以应收单的形式列示，已核销部分金额不显示。期初预收单是指提前收取的客户款项，在系统中以收款单的形式列示。期初票据是指还未结算的票据。

8.2.2 销售与应收款管理系统日常业务处理

销售管理系统提供的日常业务处理内容主要包括销售报价、销售订货、销售发货、销售出库，以及销售开票。

应收款管理系统提供的日常业务处理内容主要包括提供应收单据处理、收款单据处理、核销处理、坏账处理、转账处理，以及制单处理。

1. 销售管理系统的日常业务处理

1) 销售管理系统的输入

销售管理系统的日常数据输入主要是销售报价单、销售订单、发货单、出库单、销售发票和退货单的输入。

(1) 报价单的输入。销售报价单是指企业用于向客户提供货品、规格、价格、结算方式等信息的单据。销售双方达成协议后，销售报价单转为有效力的销售订单。企业可以针对不同的客户、存货、批量提出不同的报价、扣率。销售报价单是可选单据，用户可根据业务的实际需要选择是否输入销售报价单。

(2) 销售订单的输入。对于需要组织生产或批量较大的销售业务，一般是从签订销售合同输入销售订单开始的。销售订单对应于企业的销售合同中订货明细部分的数据内容，这些数据包括订货日期、订单号、收款条件、销售部门、业务员、客户名称、货品名称、数量、单位、单价和税率等。但由于销售订单中没有关于合同中付款内容的描述，故而销售订单不能完全代替销售合同。在输入销售订单过程中，凡是可以使用系统提供的菜单选择输入功能的项目都应该使用选择输入，以减少输入错误。销售订单输入后需要进行确认，只有经过审核确认的销售订单才可以据以由系统自动生成相应的销售发票。在实际销售业务处理中，企业可以根据业务的实际需要选择是否输入销售订单。

(3) 发货单的输入。发货单一般由系统根据销售订单自动生成。但是，在特殊情况下(如小额的现货交易等)也允许在没有销售订单的情况下由有关业务人员手工输入。发货单是销售方给客户发货的凭据，也可作为仓库出货的依据。无论是工业企业还是商业企业，发货单都是销售管理系统的核心单据。

发货单除了销售订单所有的基本内容外，一般还应有发货日期、发货单号、货物所在仓库、发往地址、发运方式等与货物管理有关的基本内容。

(4) 销售出库单的输入。销售出库单是销售出库业务的主要凭据，在库存管理系统中用于存货出库数量核算，在存货核算系统中用于存货出库成本核算。销售出库单通常不需要用户手工输入，一般由系统自动生成或参照相关销售单据生成，用户仅需对销售出库单上某些项目的数据进行修改即可。企业可选择是否在销售管理系统中生成出库单，若不由销售管理系统生成销售出库单，则销售出库单在库存管理系统中根据销售发货单生成。

销售出库单按进出仓库方向分为蓝字销售出库单、红字销售出库单；按业务类型分为普通销售出库单、委托代销出库单、分期收款出库单。

蓝字出库单是销售出库单的正向单据。蓝字出库单中存货的金额必须大于等于零。红字出库单是销售出库单的逆向单据。红字出库单中存货的金额必须小于等于零。在销售业务活动中，如果发现已出库的货物因质量等因素要求退货，则对普通销售业务进行退货单处理并填制红字出库单。如果发现已审核的出库单数据有错误(如多填数量等)，可以原数冲回，即将原错误的出库单，以相等的负数量填制红字出库单，冲抵原出库单数据。销售管理系统启用时，用户可以输入期初红字出库单。

(5) 销售发票的输入。销售发票是供售出单位内部确认销售实现的依据，应收款管理系统将依据销售发票的记录生成记账凭证和销售有关的各种统计数据。因此销售发票上除了销售订单的内容外，还需要输入开票日期、发票号、客户名称、地址、开户行、银行账号等。销售发票是会计核算的依据，销售产品的价格与金额由销售发票决定，当然，与客户结算的金额也由它来决定。销售发票可由销售订单或销售发货单生成。

销售发票按业务性质分为蓝字发票、红字发票；按发票类型分为增值税专用发票和普通发票。销售普通发票可以针对未录入税号的客户开具，而销售专用发票不能针对未录入税号的客户开具。

需要注意的是，这里所说的销售发票与销售过程开给客户的发票是不同的两种凭证。虽然从技术上来说，依据销售发票由计算机打印提供给用户的发票完全没有问题，但由于发票管理的原因，目前制度规定不允许使用普通计算机打印的发票，因此开给客户的发票只能使用税务机关提供的专用税控系统软件打印发票。实际上，在与税务机关联网的条件下，企业通过网络向税务机关提出打印发票的请求，税务机关记录销售金额后将发票号传送给企业，企业使用得到的发票号打印发票。使用打印增值税专用发票，税务机关可以记录每一张发票的使用情况，其管理的严格程度将比目前的方式要高得多。这种方式应该是今后增值税发票管理的一个可行的发展方向。

(6) 退货单的输入。退货单是确认退货发生的单据。为了保证退货单数据与原销售发票的数据一致,输入退货单时首先输入原销售发票号,由销售管理系统自动将原销售发票的客户、货品名称、单位、单价、税率等数据自动复制到退货单中,用户只需要输入退货数量即可。

2) 销售管理系统的处理

此处讲述的销售管理系统的数据处理,主要是从用户使用的角度考虑的,主要包括销售业务数据的输入处理、销售发货及销售开票处理、销售出库处理、销售退货处理、现收业务处理、代垫费用处理、零售业务处理和常见销售业务类型处理。

(1) 销售业务数据的输入处理。从日常业务数据的输入可以看出,销售管理系统日常业务数据输入项目较多,输入的工作量较大,因此输入出现错误的可能性也大。为保证数据输入的正确和可靠,尽量减少输入的工作量,在系统的输入设计中采用了一些针对性措施。了解设计中的这些处理特点对于正确、灵活地使用销售管理系统处理企业的销售业务具有重要意义。

① 用户界面尽量与手工单据格式一致,减少因使用习惯差异带来的错误。尽管这种设计对于初次使用计算机系统进行业务处理的用户具有重要意义,但需要注意的是,这种格式的一致是有限的,在格式一致的现象下,用户界面中还包含计算机重要的使用特点。所以在凭证输入时为了避免误操作,每张凭证输入完毕需要做存盘操作;输入下一张凭证前需要做增加操作;增加一条记录需要做插入操作;等等。为了用户使用方便,系统在多数用户界面都提供增加、插入、删除等常用操作的快捷键,熟悉这些快捷键的标志和使用方法是熟练使用系统的基础。

② 相互关联的凭证可以由系统自动互相生成。在销售管理系统中,销售订单、销售发票、发货单和收款单是互相关联的一组凭证。为了保证数据的一致性,一般采用根据销售订单自动生成发货单、销售发票,根据销售发票自动生成收款单。这种相互自动生成的主要目的是防止重复输入可能发生的错误。

③ 凡是在初始设置中进行过设置的项目(如产品名称、客户单位、销售方式、结算方式、税率、价格政策等项目),在输入的用户界面对应项目中设置操作键,用以调出设置内容供用户选择输入,从而减少输入工作量,保证输入的正确。

④ 对通过输入的原始数据计算生成的数据,如总金额、应税金额等采用计算机自动计算并填入对应项目,供用户进行检验。

⑤ 作为正式记录存入系统的凭证应该经过确认。销售数据直接与企业的钱和物有关,为了保证业务的真实和数据的正确,只有经过确认的销售订单才能够自动生成销售发票,同样只有经过确认的销售发票才能自动生成收款单。数据输入与确认的分离和操作权限的设置,在销售管理系统中构成了基本的控制体系。

(2) 销售发货及销售开票处理。销售发货是企业执行与客户签订的销售合同或销售订单,将货物发往客户的行为,是销售业务的执行阶段。当客户订单交期来临时,相关人员应根据订单进行发货。

销售开票是指在销售过程中企业给客户开具销售发票及其所附清单的过程,它是销售收入确定、销售成本计算、应交销售税金确认和应收账款确认的依据,是销售业务的必要环节。

企业通常根据销售订单发货,但销售管理系统也提供直接发货的功能,即无须事先录入销售订单可以直接输入发货单将产品发给客户。由于销售出库单需根据销售发货单生成,因此在销售业务处理流程中,销售发货处理是必需的。按照发货和开票的时间先后,可以将销售发货业务划分为先发货后开票模式和开票直接发货模式。

① 先发货后开票模式。在先发货后开票模式下,发货单由销售部门根据销售订单填制或手工输入;发货单审核后,可以生成销售发票、销售出库单。先发货后开票模式业务处理流程如图 8-3 所示。

图 8-3　先发货后开票模式业务处理流程

② 开票直接发货模式。在开票直接发货模式下,发货单由销售发票自动生成,发货单只作浏览,不能进行修改、删除、弃审等操作,但可以关闭、打开;销售出库单根据自动生成的发货单生成。开票直接发货流程如图 8-4 所示。

图 8-4　开票直接发货流程

在这一处理过程中,销售发票既可以直接填制,也可以根据销售订单或销售发货单生成。根据发货单开票时多张发货单可以汇总开票,一张发货单也可拆单生成多张销售发票。

(3) 销售出库处理。销售出库是销售业务处理的必要环节,在库存管理系统中用于存货出库数量核算,在存货核算系统中用于存货出库成本核算。

根据参数设置的不同,销售出库单可在销售系统中生成,也可在库存管理系统中生成。企业若选择在销售管理系统中生成出库单,则由销售管理系统在发货单、销售发票、零售日报、销售调拨单审核/复核完成后,自动生成销售出库单并传到库存管理系统和存货核算系统。此时,库存管理系统不可修改出库数量,即一次发货一次全部出库。若不选择,则销售出库单由库存管理系统根据销售发货单生成。此时,在库存管理系统中可以修改本次出库数量,即一次发货多次出库。

(4) 销售退货处理。在实务中,因货物质量、品种、数量等不符合要求的原因,客户可能将已购货物退回给本单位。销售退货处理与正常销售的流程基本一致。具体来说,销售退货可分为 3 种情况:开票前全部退货、开票前部分退货,以及开票后退货。

① 开票前全部退货。若需要退货的货物并未出库,则仅需删除发货单即可;而若货物已出库,则需要填制销售退货单和一张全额数量的红字销售出库单。开票前全部退货业务处理流程如图 8-5 所示(以货物已出库情况为例)。

图 8-5 开票前全部退货业务处理流程(以货物已出库情况为例)

② 开票前部分退货。此时发生的销售退货业务,根据货物是否为出库业务,处理流程也有所区别。货物未出库发生开票前部分退货,则仅需修改发货单数额,根据新发货单开具发票并生成出库单即可。而当货物已出库发生开票前部分退货,则应以退货数额填制退货单生成一张对应的红字销售出库单。同时,根据发货单和退货单生成销售发票,销售发票上的结果是发货单与退货单的金额差。开票前部分退货业务处理流程如图 8-6 所示(以货物已出库情况为例)。

图 8-6 开票前部分退货业务处理流程(以货物已出库情况为例)

③ 开票后退货。在开出销售发票后发生退货，不论是发生部分退货还是全部退货，处理流程一致。开票后退货的具体处理方法有先退货后开票和开票直接退货两种。

- 先退货后开票。由于此时货物已经全部出库，故需要填一张退货单，再填制一张红字销售发票；然后，根据退货单生成红字出库单，在存货核算系统记账并在应收款管理系统中将红字销售发票记账，先退货后开票业务处理流程如图 8-7 所示。

图 8-7 先退货后开票业务处理流程

- 开票直接退货。这种方法与先退货后开票处理方法的区别是先填制红字销售发票，发票复核通过后自动生成退货单，其余处理方法完全一致，其主要业务处理流程如图 8-8 所示。

图 8-8 开票直接退货业务处理流程

(5) 现收业务处理。现收是在货款两讫的情况下，在销售结算的同时向客户收取货款。在销售发票、销售调拨单、零售日报等收到货款后可以随时对其单据进行现结处理，现结操作必须在单据复核操作之前。一张销售单据可以全额现收，也可以部分现收。现收业务处理流程如图 8-9 所示。

图 8-9 现收业务处理流程

(6) 代垫费用处理。代垫费用是指在销售业务中，随货物销售所发生的(如运杂费、保险费等)暂时代垫费用，将来需向对方单位收取的费用项目。代垫费用实际上形成了用户对客户的应收款,代垫费用的收款核销由应收款管理系统来处理,在销售系统仅对代垫费用的发生情况进行登记。代垫费用业务处理流程如图8-10所示。

图8-10 代垫费用业务处理流程

(7) 零售业务处理。零售业务是处理商业企业将商品销售给零售客户的销售业务。如果用户有零售业务,相应的销售票据是按日汇总数据,然后通过零售日报进行处理。这种业务常见于商场、超市及企业的各零售店。零售日报不是原始的销售单据,是零售业务数据的日汇总。零售业务处理流程如图8-11所示。

图8-11 零售业务处理流程

(8) 常见销售业务类型处理。常见销售业务类型有以下几种。

① 普通销售业务。普通销售业务模式支持正常的销售业务,适用于大多数企业的日常销售业务。用户可以根据企业的实际业务应用,结合本系统对销售流程进行可选配置。普通销售业务根据"发货—开票"的实际业务流程不同,可以分为两种业务模式:先发货后开票模式和开票直接发货模式。系统在处理两种业务模式时的流程不同,但允许两种流程并存。系统判断两种流程的本质区别是先录入发货单还是先录入发票。

- 先发货后开票模式,即先录入发货单。在这种模式下,销售管理系统根据销售订单生成发货单,再根据发货单在销售管理系统中生成发票,并在库存管理系统中生成出库单,进而结转成本和收入。先发货后开票模式业务处理流程如图8-12所示。
- 开票直接发货模式,即先录入发票。在这种模式下,销售管理系统根据销售订单生成发票,发票复核时在销售管理系统中自动生成发货单,并在库存管理系统中生成出库单,进而结转成本和收入。开票直接发货模式业务处理流程如图8-13所示。

② 委托代销业务。委托代销业务是指企业将商品委托他人进行销售,但商品所有权仍归本企业的销售方式。委托代销商品销售后,受托方与企业进行结算,并开具正式的销售发票,形成销售收入,商品所有权转移。故而依据实际业务处理流程,委托代销业务只能先发货后开票。委托代销业务处理流程如图8-14所示。

第 8 章 销售与应收款管理系统

图 8-12 先发货后开票模式业务处理流程

图 8-13 开票直接发货模式业务处理流程

图 8-14 委托代销业务处理流程

③ 受托代销业务。受托代销是一种先销售后结算的采购模式，指其他企业委托本企业代销其商品，代销商品的所有权仍归委托方；代销商品销售后，本企业与委托方进行结算，开具正式的销售发票，商品所有权转移。受托代销的业务模式是与委托代销相对应的一种业务模式，可以节省商家的库存资金，降低经营风险。

该项业务的处理适用于有受托代销业务的商业企业。因此，受托代销业务的处理要求企业类型为"商业"；受托代销商品，必须在存货档案选择"是否受托代销"功能并且把存货属性设置为"外购""销售"，采购订单中的采购类型设置为"受托代销"。

对受托方而言，受托代销业务有两种常见核算方法：一种是收取手续费方式；另一种是视同买断方式。这里以收取手续费方式为例进行介绍，在这种方式下可以将受托代销业务处理流程分为3个阶段，包括收到受托代销商品、销售受托代销商品和受托代销结算。

受托代销业务在第一阶段对于受托代销商品的核算无须录入暂估成本，直接在存货核算系统中记账，但由于受托代销前期未开具发票，故而采购的货物实质上依然是暂估入账。仅是由于采购合同中包含单价，使得生成的入库单亦包含单价，故而可以省略暂估成本录入。

在第三阶段，企业向委托方开出商品代销清单环节，业务操作实质上遵循的是暂估成本结算流程。但由于货物单价已经确定，故而无须生成红、蓝字回冲单。

受托代销业务处理流程如图 8-15 所示。

图 8-15 受托代销业务处理流程(续)

④ 分期收款业务。分期收款发出商品业务与委托代销业务类似，两类业务均是提前将货物发给客户，分期收回货款。所不同的是分期收款销售是一次发货，当时不确认收入；后续分次确认收入，在确认收入的同时配比性地转成本。分期收款业务也是只能先发货后开票。分期收款业务处理流程如图 8-16 所示。

第一阶段：分期收款发货处理

第二阶段：分期收款结算处理(按每次实际结算部分开具发票、确认收入并结转成本)

图 8-16 分期收款业务处理流程

⑤ 直运业务。直运业务是指产品无须入库即可完成的购销业务，由供应商直接将商品发给企业的客户，没有实际的入库处理，财务结算由供销双方通过直运销售发票和直运采购发票分别与企业结算。直运业务适用于大型电器、汽车和设备等产品的购销。直运销售涉及的存货应具有"内销""外购"属性。同时需要注意的是，直运业务在订单非必有模式下，可分为两种情况：一种是直运业务有销售订单，则必须由销售和采购订单生成销售和采购发票；另一种是没有销售订单，直运采购发票和直运销售发票可互相参照。直运业务处理流程如图 8-17 所示。

第一阶段：直运业务合同签订及发票的开具

图 8-17 直运业务处理流程

第二阶段：货物由第三方运抵，客户确认应收客户账款及应付第三方账款

图 8-17 直运业务处理流程(续)

3) 销售管理系统的输出

销售管理系统的输出主要是各种有关统计、分析的报表。统计分析报表按其作用和格式可以分成两类：一类是各单位常规管理所需要的各种报表，如发票日报表、销售统计表、发货统计表、销售收入明细表和销售增长分析表等。这些报表作用明确、格式也相对固定。因此一般由系统提供相应模板，用户根据需要控制生成；另一类是企业销售管理所需要的各种报表，这些报表由于不同企业有不同的管理要求，因此也就有各种不同的格式要求。这些报表是企业管理的重要依据，但又是手工方式很难及时、准确提供的。在计算机条件下，系统完全可以方便地提供这些信息，如分部门、按销售人员或按商品种类分类的客户费用、部门费用、业务员费用统计等。这类统计分析报表生成报表时需按用户需要确定筛选条件。这类报表也可在系统中根据用户的一般需要设置模板，并给用户一定的自定义字段以方便用户使用。

2. 应收款管理系统的日常业务处理

1) 应收款管理系统的输入

应收款管理系统的数据输入主要包括应收单据与收款单的输入。

(1) 应收单据的输入。在系统中填制销售发票、应收单，统称为应收单据。销售发票前已述及，不再赘述。这里我们仅对应收单进行介绍。

应收单用于记录销售业务之外的应收款情况，应收单的方向包括正向和负向。若启用销售管理系统，则销售发票在销售管理系统录入而不在应收款管理系统中录入，并传递给

应收款管理系统,仅在应收款管理系统进行审核。若未启用销售管理系统,则应在应收款管理系统中录入销售业务中的各类发票,以及销售业务之外的应收单。

(2) 收款单的输入。收款单可用于现款结算、核销应收账款、收回商业汇票款或者形成预收账款。收款单要求输入的基本数据有客户代码、结算方式(如现金、支票、汇票等)、经手人代码、金额、结算科目、银行账号、币种等。

2) 应收款管理系统的处理

应收款管理系统的数据处理主要包括单据处理、核销处理、转账处理、坏账处理和制单处理5个部分。

(1) 单据处理。应收款管理系统的单据处理包括应收单据处理和收款单据处理两类。

① 应收单据处理。应收单据处理即把应收单据进行记账,并在单据上填审核日期、审核人的过程。已审核的应收单据不允许修改及删除。在销售系统中增加的发票也在应收系统中审核入账。

② 收款单据处理。收款单据处理即收款申请的审核,即在单据上填审核日期、审核人的过程。已审核的收款单据不允许修改及删除。收款单据处理有3个含义:确认收款;对单据输入的正确与否进行审查;记入应收明细账。

(2) 核销处理。应收账款的核销是指确定收款单与原始采购发票、应收单之间对应关系的操作,即需要指明每一次收款是付的哪几笔销售业务的款项。明确核销关系后,可以进行精确的账龄分析,以便更好地管理应收账款。应收账款的核销有按单据核销与按存货(产品)核销两种方式。

① 按单据核销。按单据核销表示系统将按单据进行结算。这种方法下用户需要将收款单与应收单进行相关联,从中可以查询每一笔应收单的结款情况,以及每一笔收款单的结算情况。

② 按存货(产品)核销。按存货(产品)核销表示系统将按存货(产品)进行结算。这种方法下用户需要将收款单与应收单中的产品进行一一对应,从中可以查询每一种产品的应收情况、收款情况,以及每一笔收款单的结算情况。

(3) 转账处理。在日常处理中,常发生以下4种转账处理的情况。

① 应收冲应收。应收冲应收是指将客户、部门、业务员、项目和合同的应收款转到另一个中去。通过应收冲应收功能将应收账款在客户、部门、业务员、项目和合同之间进行转入、转出,实现应收业务的调整,解决应收款业务在不同客户、部门、业务员、项目和合同间入错户或合并户问题。

② 应收冲应付。应收冲应付是指用某客户的应收账款,冲抵某供应商的应付款项。

③ 预收冲应收。企业将应收客户款项与已收客户款项进行对冲,填制转账凭证,同时减少应收账款和预收账款账面余额。

④ 红票对冲。红票对冲是指用某客户的红字发票与其蓝字发票进行冲抵。

(4) 坏账处理。应收账款坏账处理包括计提坏账准备、发生坏账和坏账收回等内容。

① 计提坏账准备。系统提供的计提坏账的方法主要有销售收入百分比法、应收账款余额百分比法和账龄分析法。不管采用什么方法计提坏账,初次计提时,如果没有进行预先

的设置，首先应在初始设置中进行设置。应收账款的余额默认为本会计年度最后一天所有未结算完的发票和应收单余额之和减去预收款数额。外币账户用其本位币余额，可以根据实际情况进行修改。销售总额默认为本会计年度发票总额，可以根据实际情况进行修改。使用账龄分析法的各区间余额由系统生成，可以根据实际情况进行修改。需要注意的是，同一会计期间不能重复计提坏账准备。

② 发生坏账。发生坏账时，先要选择客户，然后系统会自动列出该客户的所有发票，再选择发生坏账的发票即可。

③ 坏账收回。如果发生的坏账又重新收回，可通过坏账收回来处理。在坏账收回时，先要选择客户，然后输入收回金额，再选择相应的收款单即可(收款单金额一定要与收回金额相等)。

(5) 制单处理。应收款管理系统中的制单处理即生成凭证，并将凭证传递至总账记账。系统在各个业务处理的过程中都提供了实时制单的功能。

常见的生成凭证种类有以下 6 种。

① 应收单制单。当系统依据销售发票生成记账凭证时，系统便可生成如下凭证。

　　借：应收账款——某客户
　　　　贷：主营业务收入
　　　　　　应交税费——应交增值税——进项税额

② 收款单制单。当某一销售发票与某一收款单核销完成后，收款方式为"支票"，系统便可生成如下凭证。

　　借：银行存款
　　　　贷：应收账款

③ 应收冲应收制单。当发现客户之间进行合并或发现已审核的销售发票或其他应收单据中客户错了；或者某个部门撤销了，要将该部门名下的应收款全部转到另一个部门名下；或者某个业务员离职了，要将该业务员名下所有的应收款转到另一个业务员名下，这时财务人员需要将这些业务进行调整，系统便可生成如下凭证。

　　借：应收账款——天津公司——转入户
　　　　贷：应收账款——深圳公司——转出户

④ 应收冲应付制单。如果存在既是客户又是供应商的情况，或存在企业欠供应商天津公司的钱，供应商天津公司又欠客户深圳公司的钱，客户深圳公司又欠本企业的钱这样的关系，则财务人员可进行转账处理，调整应收账款。

　　借：应付账款
　　　　预付账款
　　　　贷：应收账款

或者

　　借：应付账款
　　　　贷：应收账款
　　　　　　预收账款

⑤ 预收冲应收制单。如果在应收款核销中，使用了预收账款抵扣，系统便可生成如下凭证。

借：预收账款
　　贷：应收账款

⑥ 红票对冲制单。对同一个客户，既有蓝字发票，同时又有红字发票，财务人员需要将红蓝发票进行冲销，调整应收账款。系统便可生成同方向一正一负凭证，如下所示。

借：应收账款(红字)
借：应收账款(蓝字)

3) 应收款管理系统的输出

应收款管理系统的输出主要包括单据、业务账表、统计分析和科目账表输出。

(1) 单据输出主要指向总账系统输出的记账凭证。输出记账凭证是为了销售管理与应收款管理系统能够与总账系统联合运行，由计算机系统自动完成销售和应收业务的会计核算。应收款管理系统主要依据输入的销售发票和收款单，生成记账凭证，然后向总账系统传递的。应收款管理系统还提供发票、应收单、收付款单和凭证的查询。

(2) 业务账表输出可以进行总账、明细账、余额表和对账单的查询，并可以实现总账、明细账、单据之间的联查。

(3) 统计分析包括应收账龄分析、收款账龄分析、欠款分析和收款预测。

(4) 科目账表输出包括科目余额表和科目明细表。

8.2.3　销售与应收款管理系统期末业务处理

销售管理系统的期末业务处理主要指销售管理系统的月末结账和数据卸出。应收款管理系统的期末业务处理内容包括汇兑损益和月末结账。

1. 销售管理系统的期末业务处理

(1) 月末结账。销售管理系统的月末结账是逐月将每月的单据数据封存，并将当月的销售数据记入有关报表中。结账前用户应检查本会计月工作是否已全部完成，只有在当前会计月所有工作全部完成的前提下，才能进行月末结账，否则会遗漏某些业务。月末结账前一定要进行数据备份，否则数据一旦发生错误，将造成无法挽回的后果。

不允许跳月结账，只能从未结账的第一个月逐月结账；不允许跳月取消月末结账，只能从最后一个月逐月取消。上月未结账，本月单据可以正常操作，不影响日常业务的处理，但本月不能结账。月末结账后，已结账月份的销售管理系统中的发货单、销售发票等不可修改、删除。

采购管理、销售管理系统月末结账后，才能进行库存管理、存货核算、应付款管理系统的月末结账。

(2) 数据卸出。数据卸出是将当前数据库中不经常使用或业务已经执行完毕的数据，按照指定会计年度卸出到历史账套库，可以减少当前数据库的数据量，提高查询和操作效率。卸出的历史数据库可以进行数据查询。

在年末所有需要月结的产品结账以后，进行卸出操作，卸载日期取当年最后一个会计月的终止日期。卸出时只支持所有系统数据一起卸出，不支持分系统卸出。

2. 应收款管理系统的期末业务处理

(1) 汇兑损益。企业如果本期发生外币业务，则需要外币业务进行汇兑损益核算。一般来说，企业财会人员对外币业务处理的时点通常为应付业务结算完后或月末进行调整汇差，通过汇兑损益科目调整应收账款。

汇兑损益可以在月末计算，也可选择在单据结清时计算。

(2) 月末结账。如果确认本月的各项处理已经结束，则可以选择执行应付款管理系统月末结账功能。当执行月末结账功能后，该月将不能再进行任何处理。

实务训练

【实训准备】

引入"7-2 采购业务管理初始化"账套数据。

实训1 销售与应收款管理系统初始设置

【实训要求】

进行与销售业务相关的系统初始化。

1. 销售管理系统初始设置

(1) 单据格式及编号设置。

增加委托代销结算单表头项目"发票号"，增加销售费用支出单表头项目"单据流向"及"费用供应商名称"。修改销售订单编号规则为"完全手工编号"，销售支出编号规则为"手工改动，重号时自动获取"。

(2) 设置销售管理系统参数(见表8-1)。

表 8-1 销售管理系统参数

选 项 卡	参 数 设 置
业务控制	有委托代销业务 有分期收款业务 有直运销售业务 取消销售生成出库单

2. 应收款管理系统初始设置

(1) 设置应收款管理系统参数(见表8-2)。

表 8-2　应收款管理系统参数

选项卡	参数设置
常规	单据审核日期依据单据日期 坏账处理方式：应收余额百分比法 自动计算现金折扣
凭证	核销生成凭证

(2) 设置基本科目(见表 8-3)。

表 8-3　基本科目

基础科目种类	科目	币种
应收科目	1122	人民币
预收科目	220302	人民币
销售收入科目	6001	人民币
销售退回科目	6001	人民币
商业承兑科目	112102	人民币
银行承兑科目	112101	人民币
票据利息科目	6603	人民币
票据费用科目	6603	人民币
坏账入账科目	6701	人民币
现金折扣科目	6603	人民币
税金科目	22210103	人民币

(3) 设置坏账准备(见表 8-4)。

表 8-4　坏账准备

项目	参数设置
提取比例	0.5
期初余额	0
科目	1231
对方科目	6701

(4) 设置结算方式科目(见表 8-5)。

表 8-5　结算方式科目

结算方式	币种	本单位账号	科目
1 现金	人民币	12001657901052500555	1001
201 现金支票	人民币	12001657901052500555	100201
202 转账支票	人民币	12001657901052500555	100201
5 电汇	人民币	12001657901052500555	100201
8 托收承付	人民币	12001657901052500555	100201

(5) 录入期初数据。

应收账款——银行承兑汇票(112101)科目的期初余额为 138 000.00 元，如表 8-6 所示。

表 8-6　录入期初数据

签发(收到)日期/到期日	供应商/摘要	方向	票据编号/承兑银行	票面利率	合计金额
2018-04-04/2018-10-04	北京仁智百货有限公司/票据贴现	借	08989/中国建设银行	10%	138 000.00

3. 采购管理系统初始设置

设置采购管理系统参数(见表 8-7)。

表 8-7　采购管理系统参数

选　项　卡	参　数　设　置
业务及权限控制	启用受托代销

4. 存货核算系统初始设置

(1) 设置存货核算系统参数(见表 8-8)。

表 8-8　存货核算系统参数

选　项　卡	参　数　设　置
核算方式	委托代售成本核算方式：按发出商品核算 红字出库单成本：上次出库成本 入库成本选择：上次出库成本 结存负单价成本选择：上次出库成本

(2) 按照仓库设置存货科目(见表 8-9)。

表 8-9　按照仓库设置存货科目

仓　　库	分期收款发出商品科目名称	委托代销发出商品科目名称
01 床上用品仓库	分期收款发出商品(140601)	分期收款发出商品(140602)
02 卫浴用品仓库	分期收款发出商品(140601)	分期收款发出商品(140602)
03 不良品仓库		
04 受托代销商品库		
05 退货质检仓库		

【岗位说明】

以"A01 陈强"身份完成与销售业务相关的系统初始化。

【实训指导】

1. 销售管理系统初始化

(1) 单据格式及编号设置。

① 执行"基础档案"|"单据设置"|"单据格式设置"命令，打开"单据编号设置"窗口，在左侧树形结构中，依次单击"销售管理"|"委托代销结算单"|"显示"|"委托代销结算单显示模板"选项。

② 单击"表头项目"按钮，选中"发票号"复选框，拖动到合适位置，单击"保存"按钮。

③ 同理，增加"销售费用支出单"表头项目。

④ 执行"基础档案"|"单据设置"|"单据编号设置"命令，打开"单据编号设置"窗口，选择"编号设置"选项卡。

⑤ 在左侧树形结构中，依次单击"销售管理"|"销售订单"选项，单击" "按钮。

⑥ 选中"完全手工编号"项目前的复选框。

⑦ 单击"保存"按钮。同理，设置"销售支出"编码规则。

(2) 系统参数设置。

① 在"业务工作"选项卡中，单击"供应链"|"销售管理"选项，展开"销售管理"下级菜单。

② 在销售管理系统中，执行"设置"|"销售选项"命令，打开"销售选项"对话框。

③ 打开"业务控制"选项卡，按照实训资料的要求进行相应的设置。

④ 设置完成后，单击"确定"按钮。

🛠 知识拓展

销售系统期初数据录入

销售系统期初数据是指销售系统启用日期之前已经发货、出库但未开具销售发票的存货。如果企业有委托代销业务，则已经发生但未完全结算的存货也需要在期初数据中录入。

① 进入销售管理系统，执行"设置"|"期初录入"|"期初发货单"命令，进入"期初发货单"窗口。

② 单击"增加"按钮，输入发货日期，选择销售类型、客户名称及销售部门。

③ 选择仓库、存货，输入数量、无税单价，单击"保存"按钮。

④ 单击"审核"按钮，审核该发货单。

2. 应收款管理系统初始设置

(1) 系统参数设置。

① 在"业务工作"选项卡中，单击"财务会计"|"应收款管理"选项，展开"应收款管理"下级菜单。

② 在应收款管理系统中，执行"设置"|"选项"命令，打开"账套参数设置"对话框。

③ 单击"编辑"按钮，分别打开"常规""凭证"选项卡，按照实训资料的要求进行相应的设置。

④ 设置完成后，单击"确定"按钮。

(2) 科目设置。

① 从企业应用平台中进入应收款管理系统。

② 执行"初始设置"|"设置科目"|"基础科目设置"命令，单击左上角的"增加"按钮，按实训资料中的"科目"栏设置应收款管理系统基础科目。

(3) 坏账准备设置。

① 从企业应用平台中进入应收款管理系统。

② 执行"初始设置"|"设置科目"|"基础科目设置"命令，单击左上角的"增加"按钮，按实训资料设置坏账准备基础参数。

(4) 结算方式科目设置。

① 从企业应用平台中进入应收款管理系统。

② 执行"初始设置"|"设置科目"|"结算方式科目设置"命令，单击左上角的"增加"按钮，按实训资料设置应收款管理系统结算方式科目。

(5) 期初数据录入。

① 执行"设置"|"期初余额"命令，打开"期初余额—查询"对话框，单击"确认"按钮，进入"期初余额明细表"窗口。

② 单击工具栏上的"增加"按钮，打开"单据类别"对话框，"单据名称"选择"应收票据"，"单据类型"选择"银行承兑汇票"，单击"确认"按钮，进入"期初票据"窗口。

③ 单击工具栏上的"增加"按钮，按实训资料要求输入应收期初数据。输入完毕，退出"期初票据"窗口。

④ 单击"对账"按钮，与总账管理系统进行对账。

3. 采购管理系统初始设置

系统参数的设置可参考前序业务操作指导，在此不再赘述。

4. 存货核算系统初始设置

(1) 系统参数设置。

① 在"业务工作"选项卡中，单击"供应链"|"存货核算"选项，展开"存货核算"下级菜单。

② 在存货核算系统中，执行"初始设置"|"选项"|"选项录入"命令，打开"选项录入"对话框。

③ 打开"核算方式"选项卡，按照实训资料的要求进行相应的设置。

④ 设置完成后，单击"确定"按钮。

(2) 按照仓库设置存货科目。

① 从企业应用平台中进入存货核算系统。

② 执行"初始设置"|"科目设置"|"存货科目"命令，进入"存货科目"窗口，按

实训资料中的"存货科目设置"设置存货科目。

实训 2　普通销售业务

【实训要求】

完成以下普通销售业务处理。具体实训资料见实训指导。

【岗位说明】

以"X01 王大国"身份登录平台,完成销售管理系统业务处理。

以"C01 陈晨"身份登录平台,完成库存管理系统业务处理。

以"W03 黄宁"身份登录平台,完成收款单录入。

以"W02 张文华"身份登录平台,完成应收款管理系统及存货核算系统业务处理。

【实训指导】

1 日,与武汉美誉家纺股份有限公司签订销售协议。原始凭证如图 8-18～图 8-21 所示。

购销合同

合同编号:XS0001

卖方:天津凯撒家纺股份有限公司

买方:武汉美誉家纺股份有限公司

为保护买卖双方的合法权益,根据《中华人民共和国合同法》的有关规定,买卖双方经友好协商,一致同意签订本合同并共同遵守。

一、货物的名称、数量及金额

货物名称	规格型号	计量单位	数量	单价(不含税)	金额(不含税)	税率	税额
儿童床上四件套(卡通)	1.5M	套	60	330.00	19 800.00	16%	3 168.00
合　计					￥19 800.00		￥3 168.00

二、合同总金额:人民币贰万贰仟玖佰陆拾捌元整(￥22 968.00)。

三、收款时间:买方于签订合同 2 日内付款。

四、发货时间:卖方于签订合同当日向买方发出所有商品。

五、交货地点:天津凯撒家纺股份有限公司。

六、发运方式:买方承运。

卖　方:天津凯撒家纺股份有限公司　　　　买　方:武汉美誉家纺股份有限公司

授权代表:王大国(合同专用章)　　　　　　授权代表:周蓉(合同专用章)

日　　期:2018 年 7 月 1 日　　　　　　　　日　　期:2018 年 7 月 1 日

图 8-18　购销合同

图 8-19 增值税专用发票

图 8-20 商品出库单

图 8-21 电汇凭证

(1) 在销售管理系统中录入销售订单。

① 以销售人员"X01 王大国"身份登录,修改"注册日期"为"2018 年 7 月 1 日"。

② 执行"供应链"|"销售管理"|"销售订货"命令,双击"销售订单"选项,然后单击"销售订单"界面左上角工具栏中的"增加"按钮,注意表头"销售部门"选择"销售部",其余项目按销售合同录入相应销售信息,单击"保存"按钮并审核。

(2) 在销售管理系统中生成销售发票。

① 执行"供应链"|"销售管理"|"销售开票"命令,双击"销售专用发票"选项。

② 单击"销售专用发票"界面左上角工具栏中的"增加"按钮,单击弹出的"参照订单"对话框中的"确定"按钮,打开"参照生单"对话框,依次单击"全选""确定"按钮,返回"销售专用发票"界面,在表体"仓库名称"栏选择"床上用品仓库",单击工具栏中的"保存"按钮,最后单击工具栏上的"复核"按钮。

注意: 在销售管理系统中销售必须存在对应的"发货单",本例中"发货单"未采取手工录入方式,而是通过复核参照生成销售发票,系统自动生成"发货单"。发票复核完成后,可通过执行"销售发货"|"发货单"命令查询"发货单号"为 0000000001 的发货单且单据已经审核完毕。

(3) 在库存管理系统中生成"销售出库单"。

① 以仓管人员"C01 陈晨"身份登录,修改"注册日期"为"2018 年 7 月 1 日"。

② 执行"供应链"|"库存管理"|"出库业务"|"销售出库单"命令,依次单击工具栏中的"生单"按钮,选择"销售生单"选项,单击"查询"对话框中的"确定"按钮。

③ 进入"销售出库单"界面,依次单击"保存""审核"按钮。

(4) 在应收款管理系统中审核专用发票并生成销售发票记账凭证。

① 以会计人员"W02 张文华"身份登录,修改"注册日期"为"2018 年 7 月 1 日"。

② 执行"财务会计"|"应收款管理"|"应收单据处理"|"应收单据审核"命令,在"应收单查询条件"对话框中单击"确定"按钮,在"应收单据列表"窗口中,单击工具栏上的"全选"及"审核"按钮,对相应发票进行审核(注:此操作会在专用发票左上角标注"已审核"字样)。

③ 执行"应收款管理"|"制单处理"命令,在"制单查询"界面,选择"发票制单"选项,并单击"确定"按钮。

④ 在"销售发票制单"界面,依次单击"全选""制单"按钮,生成相应的记账凭证,选择"凭证类别"为"转账凭证",单击"保存"按钮或按 F6 键保存。

自动生成的销售记账凭证会计分录如下。

借:应收账款

    贷:主营业务收入

        应交税费——应交增值税(销项税额)

(5) 在存货核算系统中完成存货记账并生成销售成本结转记账凭证。

① 执行"供应链"|"存货核算"|"业务核算"|"正常单据记账"命令,在"查询条件选择"对话框中单击"确定"按钮,在"正常单据记账列表"窗口中,单击工具栏上的"全选"及"记账"按钮,对销售出库单进行记账。

② 执行"存货核算"|"财务核算"|"生成凭证"命令,在"查询条件"对话框中,单击"全消"按钮,勾选"(32)销售出库单"复选框,单击"确定"按钮。

③ 在"未生成凭证单据一览表"窗口中,选择对应单据,单击"确定"按钮。

④ 在"生成凭证"界面，单击"生成"按钮，生成相应的记账凭证后，选择"凭证类别"为"转账凭证"，单击"保存"按钮。

生成凭证的会计分录为如下。

借：主营业务成本
　　贷：库存商品

(6) 在应收款管理系统中录入"收款单"。

① 以出纳人员"W03 黄宁"身份登录，修改"注册日期"为"2018 年 7 月 1 日"。

② 执行"财务会计"｜"应收款管理"｜"收款单据处理"｜"收款单据录入"命令，在"收款单"界面，蓝色字体项目为必须输入项，单击"增加"按钮，"客户"选择"106 武汉美誉家纺股份有限公司"、"结算方式"选择"5 电汇"、"金额"输入 22 968.00、"票据号"输入1920897889。录入完毕，单击"保存"按钮。表体在单击工具栏上的"保存"按钮后系统自动生成，不用填写。

(7) 在应收款管理系统中审核收款单并生成收款单记账凭证。

① 以会计人员"W02 张文华"身份登录，修改"注册日期"为"2018 年 7 月 2 日"。

② 执行"财务会计"｜"应收款管理"｜"收款单据处理"｜"收款单据审核"命令，在"收款单查询条件"对话框中单击"确定"按钮，在"收付款单列表"窗口中，单击工具栏上的"全选"及"审核"按钮，对相应收款单进行审核(注：此操作会在收款单左上角标注"已审核"字样)。

③ 执行"应收款管理"｜"核销处理"｜"自动核销"命令，"客户"选择"106 武汉美誉家纺股份有限公司"，并单击"确定"按钮。

④ 在"自动核销报告"界面，单击"确定"按钮。

⑤ 执行"应收款管理"｜"制单处理"命令，在"制单查询"界面，选择"收付款单制单""核销制单"选项，并单击"确定"按钮。

⑥ 在"应收制单"界面，单击"合并"按钮，生成相应的记账凭证，选择"凭证类别"为"收款凭证"，单击"保存"按钮或按 F6 键保存。

生成凭证会计分录如下。

借：银行存款——工行存款
　　贷：应收账款

实训 3　销售现结业务

【实训要求】

完成以下销售现结业务处理。具体实训资料见实训指导。

【岗位说明】

以"X01 王大国"身份登录平台，完成销售管理系统业务处理。

以"C01 陈晨"身份登录平台,完成库存管理系统业务处理。

以"W02 张文华"身份登录平台,完成应收款管理系统及存货核算系统业务处理。

【实训指导】

2 日,与武汉美誉家纺股份有限公司签订销售协议。原始凭证如图 8-22～图 8-25 所示。

购销合同

合同编号:**XS0002**

卖方:天津凯撒家纺股份有限公司
买方:武汉美誉家纺股份有限公司

为保护买卖双方的合法权益,根据《中华人民共和国合同法》的有关规定,买卖双方经友好协商,一致同意签订本合同并共同遵守。

一、货物的名称、数量及金额

货物名称	规格型号	计量单位	数量	单价(不含税)	金额(不含税)	税率	税额
儿童床上四件套(卡通)	1.5M	套	60	330.00	19 800.00	16%	3 168.00
合计					¥19 800.00		¥3 168.00

二、合同总金额:人民币贰万贰仟玖佰陆拾捌元整(¥22 968.00)。
三、收款时间:买方于签订合同当日(2018 年 7 月 2 日)付款。
四、发货时间:卖方于签订合同当日向买方发出所有商品。
五、交货地点:天津凯撒家纺股份有限公司。
六、发运方式:买方自提。

卖 方:天津凯撒家纺股份有限公司　　　　买 方:武汉美誉家纺股份有限公司
授权代表:王大国　　　　　　　　　　　　授权代表:周春喜
日　　期:2018 年 7 月 2 日　　　　　　　日　　期:2018 年 7 月 2 日

图 8-22　购销合同

江苏省增值税专用发票

No1092348909

3257462584　　　开票日期:2018 年 7 月 2 日

购货单位	名　称:武汉美誉家纺股份有限公司 纳税人识别号:100989789867671931 地址、电话:武汉市武昌中路楚河汉街 72 号　027-89000987 开户行及账号:中国建设银行武汉市楚汉支行　6227890984567 3456781	密码区	10127978+*2><618//*4646 4161145641/*-+4164><6*- 46></--2323750/*-52678 12345/*980-->< -9807*90

货物或应税劳务名称	规格型号	单位	数量	单价	金额	税率	税额
儿童床上四件套(卡通)	1.5M	套	60	330.00	19 800.00	16%	3 168.00
合计					¥19 800.00		¥3 168.00

价税合计	人民币(大写)贰万贰仟玖佰陆拾捌元整	(小写)¥22 968.00

销货单位	名　称:天津凯撒家纺股份有限公司 纳税人识别号:120101355203023526 地址、电话:天津市河西区珠江道 86 号　022-28285566 开户行及账号:中国工商银行天津河西支行　12001657901052500555	备注

收款人:(略)　　复核:(略)　　开票人:(略)　　销货单位:(章)

图 8-23　增值税专用发票

商品出库单

发出仓库：床上用品库　　　　　日期：2018年7月2日

商品名称	型号	应发数量	实发数量	单价	核对结果	原因	处理结果
儿童床上四件套(卡通)	1.5M	60	60				
合　　计		60	60				

财务经理：略　　　　　　部门经理：略　　　　　　　　　制表人：略

图 8-24　商品出库单

图 8-25　电汇凭证

现结方式的销售，即开票当天收到款项，此时在制作专用发票环节，单击"现结"按钮，即可完成对于该张发票的收款结算。

(1) 在销售管理系统中录入销售订单。

① 以销售人员"X01 王大国"身份登录，修改"注册日期"为"2018年7月2日"。

② 执行"供应链"|"销售管理"|"销售订货"命令，双击"销售订单"选项，然后单击"销售订单"界面左上角工具栏中的"增加"按钮，按销售合同录入相应销售信息，单击"保存"按钮并审核。

(2) 在销售管理系统中生成销售发票。

① 执行"供应链"|"销售管理"|"销售开票"命令，双击"销售专用发票"选项。

② 单击"销售专用发票"界面左上角工具栏中的"增加"按钮，单击弹出的"参照订单"对话框中的"确定"按钮，打开"参照生单"对话框，依次单击"全选""确定"按钮，返回"销售专用发票"界面，在表体"仓库名称"栏选择"床上用品仓库"，单击工具栏中的"保存"按钮，再单击工具栏中的"现结"按钮，在弹出对话框的"现结"中按"收账通知"录入相应信息，"结算方式"录入"5 电汇"、"原币金额"录入 22 968.00、"票据号"录入 1920897890，单击"确定"按钮，最后单击工具栏上的"复核"按钮。

(3) 在库存管理系统中生成销售出库单。

① 以仓管人员"C01 陈晨"身份登录，修改"注册日期"为"2018年7月2日"。

② 执行"供应链"|"库存管理"|"出库业务"|"销售出库单"命令，单击工具栏上的"生单"按钮，选择"销售生单"选项，单击"查询"对话框中的"确定"按钮。

(4) 进入"销售出库单"界面，依次单击"保存""审核"按钮。

(5) 在应收款管理系统中审核专用发票并生成销售发票记账凭证。

① 以会计人员"W02 张文华"身份登录，修改"注册日期"为"2018年7月2日"。

② 执行"财务会计"|"应收款管理"|"应收单据处理"|"应收单据审核"命令，在弹出的"应收单查询条件"对话框中选择"包含已现结发票"选项，单击"确定"按钮，在"应收单据列表"界面依次单击工具栏上的"全选""审核"按钮。

③ 执行"应收款管理"|"制单处理"命令，在"制单查询"界面，选择"现结制单"选项，并单击"确定"按钮。

④ 在"现结制单"界面，依次单击"全选""制单"按钮，生成相应的记账凭证，选择"凭证类别"为"收款凭证"，单击"保存"按钮或按F6键保存。

(6) 在存货核算系统中完成存货记账并生成销售成本结转记账凭证。

① 执行"供应链"|"存货核算"|"业务核算"|"正常单据记账"命令，在"查询条件选择"对话框中单击"确定"按钮，在"正常单据记账列表"窗口中，单击工具栏上的"全选"及"记账"按钮，对销售出库单进行记账。

② 执行"存货核算"|"财务核算"|"生成凭证"命令，在"查询条件"对话框中，单击"全消"按钮，勾选"(32)销售出库单"复选框，单击"确定"按钮。

③ 在"未生成凭证单据一览表"窗口中，选择对应单据，单击"确定"按钮。

④ 在"生成凭证"界面，单击"生成"按钮，生成相应的记账凭证后，选择"凭证类别"为"转账凭证"，单击"保存"按钮。

实训4　直运销售业务

【实训要求】

完成以下直运销售业务处理。具体实训资料见实训指导。

【岗位说明】

以"X01 王大国"身份登录平台，完成销售管理系统业务处理。

以"G01 林群"身份登录平台，完成采购管理系统业务处理。

以"W02 张文华"身份登录平台，完成应收款管理系统及存货核算系统业务处理。

【实训指导】

2日，向上海美华公司销售商品。同日，向山西春天家居用品制造有限公司签订采购合同。原始凭证如图8-26～图8-29所示。

购销合同

合同编号：ZX0001

卖方：天津凯撒家纺股份有限公司
买方：上海美华日用品百货有限公司

为保护买卖双方的合法权益，买卖双方根据《中华人民共和国合同法》的有关规定，经友好协商，一致同意签订本合同并共同遵守。

一、货物的名称、数量及金额

货物名称	规格型号	计量单位	数量	单价（不含税）	金额（不含税）	税率	税额
床垫(秋天)	1.8M	件	400	320.00	128 000.00	16%	20 480.00
合　计					￥128 000.00		￥20 480.00

二、合同总金额：人民币壹拾肆万捌仟肆佰捌拾元整(￥148 480.00)。
三、收款时间：买方于本月底(7月31日)前支付全部货款。
四、发货时间：卖方于签订合同当日发出全部商品。
五、8月15日前买方可以因商品质量问题退货。
六、发运方式：卖方自运，交货地点：天津凯撒家纺股份有限公司

卖　方：天津凯撒家纺股份有限公司　　　买　方：上海美华日用品百货有限公司
授权代表：王大国　　　　　　　　　　　授权代表：翁庆祥
日　　期：2018年7月2日　　　　　　　日　　期：2018年7月2日

图 8-26　购销合同

江苏省增值税专用发票

No 10092348911

3257462584　　　开票日期：2018年7月2日

购货单位	名　　称：上海美华日用品百货有限公司 纳税人识别号：310102786545865 地　址、电话：上海市澳门路168号海天大厦一楼 021-890098786 开户行及账号：中国建设银行上海浦东天苑支行 6227890987656789041	密码区	145902345+*2><618//*464641 61145641/*-+4164><6758/*-4 6></-456590/*-5267812345/* 980--><-9807*9014/-*/98-+2 +2><12345&908765908/-*123

货物或应税劳务名称	规格型号	单位	数量	单价	金　额	税率	税　额
床垫(秋天)	1.8M	件	400	320.00	128 000.00	16%	20 480.00
合　计					￥128 000.00		￥20 480.00

价税合计	人民币(大写)　壹拾肆万捌仟肆佰捌拾元整	(小写)￥148 480.00

销货单位	名　　称：天津凯撒家纺股份有限公司 纳税人识别号：120101355203023526 地　址、电话：天津市河西区珠江道86号 022-28285566 开户行及账号：中国工商银行天津河西支行 1200165790105250055	备注	

收款人：略　　　复核：略　　　开票人：略　　　销货单位：(章)

第一联：记账联　销货方记账凭证

图 8-27　增值税专用销售发票

购 销 合 同

合同编号：ZC0001

卖方：山西春天家居用品制造有限公司
买方：天津凯撒家纺股份有限公司

为保护买卖双方的合法权益，买卖双方根据《中华人民共和国合同法》的有关规定，经友好协商，一致同意签订本合同并共同遵守。

一、货物的名称、数量及金额

货物名称	规格型号	计量单位	数量	单价（不含税）	金额（不含税）	税率	税额
床垫(秋天)	1.8M	件	400	100.00	40 000.00	16%	6 400.00
			合	计	￥40 000.00		￥6 400.00

二、合同总金额：人民币肆万陆仟肆佰元整(￥46 400.00)。
三、收款时间：买方于收到货物当天向卖方支付货款。
四、至付清所有合同款项前，卖方按买方未付款项与合同总价款的比例保留对合同标的物的所有权。
五、发货时间：卖方于签订合同当日将全部商品发往指定地点。
六、发运方式：买方自提。

卖　方：山西春天家居用品制造有限公司　　买　方：天津凯撒家纺股份有限公司
授权代表：赵　跃　　　　　　　　　　　　授权代表：林　群
日　　期：2018 年 7 月 2 日　　　　　　　　日　　期：2018 年 7 月 2 日

图 8-28　购销合同

江苏省增值税专用发票

No 10092348912

3257462584　　开票日期：2018 年 7 月 2 日

购货单位	名　称：天津凯撒家纺股份有限公司 纳税人识别号：120101355203023526 地　址、电　话：天津市河西区珠江道 86 号　022-28285566 开户行及账号：中国工商银行天津河西支行　12001657901052500555	密码区	145902345+*2><618//*464641 61145641/*-+4164><6758/*-4 6></--456590/*-5267812345/* 980--><-9807*9014/-*/98--+2 +2><12345&908765908/-*123

货物或应税劳务名称	规格型号	单位	数量	单价	金额	税率	税额
床垫(秋天)	1.8M	件	400	100.00	40 000.00	16%	6 400.00
合　　计					￥40 000.00		￥6 400.00

价税合计	人民币(大写) 肆万陆仟肆佰元整	(小写)￥46 400.00

销货单位	名　称：山西春天家居用品制造有限公司 纳税人识别号：14010378925647813 地　址、电　话：山西运城市万容县西贾工业园西座 0359-86962998 开户行及账号：中国建行山西运城市万容支行　6227156789098256767	备注	

收款人：略　　复核：略　　开票人：略　　销货单位：(章)

图 8-29　增值税专用采购发票

直运方式的销售，即为本公司通过电话告诉卖方公司，直接将货物运抵买方公司，货物不再运到本公司仓库，以节约运输成本的一种销售方式。在供应链环节，是采购业务和销售业务的叠加，但由于没有经过本公司仓库，所以，在供应链环节没有出入库单，在系统生成记账凭证中,也就没有涉及"库存商品"科目的会计分录出现。

(1) 在销售管理系统中录入销售订单。

① 以销售人员"X01 王大国"身份登录,修改"注册日期"为"2018 年 7 月 2 日"。

② 执行"供应链"|"销售管理"|"销售订货"命令,双击"销售订单"选项,然后单击"销售订单"界面左上角工具栏上的"增加"按钮,"业务类型"选择为"直运销售",按销售合同录入相应销售信息,单击"保存"按钮并审核。

(2) 在销售管理系统中生成销售发票。

① 执行"供应链"|"销售管理"|"销售开票"命令,双击"销售专用发票"选项。

② 单击"销售专用发票"界面左上角工具栏上的"增加"按钮,关闭"参照订单"对话框,返回"销售专用发票"界面,在表头"业务类型"栏处选择"直运销售",单击工具栏上的"生单"下拉菜单中的"参照订单"选项,在"参照生单"界面依次单击"全选""确定"按钮。返回"销售专用发票"界面,修改"发票号"为 10092348911,单击工具栏上的"保存"按钮。最后单击工具栏上的"复核"按钮。

注意:直运销售发票无须选择仓库。

(3) 在采购管理系统中生成采购订单。

① 以采购人员"G01 林群"身份登录,修改"注册日期"为"2018 年 7 月 2 日"。

② 执行"供应链"|"采购管理"|"采购订货"命令,打开"采购订单"界面。单击"采购订单"界面左上角工具栏上的"增加"按钮,在订单的表头注意选择"业务类型"为"直运采购",单击工具栏上的"生单"下拉菜单中的"销售订单"选项,在"拷贝并执行"界面依次单击"全选""确定"按钮。返回采购订单界面,按采购合同录入相应采购信息(订单编号、供应商、原币单价),依次单击工具栏上的"保存""审核"按钮。

注意:直运采购订单务必参照直运销售订单生成,切勿手工录入,否则两者无法关联。

(4) 在采购管理系统中生成采购发票。

① 执行"供应链"|"采购管理"|"采购发票"|"专用采购发票"命令,单击工具栏上的"增加"按钮,使"生单"变成实色。在"专用发票"的表头选择"业务类型"为"直运采购",单击工具栏上的"生单"下拉菜单中的"采购订单"选项,在"发票拷贝订单表头列表"界面,依次单击"全选""确定"按钮。

② 在生成的专用发票界面,修改"发票号"为 10092348912,单击工具栏上的"保存"按钮。

注意:因不存在采购入库单故而直运采购发票无须结算。

🛠 知识拓展

直运销售业务发票的生成方式

直运销售涉及销售发票及采购发票各一张,在生成发票时,如直运采购订单与直运销售订单均已录入,则两张发票分别依据各自订单生成;但若未录入直运采购订单,则直运采购发票参照直运销售发票生成。

(5) 在应收款管理系统中审核专用发票并生成销售发票记账凭证。

① 以会计人员"W02 张文华"身份登录,修改"注册日期"为"2018 年 7 月 2 日"。

② 执行"财务会计"|"应收款管理"|"应收单据处理"|"应收单据审核"命令,在"应收单查询条件"对话框中单击"确定"按钮,在"应收单据列表"窗口中,单击工具栏上的"全选"及"审核"按钮,对相应发票进行审核(注:此操作会在专用发票左上角标注"已审核"字样)。

③ 执行"应收款管理"|"制单处理"命令,在"制单查询"界面,选择"发票制单"选项,并单击"确定"按钮。

④ 在"销售发票制单"界面,依次单击"全选""制单"按钮,生成相应的记账凭证,选择"凭证类别"为"转账凭证",单击"保存"按钮或按 F6 键保存。

自动生成的销售记账凭证会计分录如下。

借:应收账款
　　贷:主营业务收入
　　　　应交税费——应交增值税(销项税额)

(6) 在应付款管理系统中审核专用发票。

执行"财务会计"|"应付款管理"|"应付单据处理"|"应付单据审核"命令,在"应付单查询条件"对话框中单击"确定"按钮,在"应付单据列表"窗口中,单击工具栏上的"全选"及"审核"按钮,对相应发票进行审核。

(7) 在存货核算系统中完成存货记账并生成采购发票、销售成本结转记账凭证。

① 执行"供应链"|"存货核算"|"业务核算"|"直运销售记账"命令,在弹出的"直运采购发票核算查询条件"对话框中,"单据类型"选择"销售发票"和"采购发票",单击"确定"按钮,在"直运销售记账"窗口中,单击工具栏上的"全选"及"记账"按钮,对采购发票和销售发票进行记账。

② 执行"存货核算"|"财务核算"|"生成凭证"命令,在"查询条件"对话框中,单击"全消"按钮,勾选"(25)直运销售发票"和"(26)直运采购发票"复选框,单击"确定"按钮。

③ 在"未生成凭证单据一览表"窗口中，选择对应单据，单击"确定"按钮。

④ 在"生成凭证"界面，补充填写销售成本结转凭证以及直运采购凭证中存货科目为"(1402)在途物资"，单击"生成"按钮，生成两张记账凭证。

自动生成的直运采购记账凭证会计分录如下。

借：在途物资
　　应交税费——应交增值税(进项税额)
　贷：应付账款——一般应付款

自动生成的销售成本结转记账凭证会计分录如下。

借：主营业务成本
　贷：在途物资

⑤ 结转销售成本记账凭证，"在途物资"科目需补充供应商信息，否则无法保存。将光标移动至记账凭证下方"供应商"的位置，当光标变成"圆珠笔尖"形状时，双击"供应商"，录入相应供应商后，返回记账凭证界面，单击"保存"按钮，再单击"生成"按钮，生成相应的记账凭证后，选择两张凭证类型为"转账凭证"，单击"保存"按钮。

注意：保存两张生成凭证时，若先保存销售成本结转凭证，则会因直运采购凭证尚未保存而提示供应商应付账款"赤字控制"。

实训 5　委托代销业务

【实训要求】

完成以下委托代销业务处理。具体实训资料见实训指导。

【岗位说明】

以"X01 王大国"身份登录平台，完成销售管理系统业务处理。

以"C01 陈晨"身份登录平台，完成库存管理系统业务处理。

以"W03 黄宁"身份登录平台，录入银行承兑汇票。

以"W02 张文华"身份登录平台，完成应收款管理系统、应付款管理系统及存货核算系统业务处理。

【实训指导】

1. 业务 1

7 月 3 日，与上海华润万家百货有限公司签订委托代销协议。原始凭证如图 8-30～图 8-34 所示。

购 销 合 同

合同编号：**WT0001**

委托方：天津凯撒家纺股份有限公司
受托方：上海华润万家百货有限公司

为保护买卖双方的合法权益，根据《中华人民共和国合同法》的有关规定，买卖双方经友好协商，一致同意签订本合同并共同遵守。

一、货物的名称、数量及金额

货物的名称	规格型号	计量单位	数量	单价(不含税)	金额(不含税)	税率	税额
蚕丝被(美梦)	1.8M	件	200	380.00	76 000.00	16%	12 160.00
合　计					￥76 000.00		￥12 160.00

二、合同总金额：人民币捌万捌仟壹佰陆拾元整(￥88 160.00)。
三、委托代销方式：采用手续费的方式由委托方委托受托方代销货物，即受托方在取得代销商品后按价税合计金额提取10%的代销手续费(不含增值税)；2018年9月1日前未销售完的商品可退回给委托方。
四、收款时间：买方于2018年9月10日前付款。
五、发货时间及地点：卖方于签订合同当日向买方发出所有商品，每月10日结算一次；发货地点：天津凯撒家纺股份有限公司。
六、发运方式：买方承运。

卖　　方：天津凯撒家纺股份有限公司　　　　买　　方：上海华润万家百货有限公司
授权代表：丁大国　　　　　　　　　　　　　授权代表：胡碧春
日　　期：2018年7月3日　　　　　　　　　　日　　期：2018年7月3日

图 8-30　购销合同

商品出库单

发出仓库：床上用品库　　　　　日期：2018年7月3日

商品名称	型号	应发数量	实发数量	单价	核对结果	原因	处理结果
蚕丝被(美梦)	1.8M	200	200				
合　计		200	200				

财务经理：略　　　　　　部门经理：略　　　　　　制表人：略

图 8-31　商品出库单

商品代销结算清单

日期：2018年7月10日　　　　　NO：00000111

委托方	天津凯撒家纺股份有限公司	受托方	上海华润万家百货有限公司
账号	12001657901052500555	账号	62270098675678459731
开户银行	中国工商银行天津河西支行	开户银行	中国建行上海徐汇区天目支行

代销货物结算单	代销货物名称	规格型号	计量单位	数量	单价(不含税)	金额	税率	税额
	蚕丝被(美梦)	1.8M	件	100	380.00	38 000.00	16%	6 080.00
	价税合计	人民币(大写)：肆万肆仟零捌拾元整					(小写)：￥44 080.00	
	代销方式	手续费						
	代销款结算时间	根据代销货物销售情况于每月底结算一次货款						
	代销款结算方式	电汇						

图 8-32　商品代销结算清单

天津市增值税专用发票 No 1092348919

3257462584　　开票日期：2018 年 7 月 10 日

购货单位	名　称：上海华润万家百货有限公司 纳税人识别号：14010378925647813l3 地　址、电话：上海市徐汇区天目西路 218 号　021-87875667 开户行及账号：中国建行上海徐汇区天目支行 62270098675678459731	密码区	10008978+*2><618//*464641 61145641/*-+4164><6*- 46></--2338990/*-52678 12345/*980--><-9807*90

货物或应税劳务名称	规格型号	单位	数量	单价	金额	税率	税额
蚕丝被(美梦)	1.8M	件	100	380.00	38 000.00	16%	6 080.00
合　计					￥38 000.00		￥6 080.00
价税合计	人民币(大写)肆万肆仟零捌拾元整				(小写)￥44 080.00		

销售单位	名　称：天津凯撒家纺股份有限公司 纳税人识别号：120101355203023526 地　址、电话：天津市河西区珠江道 86 号　022-28285566 开户行及账号：中国工商银行天津河西支行 120016579010525005555	备注	

收款人：略　　复核：略　　开票人：略　　销货单位：(章)

图 8-33　增值税专用发票

上海市增值税专用发票 No 1092348920

3257462584　　开票日期：2018 年 7 月 10 日

购货单位	名　称：天津凯撒家纺股份有限公司 纳税人识别号：120101355203023526 地　址、电话：天津市河西区珠江道 86 号　022-28285566 开户行及账号：中国工商银行天津河西支行 120016579010525005555	密码区	10008978+*2><618//*464641 61145641/*-+4164><6*- 46></--2338990/*-52678 12345/*980--><-9807*90

货物或应税劳务名称	规格型号	单位	数量	单价	金额	税率	税额
代销手续费			1	4 408.00	4 408.00	16%	705.28
合　计					￥4 408.00		￥705.28
价税合计	人民币(大写)伍仟壹佰壹拾叁元贰角捌分				(小写)￥5 113.28		

销售单位	名　称：上海华润万家百货有限公司 纳税人识别号：14010378925647813l3 地　址、电话：上海市徐汇区天目西路 218 号　021-87875667 开户行及账号：中国建行上海徐汇区天目支行 62270098675678459731	备注	

收款人：略　　复核：略　　开票人：略　　销货单位：(章)

图 8-34　增值税专用发票

委托代销，是公司为了拓展销售渠道而采用的一种销售方式。处理该项业务规律为：仓库发货按照发出商品核算，结算后生成发票，并结转销售成本，确认销售收入。

(1) 在销售管理系统中录入销售订单。

① 以销售人员"X01 王大国"身份登录，修改"注册日期"为"2018 年 7 月 3 日"。

② 执行"供应链"｜"销售管理"｜"销售订货"命令，双击"销售订单"，单击"销

售订单"界面左上角工具栏上的"增加"按钮,修改"业务类型"为"委托代销"、"销售类型"为"委托代销",按销售合同录入相应销售信息,单击"保存"按钮并审核。

(2) 在销售管理系统中生成委托代销发货单。

执行"销售管理"|"委托代销"命令,双击"委托代销发货单",单击"委托代销发货单"界面左上角工具栏上的"增加"按钮,单击弹出的"参照订单"对话框中的"确定"按钮,打开"参照生单"对话框,依次单击"全选""确定"按钮,返回"委托代销发货单"界面,在表体"仓库名称"栏选择"床上用品仓库",依次单击工具栏上的"保存""审核"按钮。

(3) 在库存管理系统中生成销售出库单。

① 以仓管人员"C01 陈晨"身份登录,修改"注册日期"为"2018 年 7 月 3 日"。

② 执行"供应链"|"库存管理"|"出库业务"|"销售出库单"命令,单击工具栏上的"生单"按钮,选择"销售生单"选项,单击"查询"对话框中的"确定"按钮。

③ 进入"销售出库单"界面,依次单击"保存""审核"按钮。

(4) 在存货核算系统中完成发出商品记账并生成记账凭证。

① 以会计人员"W02 张文华"身份登录,修改"注册日期"为"2018 年 7 月 3 日"。

② 执行"供应链"|"存货核算"|"业务核算"|"发出商品记账"命令,在"查询条件选择"对话框中单击"确定"按钮,在"发出商品记账列表"窗口中,单击工具栏上的"全选"及"记账"按钮,对委托代销出库单进行记账。

③ 执行"存货核算"|"财务核算"|"生成凭证"命令,在"查询条件"对话框中,单击"全消"按钮,勾选"(06)委托代销发出商品发货单"复选框,单击"确定"按钮。

④ 在"未生成凭证单据一览表"窗口中,选择对应单据,单击"确定"按钮。

⑤ 在"生成凭证"界面,单击"生成"按钮,生成相应的记账凭证后,选择"凭证类型"为"转账凭证",单击"保存"按钮。借方科目取基础设置存货科目自动带出"发出商品——其他销售发出商品",单击工具栏上的"生成"按钮,最后在"记账凭证"界面单击工具栏上的"保存"按钮。

会计分录如下。

借:发出商品——其他销售发出商品

  贷:库存商品

(5) 在销售管理系统中委托代销结算并生成销售发票。

① 以销售人员"X01 王大国"身份登录,修改"注册日期"为"2018 年 7 月 10 日"。

② 执行"供应链"|"销售管理"|"委托代销"命令,双击"委托代销结算单",单击"委托代销结算单"界面左上角工具栏上的"增加"按钮,单击弹出的"参照发货单"对话框中的"确定"按钮,打开"参照生单"对话框,依次单击"全选""确定"按钮,返回"委托代销结算单"界面,修改表体"数量"为 100,单击工具栏上的"保存"按钮,再单击工具栏上的"审核"按钮,在弹出的"选择发票类型"对话框中选择"专用发票"

选项,单击"确定"按钮,生成销售专用发票。

③ 执行"供应链"|"销售管理"|"销售开票"命令,双击"销售专用发票"选项,单击工具栏上的"末张"按钮和"复核"按钮。

(6) 在应收款管理系统中审核专用发票并生成销售发票记账凭证。

① 以会计人员"W02 张文华"身份登录,修改"注册日期"为"2018 年 7 月 10 日"。

② 执行"财务会计"|"应收款管理"|"应收单据处理"|"应收单据审核"命令,在"应收单查询条件"对话框中单击"确定"按钮,在"应收单据列表"窗口中,单击工具栏上的"全选"及"审核"按钮,对相应发票进行审核。

③ 执行"应收款管理"|"制单处理"命令,在"制单查询"界面,选择"发票制单"选项,并单击"确定"按钮。

④ 在"销售发票制单"界面,依次单击"全选""制单"按钮,生成相应的记账凭证,选择"凭证类型"为"转账凭证",单击"保存"按钮或按 F6 键保存。

(7) 在存货核算系统中完成委托代销结算记账并生成销售成本结转记账凭证。

① 执行"供应链"|"存货核算"|"业务核算"|"发出商品记账"命令,在"查询条件选择"对话框中单击"确定"按钮,在"发出商品记账列表"窗口中,单击工具栏上的"全选"及"记账"按钮,对委托代销发票进行记账。

② 执行"存货核算"|"财务核算"|"生成凭证"命令,在"查询条件"对话框中,单击"全消"按钮,勾选"(26)委托代销发出商品专用发票"复选框,单击"确定"按钮。

③ 在"未生成凭证单据一览表"窗口中,选择对应单据,单击"确定"按钮。

④ 在"生成凭证"界面,贷方科目取基础设置存货科目自动带出"发出商品——其他销售发出商品",单击"生成"按钮,生成相应的记账凭证后,选择"凭证类型"为"转账凭证",单击"保存"按钮。

会计分录如下。

借:主营业务成本

　　贷:发出商品——其他销售发出商品

(8) 在销售管理系统中录入委托代销手续费销售费用支出单。

① 以销售人员"X01 王大国"身份登录,修改"注册日期"为"2018 年 7 月 10 日"。

② 执行"供应链"|"销售管理"|"费用支出"命令,双击"销售费用支出单"选项,然后单击"销售费用支出单"界面左上角工具栏上的"增加"按钮,按照"代销手续费"发票信息填写"销售费用支出单",在表头选择"单据流向"为"其他应付单",在表体选择"费用项目"为"代销手续费","支出金额"为价税合计 5113.28,最后单击工具栏上的"审核"按钮。

(9) 在应付款管理系统中审核其他应付单并生成销售费用记账凭证。

① 以会计人员"W02 张文华"身份登录,修改"注册日期"为"2018 年 7 月 10 日"。

② 执行"财务会计"|"应付款管理"|"应付单据处理"|"应付单据审核"命令,

在"应付单查询条件"对话框中单击"确定"按钮,在"应付单据列表"窗口中,单击工具栏上的"全选"按钮,修改"借方科目"为"销售费用——委托代销手续费",单击"审核"按钮,对应付单进行审核。

③ 执行"应付款管理"|"制单处理"命令,在"制单查询"界面,选择"应付单制单"选项,并单击"确定"按钮。

④ 在"应付单制单"界面,依次单击"全选""制单"按钮,生成相应的记账凭证,选择"凭证类型"为"转账凭证",按照原始发票修改凭证,倒挤出增值税进项税额,单击"保存"按钮或按F6键保存。

会计分录如下。

借:销售费用——委托代销手续费
　　应交税金——应交增值税(进项税额)
　贷:应付账款

(10) 在应付款管理系统中完成转账处理并生成凭证。

执行"财务会计"|"应付款管理"|"转账"命令,单击"应付冲应收"选项,在弹出对话框的应付和应收的"供应商"与"客户"栏均选择"上海华润万家",单击"确定"按钮,在"应付冲应收"界面最下部分表体中的"转账金额"栏均录入 5 113.28,单击工具栏上的"保存"按钮,立即制单,生成凭证并保存。

会计分录如下。

借:应付账款
　贷:应收账款

2. 业务 2

7月11日,上海华润万家公司开出一张期限为5个月的银行承兑汇票,用于偿还欠我公司的货款。原始凭证如图8-35所示。

银行承兑汇票				03193836								
出票日期 贰零壹捌年零柒月壹拾壹日												
出票人全称	上海华润万家百货有限公司	收款人	全称	天津凯撒家纺股份有限公司								
出票人账号	6227009867 5678459731		账号或地址	中国工商银行天津河西支行 12001657901052500555								
出票金额	人民币(大写)叁万捌仟玖佰陆拾陆元柒角贰分			百	十	万	千	百	十	元	角	分
						¥3	8	9	6	6	7	2
承兑协议编号		票面利率:		付款行	中国建设银行上海徐汇区天目支行							
本汇票请你行承兑,到期无条件付款。				地址	上海市徐汇区天目西路218号1602-1605							
				付款单位注意:								
单位主管(略)		会计(略)		复核(略)				记账(略)				

图 8-35　银行承兑汇票

(1) 在应收款管理系统中录入票据。

① 以出纳人员"W03 黄宁"身份登录,修改"注册日期"为"2018 年 7 月 11 日"。

② 执行"财务会计"|"应收款管理"命令,双击"票据管理",单击工具栏上的"增加"按钮,"票据类型"选择"银行承兑汇票","结算类型"选择"银行承兑汇票","出票日期"为"2018 年 7 月 11 日","到期日期"为"2018 年 12 月 11 日"。票据编号、出票人、金额、票面利率按汇票内容填写,单击"保存"按钮。

(2) 在应收款管理系统中审核、核销票据并生成记账凭证。

① 以会计人员"W02 张文华"身份登录,修改"注册日期"为"2018 年 7 月 11 日"。

② 执行"财务会计"|"应收款管理"|"收款单据处理"命令,双击"收款单据审核"选项,在弹出的"收款单查询条件"对话框中单击右下角的"批审"按钮审核出纳制作的收款单。

③ 执行"财务会计"|"应收款管理"|"核销处理"命令,双击"自动核销"选项,在弹出的"自动核销报告"对话框中单击"确定"按钮。

④ 执行"财务会计"|"应收款管理"命令,双击"制单处理"选项,在"制单查询"对话框中选中"收付款单制单、核销制单"复选框并单击"确定"按钮。在"应收制单"界面,依次单击工具栏上的"全选""合并""制单"按钮,在生成的"记账凭证"界面单击工具栏上的"保存"按钮。

会计分录如下。

借:应收票据——银行承兑汇票

  贷:应收账款

实训 6 受托代销业务(买断方式)

【实训要求】

完成以下受托代销业务处理。具体实训资料见实训指导。

【岗位说明】

以"G01 林群"身份登录平台,完成采购管理系统业务处理。

以"X01 王大国"身份登录平台,完成销售管理系统业务处理。

以"C01 陈晨"身份登录平台,完成库存管理系统业务处理。

以"W02 张文华"身份登录平台,完成存货核算系统业务处理。

【实训指导】

1. 业务1

7月11日，与成都宝蓝公司签订受托代销协议。原始凭证如图8-36、图8-37所示。

受托代销合同

合同编号：ST0001

委托方：成都宝蓝家居用品制造有限公司
受托方：天津凯撒家纺股份有限公司

为保护委托方和受托方的合法权益，委托方与受托方根据《中华人民共和国合同法》的有关规定，经友好协商，一致同意签订本合同并共同遵守。

一、货物的名称、数量及金额

货物名称	规格型号	计量单位	数量	单价(不含税)	金额(不含税)	税率	税额
沙发抱枕(宝蓝)	50cm*50cm	个	500	120.00	60 000.00	16%	9 600.00
合计					¥60 000.00		¥9 600.00

二、委托代销方式：采用买断的方式由委托方委托受托方代销货物，即受托方在取得代销商品后是否获利，均与委托方无关；2018年9月1日前未销售完的商品可退回给委托方。
三、合同总金额：人民币陆万玖仟陆佰元整(¥69 600.00)。
四、付款时间及付款方式：受托方根据代销货物销售情况，每3天依照结算清单结算货款；付款方式：电汇。
五、交货时间：2018年7月11日。
六、交货地点：天津凯撒家纺股份有限公司。

委 托 方：成都宝蓝家居用品制造有限公司	受 托 方：天津凯撒家纺股份有限公司
授权代表：陈立	授权代表：林群
日　　期：2018年7月11日	日　　期：2018年7月11日

图8-36 受托代销合同

商品入库单

验收仓库：受托代销商品库　　　　日期：2018年7月11日

商品名称	型号	应收数量	实收数量	单价	核对结果	原因	处理结果
沙发抱枕(宝蓝)	50cm*50cm	500	500	120.00			
合　计							

财务经理：略　　　　　部门经理：略　　　　　制表人：略

图8-37 商品入库单

(1) 在采购管理系统中录入采购订单。

① 以采购人员"G01 林群"身份登录，修改"注册日期"为"2018年7月11日"。

② 执行"供应链"|"采购管理"|"采购订货"命令，单击"采购订单"选项，然后单击左上角工具栏上的"增加"按钮，"业务类型""采购类型"选择"受托代销"（"采购

类型"需单击"全部"按钮才能显示出"受托代销"选项),表体按合同录入相应采购信息,单击"审核"按钮。

(2) 在采购管理系统中生成采购到货单。

① 执行"供应链"|"采购管理"|"采购到货"命令,单击"到货单"选项,单击左上角工具栏上的"增加"按钮,"业务类型"选择"受托代销"。

② 选择"生单"|"采购订单"选项,在"查询条件"对话框中单击"确定"按钮。在"拷贝并执行"对话框中单击"全选"按钮,选择相应采购信息,单击"确定"按钮。在"到货单"窗口依次单击"保存""审核"按钮。

(3) 在库存管理系统中生成采购入库单。

① 以仓管人员"C01 陈晨"身份登录,修改"注册日期"为"2018 年 7 月 11 日"。

② 执行"供应链"|"库存管理"|"入库业务"|"采购入库单"命令,单击工具栏上的"生单"按钮,选择"采购到货单(蓝字)"选项,单击"查询"对话框中的"确定"按钮。

③ 进入"采购入库单"界面,单击表单"仓库"栏右边的"参照"按钮,选择存货对应的"仓库"为"受托代销商品库",依次单击"保存""审核"按钮。

(4) 在存货核算系统中完成存货记账并生成存货暂估记账凭证。

① 以会计人员"W02 张文华"身份登录,修改"注册日期"为"2018 年 7 月 11 日"。

② 执行"供应链"|"存货核算"|"业务核算"|"正常单据记账"命令,在"查询条件选择"对话框中单击"确定"按钮,在"正常单据记账列表"窗口中,单击工具栏上的"全选"及"记账"按钮,对采购入库单进行记账。

③ 在"查询条件"对话框中,单击"全消"按钮,勾选"(02)采购入库单(暂估记账)"复选框,单击"确定"按钮。

④ 在"未生成凭证单据一览表"窗口中,选择对应单据,单击"确定"按钮。

⑤ 在"生成凭证"界面,补录暂估科目后,单击"生成"按钮,生成相应的记账凭证后,选择"凭证类型"为"转账凭证",单击"保存"按钮。

会计分录如下。

借:受托代销商品

  贷:受托代销商品款

2. 业务 2

7 月 12 日,与武汉美誉家纺股份有限公司签订销售协议。原始凭证如图 8-38～图 8-41 所示。

购销合同

合同编号：XS0003

卖方：天津凯撒家纺股份有限公司
买方：武汉美誉家纺股份有限公司

为保护买卖双方的合法权益，根据《中华人民共和国合同法》的有关规定，买卖双方经友好协商，一致同意签订本合同并共同遵守。

一、货物的名称、数量及金额

货物名称	规格型号	计量单位	数量	单价（不含税）	金额（不含税）	税率	税额
沙发抱枕(宝蓝)	50cm*50cm	个	300	200.00	60 000.00	16%	9 600.00
合　计					￥60 000.00		￥9 600.00

二、合同总金额：人民币陆万玖仟陆佰元整(￥69 600.00)。
三、收款时间：买方于签订合同当日(2018年7月12日)付款。
四、发货时间：卖方于签订合同当日向买方发出所有商品。
五、交货地点：天津凯撒家纺股份有限公司
六、发运方式：买方自提。

卖　方：天津凯撒家纺股份有限公司	买　方：武汉美誉家纺股份有限公司
授权代表：王　十（合同专用章）	授权代表：周　春（合同专用章）
日　　期：2018年7月12日	日　　期：2018年7月12日

图8-38　购销合同

天津市增值税专用发票

No 1092348922

3257462584　　　开票日期：2018年7月12日

购货单位	名　　　称：武汉美誉家纺股份有限公司 纳税人识别号：100989789867671931 地址、电话：武汉市武昌中路楚河汉街 027-89000987 开户行及账号：中国建设银行武汉市楚汉支行 6227890984567345678	密码区	10008978+*2><618//*464641 61145641/*-+4164><6*- 46></-2338990/*-52678 12345/*980-><-9807*90

货物或应税劳务名称	规格型号	单位	数量	单价	金额	税率	税额
沙发抱枕(宝蓝)	50cm*50cm	个	300	200.00	60 000.00	16%	9 600.00
合　计					￥60 000.00		￥9 600.00

价税合计	人民币(大写)陆万玖仟陆佰元整	(小写)￥69 600.00

销售单位	名　　　称：天津凯撒家纺股份有限公司 纳税人识别号：120101355203023526 地址、电话：天津市河西区珠江道86号 022-28285566 开户行及账号：中国工商银行天津河西支行 12001657901052500555	备注	（天津凯撒家纺股份有限公司发票专用章 120101355203023526）

收款人：略　　复核：略　　开票人：略　　销货单位：(章)

第一联：记账联　销货方记账凭证

图8-39　增值税专用发票

商品出库单

发出仓库：受托代销商品库　　日期：2018年7月12日

商品名称	型号	应发数量	实发数量	单价	核对结果	原因	处理结果
沙发抱枕(宝蓝)	50cm*50cm	300	300				
合　计		300	300				

财务经理：略　　　　　　部门经理：略　　　　　　制表人：略

图8-40　商品出库单

图 8-41 电汇凭证

(1) 在销售管理系统中录入销售订单。

请参考前序业务操作指导,在此不再赘述。

(2) 在销售管理系统中生成销售发票。

执行"供应链"|"销售管理"|"销售开票"命令,双击"销售专用发票"选项,单击"销售专用发票"界面左上角工具栏上的"增加"按钮,在弹出的"参照订单"对话框中单击"确定"按钮,打开"参照生单"对话框,依次单击"全选""确定"按钮,返回"销售专用发票"界面,在表体的"仓库名称"栏选择"受托代销商品库",单击工具栏上的"保存"按钮,因为同时付款,所以单击工具栏上的"现结"按钮,在弹出对话框的"现结"中按"收账通知"录入相应信息(如结算方式、原币金额、票据号等),最后单击工具栏上的"复核"按钮。

(3) 在库存管理系统中生成销售出库单。

① 以仓管人员"C01 陈晨"身份登录,修改"注册日期"为"2018 年 7 月 12 日"。

② 执行"供应链"|"库存管理"|"出库业务"|"销售出库单"命令,单击工具栏上的"生单"按钮,选择"销售生单"选项,单击"查询"对话框中的"确定"按钮。

③ 进入"销售出库单"界面,依次单击"保存""审核"按钮。

(4) 在应收款管理系统中审核专用发票并生成销售发票记账凭证。

① 以会计人员"W02 张文华"身份登录,修改"注册日期"为"2018 年 7 月 12 日"。

② 执行"财务会计"|"应收款管理"|"应收单据处理"|"应收单据审核"命令,在弹出的"应收单查询条件"对话框中选择"包含已现结发票"选项,并单击"确定"按钮,在"应收单据列表"窗口中,依次单击工具栏上的"全选""审核"按钮。

③ 执行"应收款管理"|"制单处理"命令,在"制单查询"界面,选择"现结制单"选项,并单击"确定"按钮。

④ 在"现结制单"界面,依次单击"全选""制单"按钮,生成相应的记账凭证,选择"凭证类型"为"收款凭证",单击"保存"按钮或按 F6 键保存。

生成会计分录如下。

借：银行存款——工行存款
　　贷：主营业务收入
　　　　应交税费——应交增值税(销项税额)

(5) 在存货核算系统中完成存货记账并生成销售成本结转记账凭证。

① 执行"供应链"|"存货核算"|"业务核算"|"正常单据记账"命令，在"查询条件选择"对话框中单击"确定"按钮，在"正常单据记账列表"窗口中，单击工具栏上的"全选"及"记账"按钮，对销售出库单进行记账。

② 执行"存货核算"|"财务核算"|"生成凭证"命令，在"查询条件"对话框中，单击"全消"按钮，勾选"(32)销售出库单"复选框，单击"确定"按钮。

③ 在"未生成凭证单据一览表"窗口中，选择对应单据，单击"确定"按钮。

④ 在"生成凭证"界面，单击"生成"按钮，生成相应的记账凭证后，选择"凭证类型"为"转账凭证"，单击"保存"按钮。

会计分录如下。

借：主营业务成本
　　贷：受托代销商品

3. 业务3

7月13日，与成都宝蓝家居用品制造公司结算受托代销货款，当日支付货款。原始凭证如图8-42～图8-44所示。

商品代销结算清单

日期：2018年7月13日　　NO：1188907868

委托方	成都宝蓝家居用品制造有限公司	受托方	天津凯撒家纺股份有限公司
账号	6227190889675645678 0	账号	12001657901052500555
开户银行	中国建设银行成都市锦江区天华支	开户银	中国建设银行江苏南通源兴支行

代销货物结算单	代销货物名称	规格型号	计量单位	数量	单价(不含税)	金额	税率	税额
	沙发抱枕(宝蓝)	50cm*50cm	个	300	120.00	36 000.00	16%	5 760.00
	价税合计	人民币(大写)：肆万壹仟柒佰陆拾元整				(小写)：￥41 760.00		
	代销方式	视同买断						
	代销款结算时间	根据代销货物销售情况于每3天结算一次货款						
	代销款结算方式	电汇						

图8-42　商品代销结算清单

图 8-43 增值税专用发票

图 8-44 电汇凭证

(1) 在采购管理系统中受托代销结算并生成发票。

① 以采购人员"G01 林群"身份登录，修改"注册日期"为"2018 年 7 月 13 日"。

② 执行"供应链"|"采购管理"|"采购结算"命令，单击"受托代销结算"选项，在"受托代销选单过滤"对话框中，"客户"选择"成都宝蓝家居用品制造有限公司"，单击"确定"按钮。

③ 在"受托代销结算"界面录入发票号，"采购类型"选择"受托代销"，在图表下面的选单列表中，向右拖动滚动栏，修改"结算数量"为 300，在列表最左边的"选择"位置双击，选中此数据条，使得最上方工具栏上的"结算"按钮变成彩色，单击"结算"按钮，自动生成相应采购专用发票，执行"采购发票"|"专用采购发票"命令，在弹出的对

话框中单击"末张"按钮,按电汇凭证的金额进行"现付"处理。

(2) 在应付款管理系统中审核专用发票并生成采购发票记账凭证。

① 以会计人员"W02 张文华"身份登录,修改"注册日期"为"2018 年 7 月 13 日"。

② 执行"财务会计"|"应付款管理"|"应付单据处理"|"应付单据审核"命令,在弹出的"应付单查询条件"对话框中选择"包含已现结发票"选项,并单击"确定"按钮,在"应付单据列表"界面依次单击工具栏上的"全选""审核"按钮。

③ 执行"应付款管理"|"制单处理"命令,在"制单查询"界面,选择"现结制单"选项,并单击"确定"按钮。

④ 在"现结制单"界面,依次单击"全选""制单"按钮,生成相应的记账凭证,选择"凭证类型"为"收款凭证",单击"保存"按钮或按 F6 键保存。

会计分录如下。

借:受托代销商品款
　　应交税费——应交增值税(进项税额)
　　贷:银行存款——工行存款

(3) 在存货核算系统中结算暂估成本。

执行"供应链"|"存货核算"|"业务核算"命令,单击"结算成本处理"选项,依次单击"全选""暂估"按钮,暂估已结算的数据。

实训 7　受托代销业务(收取手续费方式)

【实训要求】

完成以下受托代销业务处理。具体实训资料见实训指导。

【岗位说明】

以"G01 林群"身份登录平台,完成采购管理系统业务处理。

以"X01 王大国"身份登录平台,完成销售管理系统业务处理。

以"C01 陈晨"身份登录平台,完成库存管理系统业务处理。

以"W02 张文华"身份登录平台,完成存货核算系统业务处理。

【实训指导】

1. 业务 1

7 月 13 日,与山西春天家居用品制造有限公司签订受托代销协议。原始凭证如图 8-45、图 8-46 所示。

受托代销合同

合同编号：**ST0002**

委托方：山西春天家居用品制造有限公司
受托方：天津凯撒家纺股份有限公司

为保护委托方和受托方的合法权益，委托方与受托方根据《中华人民共和国合同法》的有关规定，经友好协商，一致同意签订本合同并共同遵守。

一、货物的名称、数量及金额

货物名称	规格型号	计量单位	数量	单价(不含税)	金额(不含税)	税率	税额
床垫(宝蓝)	1.8M	件	200	150.00	30 000.00	16%	4 800.00
合　计					￥30 000.00		￥4 800.00

二、委托代销方式：采用手续费的方式由委托方委托受托方代销货物，即受托方在取得代销商品后按不含税金额提取10%的代销手续费(含增值税)；2018年9月1日前未销售完的商品可退回给委托方。

三、合同总金额：人民币叁万肆仟捌佰元整(￥34 800.00)。

四、付款时间及付款方式：受托方根据代销货物销售情况，每销售受托代销商品40%以上依照结算清单结算货款；付款方式：电汇。

五、交货时间：2018年7月13日
六、交货地点：天津凯撒家纺股份有限公司

委　托　方：成都春天家居用品制造有限公司　　　　受　托　方：天津凯撒家纺股份有限公司
授权代表：秦立文　　　　　　　　　　　　　　　　授权代表：林　群
日　　　期：2018年7月13日　　　　　　　　　　　日　　　期：2018年7月13日

图 8-45　受托代销

商品入库单

验收仓库：受托代销商品库　　　　　　　　日期：2018年7月13日

商品名称	型号	应收数量	实收数量	单价	核对结果	原因	处理结果
床垫(宝蓝)	1.8M	200	200	150.00			
合　计							

财务经理：略　　　　　　　部门经理：略　　　　　　　制表人：略

图 8-46　商品入库单

(1) 在采购管理系统中录入采购订单。

可参考前序业务操作指导，在此不再赘述。

(2) 在采购管理系统中生成采购到货单。

可参考前序业务操作指导，在此不再赘述。

(3) 在库存管理系统中生成采购入库单。

可参考前序业务操作指导，在此不再赘述。

(4) 存货核算系统中完成存货记账并生成存货暂估记账凭证。

可参考前序业务操作指导，在此不再赘述。

生成凭证会计分录如下。

借：受托代销商品

　　贷：受托代销商品款

2. 业务 2

7月14日，与武汉美誉家纺股份有限公司签订销售协议。原始凭证如图 8-47～图 8-50 所示。

购 销 合 同

合同编号：XS0004

卖方：天津凯撒家纺股份有限公司
买方：武汉美誉家纺股份有限公司

为保护买卖双方的合法权益，根据《中华人民共和国合同法》的有关规定，买卖双方经友好协商，一致同意签订本合同并共同遵守。

一、货物的名称、数量及金额

货物名称	规格型号	计量单位	数量	单价(不含税)	金额(不含税)	税率	税额
床垫(宝蓝)	1.8M	件	100	150.00	15 000.00	16%	2 400.00
合　　计					￥15 000.00		￥2 400.00

二、合同总金额：人民币壹万柒仟肆佰元整(￥17 400.00)。
三、收款时间：买方于签订合同当日(2018年7月14日)付款。
四、发货时间：卖方于签订合同当日向买方发出所有商品。
五、交货地点：天津凯撒家纺股份有限公司。
六、发运方式：买方自提。

卖　　方：天津凯撒家纺股份有限公司　　　　买　　方：武汉美誉家纺股份有限公司
授权代表：王　大　　　　　　　　　　　　　授权代表：周　全
日　　期：2018年7月14日　　　　　　　　　日　　期：2018年7月14日

图 8-47　购销合同

天津市增值税专用发票

No 1092348925

3257462584　　　开票日期：2018 年 7 月 14 日

购货单位	名　　称：	武汉美誉家纺股份有限公司	密码区	10008978+*2><618//*464641 61145641/*-+4164><6*- 46></--2338990/*-52678 12345/*980--><-9807*90
	纳税人识别号：	100989789867671931		
	地　址、电话：	武汉市武昌中路楚河汉街 027-89000987		
	开户行及账号：	中国建设银行武汉市楚汉支行 6227890984567345678		

货物或应税劳务名称	规格型号	单位	数量	单价	金额	税率	税额
床垫(宝蓝)	1.8M	个	100	150.00	15 000.00	16%	2 400.00
合　　计					￥15 000.00		￥2 400.00
价税合计	人民币(大写)壹万柒仟肆佰元整						￥17 400.00

销售单位	名　　称：	天津凯撒家纺股份有限公司
	纳税人识别号：	12010135203023526
	地　址、电话：	天津市河西区珠江道86号 022-28285766
	开户行及账号：	中国工商银行天津河西支行 12001657901052500555

收款人：略　　复核：略　　开票人：略　　销货单位：(章)

图 8-48　增值税专用发票

商品出库单

发出仓库：受托代销商品库　　　　　日期：2018 年 7 月 14 日

商品名称	型号	应发数量	实发数量	单价	核对结果	原因	处理结果
床垫(宝蓝)	1.8M	100	100				
合　　计		100	100				

财务经理：略　　　　　　　　部门经理：略　　　　　　　　制表人：略

图 8-49　商品出库单

图 8-50　电汇凭证

(1) 在销售管理系统中录入销售订单。

可参考前序业务操作指导，在此不再赘述。

(2) 在销售管理系统中生成销售发票。

可参考前序业务操作指导，在此不再赘述。

(3) 在库存管理系统中生成销售出库单。

可参考前序业务操作指导，在此不再赘述。

(4) 在应收款管理系统中审核专用发票并生成销售发票记账凭证。

可参考前序业务操作指导，在此不再赘述。在"现结制单"界面，依次单击"全选""制单"按钮，修改科目并生成记账凭证。

会计分录如下。

借：银行存款——工行存款

　　贷：应付账款——暂估应付款

　　　　应交税费——应交增值税(销项税额)

(5) 在存货核算系统中完成存货记账并生成销售成本结转记账凭证。

可参考前序业务操作指导，在此不再赘述。

会计分录如下。

借：受托代销商品款

　　贷：受托代销商品

3. 业务 3

7月15日，与山西春天家居用品制造有限公司结算受托代销货款，当日支付货款。原始凭证如图 8-51～图 8-54 所示。

商品代销结算清单

日期：2018 年 7 月 15 日　　　NO：00000113

项目								
委托方	山西春天家居用品制造有限公司			受托方	天津凯撒家纺股份有限公司			
账号	6227156789098256767			账号	12001657901052500555			
开户银行	中国建行山西运城市万容支行			开户银	中国建设银行江苏南通源兴支行			
代销货物结算单	代销货物名称	规格型号	计量单位	数量	单价(不含税)	金额	税率	税额
	床垫(宝蓝)	1.8M	件	100	150.00	15 000.00	16%	2 400.00
	价税合计	人民币(大写)：壹万柒仟肆佰元整				(小写)：¥17 400.00		
	代销方式	手续费						
	代销款结算时间	根据代销货物销售情况，每销售受托代销商品40%以上依照结算清单结算货款和代销手续费						
	代销款结算方式	电汇						

图 8-51　商品代销结算清单

山西省增值税专用发票　　　No.22897678647

4203322381　　　开票日期：2018 年 7 月 15 日

购货单位	名　称	天津凯撒家纺股份有限公司				密码区	10008564*2><618//*46464 161145641/*-+4164><6*- 46></--2338990/*-52678 12345/*980--><-9807*90		
	纳税人识别号	120101355203023526							
	地址、电话	天津市河西区珠江道 86 号 022-28285566							
	开户行及账号	中国工商银行天津河西支行 12001657901052500555							
货物或应税劳务名称	规格型号	单位	数量	单价	金额		税率	税额	
床垫(宝蓝)	1.8M	件	100	150.00	15 000.00		16%	2 400.00	
合　计					¥15 000.00			¥2 400.00	
价税合计	人民币(大写)壹万柒仟肆佰元整					(小写)¥17 400.00			
销货单位	名　称	山西春天家居用品制造有限公司				备注			
	纳税人识别号	14010378925647813							
	地址、电话	山西运城市万容县西贾工业园西座 0359-86962998							
	开户行及账号	中国建行山西运城市万容支行 6227156789098256767							
收款人：略		复核：略		开票人：略			销货单位：(章)		

第二联：发票联　购货方记账凭证

图 8-52　增值税专用发票(床垫)

第 8 章 销售与应收款管理系统

图 8-53 增值税专用发票(代销手续费)

图 8-54 电汇凭证

(1) 在采购管理系统中受托代销结算并生成发票。

可参考前序业务操作指导,在此不再赘述。

(2) 在应付款管理系统中审核专用发票并生成采购发票记账凭证。

可参考前序业务操作指导,在此不再赘述。

会计分录如下。

借:应付账款——暂估应付账款

　　应交税费——应交增值税(进项税额)

　　贷:应付账款——一般应付账款

　　　　银行存款——工行存款

(3) 在应付款管理系统中录入红字应付单、完成转账处理及生成记账凭证。

① 以会计人员"W02 张文华"身份登录，修改"注册日期"为"2018 年 7 月 15 日"。

② 执行"财务会计"|"应付款管理"|"应付单据录入"命令，单击工具栏上的"增加"按钮，在弹出的对话框中选择"负向其他应付单"选项，在表头按照手续费发票录入供应商，"金额"为 1 500.00，在表体第一行录入"贷方科目"为"其他业务收入——劳务收入"，单击工具栏上的"保存"按钮。

③ 执行"应付款管理"|"转账"|"红票对冲"命令，双击"手工对冲"选项，在"红票对冲条件"页签中，选择"供应商"为"山西春天家居用品制造有限公司"，单击"确定"按钮，在"红票对冲"窗口中输入"对冲金额"为 1 500.00，单击"保存"按钮，弹出"是否立即制单"信息提示框，单击"否"按钮。

④ 执行"应付款管理"|"制单处理"命令，双击"制单处理"选项，在"制单查询"对话框中，选中"应付单制单""红票对冲制单"选项，并单击"确定"按钮，在"应付制单"界面，依次单击工具栏上的"合并""制单"按钮，在"记账凭证"界面，单击第一行分录金额栏，按"空格"键更改"金额方向"为"贷方"，更改"金额"为 1 293.10。单击工具栏上的"插分"按钮，在第二行补充"贷方科目"为"应交税费——应交增值税(销项税额)"，并录入"金额"为 206.90，即会计分录为"贷：其他业务收入——劳务收入 1 293.10、应交税费——应交增值税(销项税额)206.90，贷：应付账款——一般应付账款-1500.00"。单击工具栏上的"保存"按钮。

注意：若与发票制单同时批量生成凭证，可能会出现凭证赤字提示"一般应付账款为赤字"，单击"继续"按钮即可。

(4) 在存货核算系统中结算暂估成本。

执行"供应链"|"存货核算"|"业务核算"命令，单击"结算成本处理"选项，依次单击工具栏上的"全选""暂估"按钮，暂估已结算的数据。

实训 8　分期收款业务

【实训要求】

完成以下分期收款销售业务。具体实训资料见实训指导。

【岗位说明】

以"X01 王大国"身份登录平台，完成销售管理系统业务处理。

以"C01 陈晨"身份登录平台，完成库存管理系统业务处理。

以"W02 张文华"身份登录平台,完成应收款管理系统以及存货核算系统业务处理。

【实训指导】

分期收款销售方式的特征是先签订合同,发货时按照发出商品管理,收到货款时,开具相应金额的发票,是赊销的一种方式。

1. 业务 1

7 月 16 日,与天津市白玫瑰家纺股份有限公司签订购销合同。原始凭证如图 8-55、图 8-56 所示。

购销合同

合同编号:FQ0001

卖方:天津凯撒家纺股份有限公司
买方:天津市白玫瑰家纺股份有限公司

为保护买卖双方的合法权益,买卖双方根据《中华人民共和国合同法》的有关规定,经友好协商,一致同意签订本合同并共同遵守。

一、货物的名称、数量及金额

货物名称	规格型号	计量单位	数量	单价(不含税)	金额(不含税)	税率	税额
空调被(美梦)	1.8M	件	300	300.00	90 000.00	16%	14 400.00
合 计					¥90 000.00		¥14 400.00

二、合同总金额:人民币壹拾万肆仟肆佰元整(¥104 400.00)。
三、收款时间:买方分期向卖方支付货款(从本月起于每月 25 日支付货款,分两期支付,逾期未付,视为买方违约)。
四、至付清所有合同款项前,卖方按买方未付款项与合同总价款的比例保留对合同标的物的所有权。
五、发货时间:卖方于签订合同当日发出全部商品。
六、发运方式:买方自提。

卖　　方:天津凯撒家纺股份有限公司	买　　方:天津市白玫瑰家纺股份有限公司
授权代表:王天	授权代表:肖明
日　　期:2018 年 7 月 16 日	日　　期:2018 年 7 月 16 日

图 8-55　购销合同

商品出库单

发出仓库:床上用品库　　　　日期:2018 年 7 月 16 日

商品名称	型号	应发数量	实发数量	单价	核对结果	原因	处理结果
空调被(美梦)	1.8M	300	300				
合　计		300	300				

财务经理:略　　　　部门经理:略　　　　制表人:略

图 8-56　商品出库单

(1) 在销售管理系统中录入销售订单。

① 以销售人员"X01 王大国"身份登录,修改"注册日期"为"2018年7月16日"。

② 执行"供应链"|"销售管理"|"销售订货"命令,双击"销售订单"选项,然后单击"销售订单"界面左上角工具栏上的"增加"按钮,修改"业务类型"为"分期收款"、"销售类型"为"分期收款销售",按销售合同录入相应销售信息,单击"保存"按钮并审核。

(2) 在销售管理系统中生成发货单。

① 执行"供应链"|"销售管理"|"销售发货"命令,双击"发货单"选项。

② 单击"发货单"界面左上角工具栏上的"增加"按钮,关闭"参照订单"对话框,将"发货单"业务类型修改为"分期收款",单击工具栏上的"订单"按钮,打开"参照订单"对话框,单击"参照订单"对话框中的"确定"按钮,打开"参照生单"对话框,依次单击"全选""确定"按钮,返回"发货单"界面,在表体"仓库名称"栏选择"床上用品仓库",依次单击工具栏上的"保存""审核"按钮。

(3) 在库存管理系统中生成"销售出库单"。

① 以仓管人员"C01 陈晨"身份登录,修改"注册日期"为"2018年7月16日"。

② 执行"供应链"|"库存管理"|"出库业务"|"销售出库单"命令,单击工具栏上的"生单"按钮,选择"销售生单"选项,单击"查询"对话框中的"确定"按钮。

③ 进入"销售出库单"界面,依次单击"保存""审核"按钮。

(4) 在货核算系统中完成发出商品记账并生成记账凭证。

① 以会计人员"W02 张文华"身份登录,修改"注册日期"为"2018年7月16日"。

② 执行"供应链"|"存货核算"|"业务核算"|"发出商品记账"命令,在"查询条件选择"对话框中单击"确定"按钮,在"发出商品记账列表"窗口中,单击工具栏上的"全选"及"记账"按钮,对委托代销出库单进行记账。

③ 执行"存货核算"|"财务核算"|"生成凭证"命令,在"查询条件"对话框中,单击"全消"按钮,勾选"(05)分期收款发出商品发货单"复选框,单击"确定"按钮。

④ 在"未生成凭证单据一览表"窗口中,选择对应单据,单击"确定"按钮。

⑤ 在"生成凭证"界面,单击"生成"按钮,生成相应的记账凭证后,选择"凭证类型"为"转账凭证",单击"保存"按钮。借方科目取基础设置存货科目自动带出"发出商品——分期收款发出商品",单击工具栏上的"生成"按钮,最后在"记账凭证"界面单击工具栏上的"保存"按钮。

会计分录如下。

借:发出商品——分期收款发出商品
    贷:库存商品

2. 业务 2

7月25日,收到白玫瑰公司支付的货款。(分期收款)原始凭证如图8-57、图8-58所示。

图 8-57 增值税专用发票

图 8-58 电汇凭证

(1) 在销售管理系统中生成销售发票。

① 以销售人员"X01 王大国"身份登录,修改"注册日期"为"2018 年 7 月 25 日"。

② 执行"供应链"|"销售管理"|"销售开票"命令,双击"销售专用发票",单击"销售专用发票"界面左上角工具栏上的"增加"按钮,单击弹出的"参照发货单"对话框中的"确定"按钮,打开"参照生单"对话框,依次单击"全选""确定"按钮,返回"销售专用发票"界面,修改表体"数量"为 150,修改发票号。

③ 单击工具栏上的"现结"按钮,在弹出的对话框中"现结"按"收账通知"录入相应信息(如结算方式、原币金额、票据号等),依次单击工具栏上的"保存""复核"按钮。

(2) 在应收款管理系统中审核专用发票并生成销售发票记账凭证。

① 以会计人员"W02 张文华"身份登录,修改"注册日期"为"2018 年 7 月 25 日"。

② 执行"财务会计"|"应收款管理"|"应收单据处理"|"应收单据审核"命令,在弹出的"应收单查询条件"对话框中选择"包含已现结发票"选项,并单击"确定"按钮,在"应收单据列表"界面中依次单击工具栏上的"全选""审核"按钮。

③ 执行"应收款管理"|"制单处理"命令,在"制单查询"界面,选择"现结制单"

选项,并单击"确定"按钮。

④ 在"现结制单"界面,依次单击"全选""制单"按钮,生成相应的记账凭证,选择"凭证类型"为"收款凭证",单击"保存"按钮或按 F6 键保存。

生成凭证会计分录如下。

借:银行存款——工行存款
　　贷:主营业务收入
　　　　应交税金——应交增值税(销项税额)

(3) 在存货核算系统中完成发出商品记账并生成结转销售成本记账凭证。

① 执行"供应链"|"存货核算"|"业务核算"|"发出商品记账"命令,在"查询条件选择"对话框中单击"确定"按钮,在"发出商品记账列表"窗口中,单击工具栏上的"全选"及"记账"按钮,对委托代销出库单进行记账。

② 执行"存货核算"|"财务核算"|"生成凭证"命令,在"查询条件"对话框中,单击"全消"按钮,勾选"(26)分期发出商品专用发票"复选框,单击"确定"按钮。

③ 在"未生成凭证单据一览表"窗口中,选择对应单据,单击"确定"按钮。

④ 在"生成凭证"界面,单击"生成"按钮,生成相应的记账凭证后,选择"凭证类型"为"转账凭证",单击"保存"按钮。单击工具栏上的"生成"按钮,最后在"记账凭证"界面单击工具栏上的"保存"按钮。

会计分录如下。

借:主营业务成本
　　贷:发出商品——分期收款发出商品

实训 9　代垫运费业务

【实训要求】

完成以下代垫费用业务处理。具体实训资料见实训指导。

【岗位说明】

以"X01 王大国"身份登录平台,完成销售管理系统业务处理。

以"W03 黄宁"身份登录平台,完成收款单录入。

以"W02 张文华"身份登录平台,完成应收款管理系统业务处理。

【实训指导】

1. 业务 1

7 月 28 日,代垫北京仁智百货有限公司货物运杂费,转天收到垫付款(销售管理系统处理)。原始凭证如图 8-59、图 8-60 所示。

图 8-59　电汇凭证(回单)

图 8-60　电汇凭证(收账通知)

(1) 在销售管理系统中录入代垫费用单。

① 以销售人员"X01 王大国"身份登录，修改"注册日期"为"2018 年 7 月 28 日"。

② 执行"供应链"|"销售管理"|"代垫费用"命令，双击"代垫费用单"选项，单击左上角工具栏上的"增加"按钮，按电汇凭证录入相应信息，"费用项目"选择"代垫运杂费"。依次单击工具栏上的"保存""审核"按钮。

(2) 在应收款管理系统中审核代垫费用单并生成记账凭证。

① 以会计人员"W02 张文华"身份登录，修改"注册日期"为"2018 年 7 月 28 日"。

② 执行"财务会计"|"应收款管理"|"应收单据处理"|"应收单据审核"命令，在"应收单查询条件"对话框中单击"确定"按钮，在"应收单据列表"窗口中，单击工具栏上的"全选"及"审核"按钮，对相应发票进行审核(注：此操作会在专用发票左上角标注"已审核"字样)。

③ 执行"应收款管理"|"制单处理"命令，在"制单查询"界面，选择"应收单制单"选项，并单击"确定"按钮。

④ 在"销售发票制单"界面，依次单击"全选""制单"按钮，补录对方科目为"应收账款"，按照原始凭证填入辅助项，生成相应的记账凭证，选择"凭证类型"为"付款凭证"，单击"保存"按钮或按 F6 键保存。

记账凭证会计分录如下。

借：应收账款

  贷：银行存款——工行存款

(3) 在应收款管理系统中录入"收款单"。

① 以出纳人员"W03 黄宁"身份登录，修改"注册日期"为"2018 年 7 月 29 日"。

② 执行"财务会计"|"应收款管理"|"收款单据处理"|"收款单据录入"命令，在"收款单"界面，单击工具栏上的"增加"按钮，按照"收款通知"的相关信息对收款单的表头进行相应填写，如日期、客户、结算方式、金额等，表体在单击工具栏上的"保存"按钮后系统自动生成，不用填写。

(4) 在应收款管理系统中审核收款单并生成收款单记账凭证。

① 以会计人员"W02 张文华"身份登录，修改"注册日期"为"2018 年 7 月 29 日"。

② 执行"财务会计"|"应收款管理"|"收款单据处理"|"收款单据审核"命令，在弹出的"收款单查询条件"对话框中单击右下角的"批审"按钮，审核出纳制作的收款单。

③ 执行"应收款管理"|"核销处理"命令，双击"自动核销"选项，在弹出的"自动核销报告"对话框中单击"确定"按钮。

④ 执行"应收款管理"|"制单处理"命令，在"制单查询"对话框中选中"收付款单制单""核销制单"选项并单击"确定"按钮，在"应收制单"界面，依次单击工具栏上的"全选""合并""制单"按钮，在"记账凭证"界面，单击工具栏上的"保存"按钮。

会计分录如下。

借：银行存款——工行存款

  贷：应收账款

实训 10 票据贴现业务

【实训要求】

完成以下票据业务处理。具体实训资料见实训指导。

【岗位说明】

以"W03 黄宁"身份登录平台，完成票据贴现处理。

以"W02 张文华"身份登录平台，完成应收款管理系统业务处理。

【实训指导】

31 日，对期初持有的银行承兑汇票进行贴现(贴现率为 12%，收款通知略，由系统自动计算完成)。

(1) 在应收款管理系统中完成票据贴现。

① 以出纳人员"W03 黄宁"身份登录,修改"注册日期"为"2018 年 7 月 31 日"。

② 执行"财务会计"|"应收款管理"命令,双击"票据管理"选项,选中该笔银行承兑汇票,单击工具栏上的"贴现"按钮,在弹出的"票据贴现"对话框中,选择"贴现方式"为"异地","贴现率"录入 12,"结算科目"录入"银行存款——工行存款",单击"确定"按钮。

(2) 在应收款管理系统中审核收款单并生成收款单记账凭证。

① 以会计人员"W02 张文华"身份登录,修改"注册日期"为"2018 年 7 月 31 日"。

② 执行"应收款管理"|"制单处理"命令,在"制单查询"对话框中选中"票据处理制单"选项,并单击"确定"按钮。在"票据处理制单"界面,依次单击工具栏上的"全选""制单"按钮,在生成的"记账凭证"界面,单击工具栏上的"保存"按钮。

会计分录如下。

借:银行存款——工行存款

　　财务费用

　贷:应收票据——银行承兑汇票

注意:票据贴现处理如出现选错单据等错误,可通过执行"应收款管理"|"其他处理"|"取消操作"命令操作,选择"操作类型"为"票据处理",取消选择"贴现处理"选项。

实训 11　销售退回业务

【实训要求】

完成以下销售退回业务处理。具体实训资料见实训指导。

【岗位说明】

以"X01 王大国"身份登录平台,完成销售管理系统业务处理。

以"C01 陈晨"身份登录平台,完成库存管理系统业务处理。

以"W02 张文华"身份登录平台,完成应收款管理系统及存货核算系统业务处理。

【实训指导】

1. 业务 1

31 日,武汉美誉家纺股份有限公司因商品质量问题退回儿童床上四件套(卡通)15 套。当日办理退货并退还价税款及红字发票。原始凭证如图 8-61、图 8-62、图 8-63 所示。

开具红字增值税专用发票申请单

填开日期：2018 年 7 月 31 日　　　　　　　　　　　　　　　NO.11969106

销售方	名　称	天津凯撒家纺股份有限公司	购买方	名　称	武汉美誉家纺股份有限公司
	税务登记代码	120101355203023526		税务登记代码	100989789867671931

开具红字专用发票内容	货物(劳务)名称	数量	单价	金额	税率	税额
	儿童床上四件套(卡通)	15	330.00	4 950.00	16%	792.00

说明：
一、购买方申请☑
对应蓝字专用发票抵扣增值税销项税额情况：
1. 已抵扣☑
2. 未抵扣☐
(1) 无法认证☐
(2) 纳税人识别号认证不符☐
(3) 增值税专用发票代码、号码认证不符☐
(4) 所购货物不属于增值税扣税项目范围☐
对应蓝字专用发票密码区内打印的代码：＿＿＿＿
号码：＿＿＿＿
二、销售方申请☐
(1) 因开票有误购买方拒收的☐
(2) 因开票有误等原因尚未交付的☐
对应蓝字专用发票密码区内打印的代码：＿＿＿＿
号码：＿＿＿＿
开具红字专用发票理由：2018 年 7 月 1 日，从天津凯撒家纺股份有限公司购入的儿童床上四件套(卡通)存在质量问题，要求退货。

申明：我单位提供的《申请单》内容真实，否则将承担相关法律责任。
申请方经办人：略　　联系电话：略　　申请方名称(印章)：＿＿＿＿
注：本申请单一式两联：第一联，申请方留存；第二联，申请方所属主管税务机关留存。

图 8-61　开具红字增值税发票申请单

商品出库单

发出仓库：床上用品库　　　　　　日期：2018 年 7 月 31 日

商品名称	型号	应发数量	实发数量	单价	核对结果	原因	处理结果
儿童床上四件套(卡通)	1.5M	-15	-15				
合　计		-15	-15				

财务经理：略　　　　　部门经理：略　　　　　制表人：略

图 8-62　商品出库单

图 8-63 转账支票存根

(1) 在销售管理系统中录入退货单。

① 以销售人员"X01 王大国"身份登录,修改"注册日期"为"2018 年 7 月 31 日"。

② 执行"供应链"|"销售管理"|"销售发货"命令,双击"退货单"选项,然后单击"退货单"界面左上角工具栏上的"增加"按钮,单击"参照订单"对话框中的"确定"按钮,选择 2018 年 7 月 1 日订单,生成退货单,"仓库"选择"床上用品库",修改表体栏中的"数量"为"-15",单击"保存"按钮并审核。

(2) 在销售管理系统中生成红字销售发票。

① 执行"供应链"|"销售管理"|"销售开票"命令,双击"红字销售专用发票"选项。

② 单击"红字销售专用发票"界面左上角工具栏上的"增加"按钮,参照发货单,选择"红字记录"选项,生成红字销售专用发票,在"销售专用发票"界面,修改发票号并做现结处理(金额录入负数),依次单击工具栏上的"保存""复核"按钮。

(3) 在库存管理系统中生成红字销售出库单。

① 以仓管人员"C01 陈晨"身份登录,修改"注册日期"为"2018 年 7 月 31 日"。

② 执行"供应链"|"库存管理"|"出库业务"|"销售出库单"命令,单击工具栏上的"生单"按钮,选择"销售生单"选项,单击"查询"对话框中的"确定"按钮。

③ 生成"红字销售出库单",依次单击"保存""审核"按钮。

(4) 在应收款管理系统中审核专用发票并生成销售发票记账凭证。

① 以会计人员"W02 张文华"身份登录,修改"注册日期"为"2018 年 7 月 31 日"。

② 执行"财务会计"|"应收款管理"|"应收单据处理"|"应收单据审核"命令,在弹出的"应收单查询条件"对话框中选择"包含已现结发票"选项,并单击"确定"按钮,在"应收单据列表"界面依次单击工具栏上的"全选""审核"按钮。

③ 执行"应收款管理"|"制单处理"命令,在"制单查询"界面,选择"现结制单"选项,并单击"确定"按钮。

④ 在"现结制单"界面，依次单击"全选""制单"按钮，自动生成相应的记账凭证，选择"凭证类型"为"收款凭证"，单击"保存"按钮。

会计分录如下。

借：银行存款——工行存款(红字)
　　贷：主营业务收入(红字)
　　　　应交税费——应交增值税(销项税额)(红字)

(5) 在存货核算系统中完成存货记账并生成冲减销售成本记账凭证。

① 执行"供应链"｜"存货核算"｜"业务核算"｜"正常单据记账"命令，在"查询条件选择"对话框中单击"确定"按钮，在"正常单据记账列表"窗口中，单击工具栏上的"全选"及"记账"按钮，对销售出库单进行记账。

② 执行"存货核算"｜"财务核算"｜"生成凭证"命令，在"查询条件"对话框中，单击"全消"按钮，勾选"(32)销售出库单"复选框，单击"确定"按钮。

③ 在"未生成凭证单据一览表"窗口中，选择对应单据，单击"确定"按钮。

④ 在"生成凭证"界面，单击"生成"按钮，生成相应的记账凭证后，选择"凭证类型"为"转账凭证"，单击"保存"按钮。

会计分录如下。

借：主营业务成本(红字)
　　贷：库存商品(红字)

⑤ 将账套输出至 D 盘根目录下"8-1 销售与应收"文件夹。

思政园地

数字中国(八)——南光集团：全球现金管理率先领跑

南光(集团)有限公司是唯一一家总部设在澳门的国务院国资委直属中央企业，集团前身南光贸易公司成立于 1949 年 8 月。集团作为参与全球化经营的大型多元控股集团公司，业务遍及全球五大洲 40 多个国家和地区。

南光集团通过与用友公司合作，一套 ERP 系统建立两个资金管理中心，实现了资金归集和集中结算，全面管控集团资金池的流动，及时有效地监控资金安全。具体体现在：

(1) 提高结算效率。通过银企联云支付平台，完整地实现了全球资金归集和集中结算，对集团及下属公司银行资金池流动进行全面管控，及时有效地监控资金安全，打通了集团内部各级分子公司之间的资金资源壁垒，提高了结算处理的效率。

(2) 实时监控资金。通过建立内部账户体系，有效地实现了集团内资金的调剂，使资金得到充分合理地利用，最大程度发挥资金的效益，同时实现了资金有偿使用的绩效管理机制。实现各成员单位通过系统实时查看在结算中心的存款情况。

(3) 强化资金计划。不仅满足结算中心对资金头寸的预测和资金下拨，而且同时实现下属企业日常业务的资金管控及分析，加强资金的调配，实现资金价值的最大化。

(4) 强融资管控。集中管理集团及下属企业在各银行的授信额度和融资台账，监控融资过程，实现融资业务预警、融资台账和融资财务核算一体化，减少手工凭证。

(5) 云化审批流程。通过资金系统和业务系统的集成，实现在线业务审批和支付审批，链接 OA 和法务系统，在线调用所有的合同档案，简化审批时的附件扫描。

第9章 库存管理与存货核算系统

 理论知识

9.1 库存管理与存货核算系统概述

9.1.1 库存管理与存货核算的功能

库存管理与存货核算主要从物流和资金流两个方面对存货加以管理与核算。

物流方面：从实物方面对存货的入库、出库和结余加以反映与监督。系统可处理不同种类的入库业务、出库业务、调拨业务和盘点业务，对库存可以有存货安全库存预警、存货保质期管理、呆滞积压存货报警、供应商跟踪等各种监督与控制。系统根据输入的各种入库单和出库单，可输出反映存货收发存情况的出入库流水账、库存台账等账簿；可进行各种统计分析，输出存货收发存的汇总情况。这一部分主要由库存管理系统完成。

资金流方面：主要核算企业存货的入库成本、出库成本和结余成本，反映和监督存货的收发、领退和保管情况；反映和监督存货资金的占用情况，动态反映存货资金的增减变动情况，提供存货资金周转和占用的分析；在保证生产经营的前提下，降低库存量，减少资金积压，加速资金周转。

9.1.2 库存管理与存货核算和其他系统之间的关系

采购管理系统中录入的采购订单、采购到货单传递到库存管理系统中生成采购入库单，库存管理系统将入库情况反馈到采购管理系统。采购管理系统向库存管理系统提供预计入库量。

销售管理系统中录入的发货单传递到库存管理系统中生成销售出库单，库存管理系统为销售管理系统提供可用于销售的存货的可用量。销售管理系统为库存管理系统提供预计出库量。另外，销售出库单也可以在销售管理系统中自动生成后传递到库存管理系统，在库存管理系统中进行审核。

库存管理系统将各种出入库单据传递到存货核算系统，存货核算系统中对出入库单进行记账操作，核算出入库的成本。所有出入库单均由库存管理系统填制；存货核算系统只能填写出入库单的单价、金额。

存货核算系统可对采购管理系统生成的采购入库单记账，对采购暂估入库单进行暂估报销处理。企业发生的正常销售业务的销售成本可以在存货核算系统中根据所选的计价方法自动计算；企业发生分期收款业务和委托代销业务时，存货核算系统可以对销售管理系统生成的发货单和发票记账并确认成本。存货核算系统中进行出入库成本记账的单据生成的物流凭证传入总账管理系统，实现财务和业务的一体化。

存货核算系统中材料出库单的出库成本自动传递到成本管理系统，作为成本核算时的材料成本；成本管理系统完成成本计算后，存货核算系统可以从成本管理系统中读取其计算的产成品成本，并且分配到未记账的产成品入库单中，作为产成品入库单的入库成本。

9.1.3 库存管理与存货核算系统数据流程

库存管理与存货核算系统数据流程如图 9-1 所示。

图 9-1 库存管理与存货核算系统数据流程

9.2 库存管理与存货核算业务处理

9.2.1 库存管理与存货核算的初始设置

库存管理与存货核算的初始设置与其他子系统一样，是为用户在计算机上处理存货管理业务准备一个适宜的运行环境，并在经济业务发生某些变化时对已有的设置进行修改以便适应这些变化。在实际业务处理中,企业一般将采购管理、销售管理、库存管理,以及存货核算系统联合启用,统称供应链模块,故而库存管理与存货核算的初始设置中的很大一部分内容往往与采购管理、销售管理系统的初始化内容重合,如账套建立、基础档案信息设置等。这些内容在第7章和第8章已经做了较为详尽的介绍,在此不再赘述。下面仅就库存管理与存货核算各自系统的初始化内容进行介绍。

1. 库存管理系统的初始设置

1) 期初数据

初次使用库存管理系统时,应先输入全部存货的期初数据。重新初始化时,可将上年度12月份的库存结存结转到下年度的期初余额中。期初数据包括仓库的期初库存数据、期初未处理的不合格品结存量。

期初数据只有启用库存管理的第一年或重新初始化的年度可以录入,其他年度均不可录入。库存管理系统启用第一年或重新初始化年度第一个会计月结账后不允许再新增、修改或删除期初数据,也不可以审核和弃审。因此应在期初数据全部录入完毕并审核后,再进行第一个会计月的结账操作。做过数据卸载后,期初数据就不能再查询了。

2) 系统选项设置

(1) 成套件管理控制。成套件是指一种存货由其他几种存货组成。设置一种存货由哪些存货组成,组成数量是多少,如一台计算机由一个显示器、一个键盘、一台主机组成。成套件的管理对许多企业都非常重要。成套件的设置在企业应用平台基础档案中设置完成。

有成套件管理时,既可以统计存货单件的数量金额,也可以统计成套件的数量金额。无成套件管理时,只统计存货套件的数量金额。

(2) 货位零出库控制。货位零出库是指该货位在出库后,结存小于零,即负库存。当企业未允许货位零出库,则指定货位时,如果有零出库,货位不能保存。

(3) 预计可用量检查。预计可用量检查是指按预计可用量公式(预计可用量=现存量-冻结量+预计入库量-预计出库量)统计各存货的预计可用量,如果出库数量超过预计可用量,则系统提示但不强制控制。

(4) 最高最低库存控制。若存货的预计可用量小于最低库存量或大于最高库存量,则系统提示报警的存货。最高最低库存管理可以细化用户的库存管理,为用户提供预警信息和控制出入库,避免库存积压、库存短缺。

(5) 批次管理控制。存货的批号可以记录需要跟随批号跟踪的信息,如厂家生产批号、医药化工行业主要原辅料的相关重要检测指标等。通过库存管理系统中"有无批次管理"功能可以对存货的收发存情况进行批次管理,可统计某一批次所有存货的收发存情况或某一存货所有批次的收发存情况。

(6) 保质期管理控制。保质期管理是指对存货的失效日期进行监控,对到期、过期的存货进行报警,并对即将过期的存货进行预警。企业实施保质期管理控制通过"有无保质期管理"功能实现。由于各批次产品的生产日期不同,因此进行保质期管理控制的前提是要进行批次管理。存货的同时设置了批次管理控制和保质期管理控制时,将按失效日期顺序从小到大进行分配,这种情况适用于对保质期管理较严格的存货,如食品、医药等;而当存货仅设置了批次管理控制和未设置保质期管理控制时,则按批号先进先出进行分配。

2. 存货核算系统的初始设置

1) 期初记账

(1) 期初数据录入。初次使用存货核算系统时,应录入全部末级存货的期初数据,以保证其数据的连贯性。存货核算系统的期初余额可以取数自库存管理系统,并与库存管理系统进行对账。

当存货核算系统使用前录入各存货的期初结存情况,即存货核算系统期初余额和库存管理系统的期初余额分开录入时,库存管理系统与存货核算系统可以分别启用。

按计划价或售价核算出库成本的存货都应有期初差异账或差价账,初次使用存货核算系统时,应先输入此存货的期初差异余额或期初差价余额。

(2) 期初记账。期初数据录入,并执行期初记账后,系统把期初差异分配到期初单据上,并把期初单据的数据记入存货总账、存货明细账、差异账等账簿。存货核算系统期初数据录入完毕,必须期初记账,否则无法进行日常业务核算。

2) 科目设置

该功能用于设置存货核算系统中生成凭证所需要的各种存货科目、差异科目、分期收款发出商品科目、委托代销科目、运费科目、税金科目、结算科目、对方科目等。根据不同的仓库和存货类型设置核算存货的科目,如:产成品库,存货核算的科目为"库存商品";材料库,存货核算的科目为"原材料";分期收款发出商品的科目设置为"发出商品"。根据不同的出入库类型、存货类型、存货种类、部门等设置存货核算的对方科目,如:材料采购入库,对方科目设置为"材料采购";产成品入库,对方科目设置为"生产成本";销售出库,对方科目设置为"主营业务成本"。根据不同结算方式设置存货核算的结算科目,如:现金结算,结算科目设置为"库存现金";转账支票结算,结算科目设置为"银行存款"。

用户在制单之前应先在本系统中将存货科目设置正确、完整,否则在存货核算系统中无法生成科目完整的凭证。

3) 系统选项设置

(1) 存货核算方式。存货核算系统可按仓库、按部门和按存货3种方式计算出库成本。按仓库核算表示仓库各自独立核算,这种核算方式下存货核算系统将按仓库设置计价方式,并且每个仓库单独核算出库成本。如果有两个或两个以上仓库统一核算,则应选择按部门核算,统一核算的仓库,应选相同的所属部门。通常情况下,选择按存货核算的核算方式下,存货核算系统将按用户在存货档案中设置的计价方式进行核算。只有在期初记账前,才能将按存货设置计价方式改为按仓库或部门设置,或由按仓库或部门设置计价方式改为按存货设置。

(2) 暂估方式。对于已经验收入库的外购货物,如果其发票账单尚未到达,就会发生暂估入库业务。对于暂估入库的材料或商品可采取月初回冲、单到回冲或单到补差进行回冲。如果明细账中有暂估业务未报销或本期未进行期末处理,此时,不允许修改暂估方式。

(3) 零出库成本选择。当出库数量大于库存数量时,出库成本无法计算,可选择上次出库成本、参考成本、结存成本、上次入库成本、手工输入等计算出库成本。

上次出库成本指取明细账中此存货的上一次出库单价，作为本出库单据的出库单价，计算出库成本；参考成本指取存货目录中此存货的参考成本，即参考单价，作为本出库单据的出库单价，计算出库成本；结存成本指取明细账中此存货的结存单价，作为本出库单据的出库单价，计算出库成本；上次入库成本指取明细账中此存货的上一次入库单价，作为本出库单据的出库单价，计算出库成本。手工输入则提示用户输入单价，作为本出库单据的出库单价，计算出库成本。

(4) 委托代销成本核算方式。存货核算系统可以按发出商品或按普通销售方式核算委托代销成本。如果选择按发出商品业务类型核算，则按"发货单+发票"记账。若按普通销售方式核算，则按系统选项中的销售成本核算方式中选择的销售发票或销售出库单进行记账。

(5) 资金占用计划选择。资金占用计划选择是指用户确定本企业按某种方式输入资金占用计划，并按此种方式进行资金占用的分析。企业可选择按仓库、按存货分类等方式进行资金占用的输入和分析。

9.2.2 库存管理与存货核算日常业务处理

库存管理系统的业务处理内容主要包括入库业务、出库业务、库存调拨、组装与拆卸、形态转换以及盘点。

存货核算系统的业务处理内容主要包括日常业务、业务核算以及财务核算。

1. 库存管理系统的日常业务处理

1) 库存管理系统的输入

库存管理系统的数据输入与其他子系统一样可以分成三类：第一类是初始设置数据的输入，如存货、仓库等基本信息的设置；第二类是从其他子系统转入的数据，如产成品的单价从成本核算子系统调取等；第三类是日常业务处理的原始数据。由于库存管理在实务中多与采购管理系统、销售管理系统联合启用，故而其中涉及的大部分输入内容已在之前两章做过介绍，在此不再赘述。这里仅就前面章节未涉及的部分进行介绍。

(1) 产成品入库单的输入。产成品入库单一般指产成品验收入库时所填制的入库单据。产成品入库单是工业企业入库单据的主要部分。只有工业企业才有产成品入库单，商业企业没有此单据。产成品一般在入库时无法确定产品的总成本和单位成本，所以在填制产成品入库单时，一般只有数量、单价和金额为空。

(2) 其他入库单的输入。其他入库单是指除采购入库、产成品入库之外的其他入库业务，如调拨入库、盘盈入库、组装拆卸入库、形态转换入库等业务形成的入库单。其他入库单一般由系统根据其他业务单据自动生成，也可手工填制。

(3) 材料出库单的输入。材料出库单是领用材料时所填制的出库单据，当从仓库中领用材料用于生产时，就需要填制材料出库单。只有工业企业才有材料出库单，商业企业没有此单据。

(4) 其他出库单的输入。其他出库单指除销售出库、材料出库之外的其他出库业务，如调拨出库、盘亏出库、组装拆卸出库、形态转换出库、不合格品记录等业务形成的出库单。其他出库单一般由系统根据其他业务单据自动生成，也可手工填制。

(5) 调拨单的输入。调拨单是指用于仓库之间存货的转库业务或部门之间的存货调拨业务的单据。同一张调拨单上，如果转出部门和转入部门不同，表示部门之间的调拨业务；如果转出部门和转入部门相同，但转出仓库和转入仓库不同，表示仓库之间的转库业务。

(6) 盘点单的输入。盘点是企业存货管理中一个非常重要的业务，盘点的结果可能是盘盈，也可能是盘亏。进行调节时，盘盈的结果形成盘盈入库，盘亏的结果形成盘亏出库。盘点单主要的输入项目是盘点日期、盘点仓库、存货编码、实际盘点数量、单价等，账面数量由系统自动调出，实际盘点数量与账面数量的差形成盘盈、盘亏数量。

2) 库存管理系统的处理

从用户使用角度看，存货管理子系统的数据处理大致包括数据的输入处理和一些常见业务的处理。

(1) 业务数据的输入处理。

① 库存管理系统输入的主要单据是各种出入库单，单据的输入格式用户可根据本身的需要和输入数据的方便自行设计，有些用户希望单据输入格式尽量与手工单据格式一致，减少因使用习惯差异带来的错误。但需要注意的是，这种格式的一致是有限的，在格式一致的表象下用户界面中还包含计算机重要的使用特点。所以在单据输入时为了避免误操作，每张单据输入完毕需要做存盘操作；输入下一张单据前需要做增加操作；增加一条记录需要做插入操作；等等。为了用户使用方便，系统在多数用户界面都提供常用的增加、插入、删除等操作的快捷键，熟悉这些快捷键的标志和使用方法是熟练使用此系统的基础。

② 为了加快输入速度，避免重复输入，相互关联的单据可以由系统自动互相生成。采购入库单可由采购管理系统中的采购订单或采购发票来形成。销售出库单可由销售管理系统中的销售订单来形成。

③ 与其他子系统一样，在输入出入库单时，凡是在初始设置中进行过设置的项目，如存货代码或名称，仓库代码或名称等项目，在输入的用户界面对应项目中设置操作键，用以调出设置内容供用户选择输入。当存货种类太多或设计得不合理时，这种输入方法反而会减慢输入的速度。在实际工作中，为了加快输入的速度，存货代码可通过条形码的方式输入。

④ 在输入单据的各个项目时，有些项目的数据必须输入，有些项目的数据是系统自动计算出来的。如：在出库单的输入中，存货的单价是不需要输入的；在入库单的输入中，在某些情况下，单价是不确定的，注意对这些情况的处理。

⑤ 与其他子系统一样，作为正式记录存入系统的单据应该经过确认。存货数据直接与企业的钱和物有关，为了保证业务的真实和数据的正确，只有经过确认的单据才有效。所以，系统一般都设有一个单据审核的功能，对输入的数据进行确认。单据的输入与审核应由不同的人来完成，从而体现一个最基本的内部控制。

(2) 常见业务的处理。

① 入库业务。入库业务处理包括采购入库、产成品入库以及其他入库。

- 采购入库是指采购业务员将采购回来的存货交到仓库,仓库保管员对其所购存货的实际到货情况进行质量、数量的检验和签收的过程。采购入库业务在"第 7 章 采购与应付款管理"中已做详细介绍,在此不再赘述。
- 产成品入库是指工业企业对原材料及半成品进行一系列加工后,形成可销售的商品,然后验收入库。仅有工业企业才有产成品入库业务。产成品一般在入库时是无法确定产品的总成本和单位成本的,因此,在填制产成品入库单时,一般只有数量,没有单价和金额。产成品入库业务处理流程如图 9-2 所示。

图 9-2 产成品入库业务处理流程

- 其他入库是指除了采购入库、产成品入库之外的其他入库业务,如调拨入库、盘盈入库、组装拆卸入库、形态转换入库等业务。调拨入库、盘盈入库、组装拆卸入库、形态转换入库等业务可以自动形成相应的其他入库单,除此之外的其他入库单由用户填制。调拨入库、盘盈入库、组装拆卸入库、形态转换入库等业务的具体业务处理流程将在后续单独介绍。

② 出库业务。出库业务处理包括销售出库、材料出库以及其他出库。

- 销售出库是指企业销售货物引起的产品出库过程。销售出库业务在"第 8 章 销售与应收款管理"中已做详细介绍,在此不再赘述。
- 材料出库是指工业企业领用材料的过程。只有工业企业才有材料出库业务。材料出库业务处理流程如图 9-3 所示。

图 9-3 材料出库业务处理流程

- 其他出库是指除销售出库、材料出库之外的其他出库业务,如维修、办公耗用、调拨出库、盘亏出库、组装拆卸出库、形态转换出库等业务。调拨出库、盘盈出库、组装出库、拆卸出库、形态转换出库等业务可以自动形成相应的其他出库单,除此之外的其他出库单由用户填制。调拨出库、盘盈出库、组装出库、拆卸出库、形态转换出库等业务的具体业务处理流程将在后续单独介绍。

③ 库存调拨。库存管理系统中提供了调拨单用于处理仓库之间存货的转库业务或部门之间的存货调拨业务。如果调拨单上的转出部门和转入部门不同,就表示是部门之间的调拨业务;如果转出部门和转入部门相同,但转出仓库和转入仓库不同,就表示是仓库之间的转库业务。库存调拨业务处理流程如图 9-4 所示。

图9-4 库存调拨业务处理流程

④ 组装与拆卸。在实际业务中，有些企业中的某些存货既可单独出售，又可与其他存货组装在一起销售，如计算机销售公司既可将显示器、主机、键盘等单独出售，又可按客户的要求将显示器、主机、键盘等组装成计算机销售，这时就需要对计算机进行组装；如果企业库存中只存有组装好的计算机，但客户只需要买显示器，此时又需将计算机进行拆卸，然后将显示器卖给客户。

组装指将多个散件组装成一个配套件的过程。组装单相当于两张单据，一个是散件出库单，一个是配套件入库单。配套件和散件之间是一对多的关系。配套件和散件之间的关系，在产品结构中设置。用户在组装之前应先进行产品结构定义，否则无法进行组装。

拆卸指将一个配套件拆卸成多个散件的过程。拆卸单相当于两张单据，一个是配套件出库单，一个是散件入库单。配套件和散件之间是一对多的关系。配套件和散件之间的关系在产品结构中设置。用户在组装拆卸之前应先定义产品结构，否则无法进行拆卸。

组装与拆卸业务处理流程如图9-5所示。

图9-5 组装与拆卸业务处理流程

⑤ 形态转换。在实际业务中，由于自然条件或其他因素的影响，某些存货会由一种形态转换成另一种形态，如：煤块由于风吹、雨淋，天长日久变成了煤渣；活鱼由于缺氧变成了死鱼；等等，从而引起存货规格和成本的变化。因此，库管员需根据存货的实际状况填制形态转换单，报请主管部门批准后进行调账处理。形态转换业务处理流程如图9-6所示。

图9-6 形态转换业务处理流程

⑥ 盘点。盘点是指企业定期对仓库中的存货进行盘点。存货盘点报告表，是证明企业存货盘盈、盘亏和毁损，据以调整存货实存数的书面凭证，经企业领导批准后，即可作为原始凭证入账。库存管理系统按仓库或按批次来进行盘点。还可对各仓库或批次中的全部或部分存货进行盘点，盘盈、盘亏的结果可自动生成出入库单。

盘点前应将所有已办理实物出入库但未录入计算机的出入库单，或销售发货单、销售发票均录入计算机中。同一时刻不能有两张相同仓库、相同存货的盘点表未记账。盘点业务处理流程如图9-7所示。

图 9-7 盘点业务处理流程

3) 库存管理系统的输出

库存管理系统主要是指根据存货出入库单文件、存货库存余额文件及存货档案资料文件中的各种出入库单数据、库存余额数据和基础数据，进行比较、统计分析数据处理后输出的各种账簿与报表。这些账簿与报表一是反映存货出入库动态变化的情况，二是反映存货结存情况，如现存量查询表、出入库流水账、货位汇总表、账龄分析表等。这些账簿与报表可以依据用户的要求进行输出，如用户可以输入一定日期期间、某一类存货的编码、某一仓库的编码等条件。系统可以根据这些条件输出反映存货收发存情况的各种账簿与报表。

2. 存货核算系统的日常业务处理

1) 存货核算系统的输入

存货核算系统的数据输入基本通过日常业务处理来实现。存货核算系统的日常业务处理主要完成日常存货核算数据的输入。存货核算系统的输入是采购管理系统、销售管理系统和库存管理系统输入的和，因为采购引起大部分入库业务，销售引起大部分出库业务，这些业务均需在存货核算系统中计算成本。在存货核算系统输入量大且输入项目较多的情况下，为了保证数据输入的正确和可靠，应尽量减少输入的工作量。因此存货核算系统中的数据大多由其他系统传入。其中大多数单据已经在其他系统模块的数据输入中做过介绍，在此不再赘述。这里仅就未涉及的调整单和假退料单进行简要介绍。

(1) 调整单。调整单主要分为入库调整单和出库调整单。入库调整单是对存货的入库成本进行调整的单据，其只调整存货的金额，不调整存货的数量；入库调整单用来调整当月的入库金额，并相应调整存货的结存金额；可针对单据进行调整，也可针对存货进行调整。出库调整单是对存货的出库成本进行调整的单据，其只调整存货的金额，不调整存货的数量；出库调整单用来调整当月的出库金额，并相应调整存货的结存金额；只能针对存货进行调整，不能针对单据进行调整。

(2) 假退料单。假退料单用于当车间已领用的材料，在月末尚未消耗完，下月需要继续耗用，不办理退料业务时的成本核算。

2) 存货核算系统的处理

存货核算系统的处理基本是通过业务核算和财务核算处理来实现的。

(1) 业务核算。存货核算系统的业务核算处理主要完成对单据进行出入库成本的计算、暂估成本和结算成本的处理、产成品的分配。存货核算系统的业务核算按照功能分为单据记账、恢复记账、暂估业务处理、产成品成分的分配。业务核算中的记账功能用于将各种单据登记存货明细账和差异明细账，若企业类型为"商业"，则还包括登记受托代销商品明细账和受托代销商品差价账。

具体来说，存货核算系统处理的业务核算类型主要包括：采购业务成本核算(普通采购业务、受托代销业务)；销售业务核算(普通销售业务、分期收款发出商品核算、委托代销发出商品核算、直运业务核算)；其他业务核算(材料出库业务、产成品入库业务核算、调拨业务核算、组装与拆卸业务核算、形态转换业务核算、盘点业务、假退料业务核算、调整业务核算)。

这里仅就还未涉及的假退料业务和调整业务处理流程进行介绍。其余业务处理流程不再赘述。

① 假退料业务。假退料是指车间已领用的材料，在月末尚未消耗完，下月需要继续耗用，则可不办理退料业务，制作假退料单进行成本核算。月末结账时，根据当月已记账的假退料单自动生成假退料的回冲单。假退料业务处理流程如图 9-8 所示。

图 9-8　假退料业务处理流程

② 调整业务。当出入库单据记账后，发现单据金额错误，如果是录入错误，通常采用修改方式进行调整。但如果遇到由于暂估入库后发生零出库业务等原因所造成的出库成本不准确，或库存数量为零而仍有库存金额的情况，就需要利用调整单据进行调整业务处理。调整业务处理流程如图 9-9 所示。

图 9-9　调整业务处理流程

(2) 财务核算。存货核算系统的财务核算处理主要完成各类经济核算业务记账凭证的生成。在财务核算中生成的记账凭证自动传递到账务处理系统进行审核、记账，实现业务和财务的一体化。

在存货核算系统中的财务核算处理，可根据不同类型的出入库单据，形成记账凭证并传递到总账系统中。如根据材料库的采购材料入库单，系统可形成如下记账凭证。

借：原材料
　　贷：材料采购

根据产成品库的产成品入库单，可形成如下记账凭证。

借：库存商品
　　贷：生产成本

根据产成品库的销售出库单，可形成如下记账凭证。

借：主营业务成本
　　贷：库存商品

3) 存货核算系统的输出

存货核算系统的输出主要包括单据和账表输出。

(1) 单据输出包括各类原始单据的查询和凭证的输出。存货核算系统提供包括采购入库单、产成品入库单、销售出库单、材料出库单、出库调整单，以及入库调整单在内的原始单据列表的查询。凭证输出则是指向总账传送存货成本核算生成的各类凭证。

(2) 账表输出通过存货核算系统的账表模块实现。存货核算系统输出的账表主要包括存货明细账、发出商品明细账、存货总分类账、入库汇总表、出库汇总表，以及暂估材料/商品余额表等。

9.2.3　库存管理与存货核算期末业务处理

库存管理系统的期末业务处理主要指库存管理系统的对账、月末结账和数据卸出。存货核算系统的期末业务处理内容包括对账、期末处理、月末结账和数据卸出。

1. 库存管理系统的期末业务处理

1) 对账

库存管理系统的对账包括库存与存货对账、库存与货位账对账。

(1) 库存与存货对账。库存与存货对账是指库存管理系统与存货核算系统对账。对账的内容为库存管理系统与存货核算系统中对账月份各仓库、各存货的收发存数量是否相符。库存与存货对账只有在库存管理系统和存货核算系统对账月份都已结账，且存货核算系统对账月份没有压单的情况下，数据才有可能核对上。

(2) 库存与货位账对账。库存与货位账对账是指库存台账与货位卡片对账。对账的内容为库存台账与货位卡片中对账月份记录的仓库、存货、批次、台账结存数量、货位结存数量、结存数量差额(台账结存数量-货位结存数量)是否相符。

2) 月末结账

库存管理系统的月末结账是将每月的出入库单据逐月封存，并将当月的出库数据记入有关报表中。结账前用户应检查本会计月工作是否已全部完成，只有在当前会计月所有工作全部完成的前提下，才能进行月末结账，否则会遗漏某些业务。月末结账之前一定要进行数据备份，否则数据一旦发生错误，将造成无法挽回的后果。

库存启用的第一个会计年度或重新初始化年度的一月份结账后将不能修改期初数据，

因此应在第一个会计月结账前，将所有期初数据录入完毕并且审核后再进行第一个月的结账操作。月末结账后将不能再做已结账月份的业务，只能做未结账月的日常业务，即已结账月份的出入库单据不允许编辑和删除。出入库单据的审核日期所在的会计月已结账时，单据将不能取消审核。

采购管理、销售管理系统月末结账后，才能进行库存管理的月末结账。

3) 数据卸出

数据卸出是将当前数据库中不经常使用或业务已经执行完毕的数据按照指定会计年度卸出到历史账套库，可以减少当前数据库的数据量，提高查询和操作效率。卸出的历史数据库可以进行数据查询。

在年末所有需要月结的产品结账以后，进行卸出操作，卸载日期取当年最后一个会计月的终止日期。卸出时只支持所有子系统数据一起卸出，不支持分子系统卸出。

2. 存货核算系统的期末业务处理

1) 对账

存货核算系统的对账包括与总账对账、发出商品与总账对账。

(1) 与总账对账。与总账对账是指存货核算系统与总账系统对账。对账的内容为核对存货核算系统与总账系统中存货科目和差异科目在各会计月份借方、贷方发生的金额、数量，以及期末结存的金额、数量信息是否相符。

(2) 发出商品与总账对账。发出商品与总账对账是指存货核算系统的发出商品科目与总账的发出商品科目进行对账。对账的内容为核对发出商品科目在存货核算系统的期初、发生及结存数据和在总账系统的借方、贷方、期末结存金额是否相符。

2) 期末处理

当存货核算系统日常业务全部完成后，进行期末处理。对于不同的成本核算方法和不同的计价方式而言，期末处理的内容有所不同。

(1) 当存货采用计划成本法时，系统将自动计算各存货的差异率，并形成差异结转单，且用户不能人为修改。用户确认后，系统将自动记账。

(2) 当存货采用全月加权平均法时，系统将自动计算各存货的全月加权平均单价，并计算本月的出库成本(不包括填制出库单时已录入出库成本的出库)，生成期末成本处理表，用户确认后，系统将对存货明细账及出库单回填出库成本。

(3) 对于其他计价方式，系统不做特殊处理，只是打上期末处理标志。

3) 月末结账

存货核算系统的月末结账工作是在存货核算系统中对本月账簿做结账标志，如果与采购管理系统联合使用，并且暂估处理方式选择"月初回冲"时，月末结账的同时会生成下月红字回冲单等。月末结账后将不能再进行当前会计月的工作，只能做下个会计月的日常工作。

由于在存货核算系统中本会计月的单据可以压单下月记账，因此进行月末结账前应检查本会计月工作是否已全部完成，只有在当前会计月所有工作全部完成的前提下，才能进行月末结账，否则会遗漏某些业务。

月末结账之前用户一定要进行数据备份,否则数据一旦发生错误,将造成无法挽回的后果。月末结账后将不能再做当前会计月的业务,只能做下个会计月的日常业务。

存货核算系统 12 月结账后,系统会将本会计年度的期末结存余额结转,作为新会计年度的期初余额,包括库存商品、发出商品、委托代销发出商品明细账、直运销售明细账;同时在新会计年度生成红字回冲单、假退料回冲单,新年第一个会计月的存货总账。12 月结账后,可以查询下一会计年度的期初余额,期初余额为记账状态。

4) 数据卸出

数据卸出是将当前数据库中不经常使用或业务已经执行完毕的数据按照指定会计年度卸出到历史账套库,可以减少当前数据库的数据量,提高查询和操作效率。卸出的历史数据库可以进行数据查询。

在年末所有需要月结的产品结账以后,进行卸出操作,卸载日期取当年最后一个会计月的终止日期。卸出时只支持所有子系统数据一起卸出,不支持分子系统卸出。

实务训练

【实训准备】

引入"8-1 销售与应收"账套数据。

实训 1 库存盘点业务

【实训要求】

31 日,进行期末库存盘点,结果如图 9-10 示。

库存商品实存账存对比表

盘点日期:2018 年 7 月 31 日

盘点单位:仓管部各仓库　　　　　　　　　　　　　　　　　　　　　　　　　　单位:元

商品名称	单位	单价	账面结存		实际盘存		升溢		损耗		升溢损耗原因
			数量	金额	数量	金额	数量	金额	数量	金额	
被芯(泰国产)	件	120.00	620	74 400.00	610	73 200.00			10	1 200.00	系西安爱家居用品制造有限公司少发,对方同意补货
床笠(秋天)	件	80.00	600	48 000.00	620	49 600.00	20	1 600.00			无法查明原因

单位主管:(略)　　会计:(略)　　复合:(略)　　监盘:(略)　　物资负责人:(略)

图 9-10 库存商品实存账存对比表

【岗位说明】

以"C01 陈晨"身份登录平台,完成库存管理系统业务处理。

以"W02 张文华"身份登录平台,完成应收款管理系统、总账管理系统及存货核算系统业务处理。

【实训指导】

(1) 在库存管理系统中录入"盘点单"。

① 以仓管人员"C01 陈晨"身份登录,修改"注册日期"为"2018 年 7 月 31 日"。

② 执行"供应链"|"库存管理"|"盘点业务"命令,单击"盘点单"界面左上角工具栏上的"增加"按钮,在表头选择"盘点仓库"为"床上用品仓库","出库类别"选择"盘亏","入库类别"选择"盘盈入库",按照盘点单结果,录入"单价""盘点数量"等信息,"账面金额""盘点金额"信息自动生成,最后单击工具栏上的"保存"和"审核"按钮。审核后,盘点业务模块会自动生成相应的出入库单。

(2) 在库存管理系统中审核"出、入库单"。

① 盘亏审核"出库单"。仓管人员执行"供应链"|"库存管理"|"出库业务"命令,双击"其他出库单"选项,单击工具栏上的"末张"按钮,查看盘亏出库单,单击工具栏上的"审核"按钮。

② 盘盈审核"入库单"。仓管人员执行"供应链"|"库存管理"|"入库业务"命令,双击"其他入库单"选项,单击工具栏上的"末张"按钮,查看盘盈入库单,单击工具栏上的"审核"按钮。

(3) 在存货核算系统中根据出、入库单结转成本记账凭证。

① 以会计人员"W02 张文华"身份登录,修改"注册日期"为"2018 年 7 月 31 日"。

② 执行"供应链"|"存货核算"|"业务核算"|"正常单据记账"命令,在"正常单据记账"对话框中,依次单击工具栏上的"全选""记账"按钮。

③ 执行"存货核算"|"财务核算"|"生成凭证"命令,在"查询条件"对话框中,单击"全消"按钮,勾选"(08)其他入库单"和"(09)其他出库单"复选框,单击"确定"按钮。

④ 在"未生成凭证单据一览表"窗口中,选择对应单据,单击"确定"按钮。

⑤ 在"生成凭证"界面,单击工具栏上的"生成"按钮,最后在"记账凭证"界面单击工具栏上的"保存"按钮。

盘亏会计分录如下。

借:待处理财产损溢——待处理流动资产损溢
　　贷:库存商品

盘盈会计分录如下。

借:库存商品
　　贷:待处理财产损溢——待处理流动资产损溢

(4) 在总账系统中录入盘盈、盘亏批准后的记账凭证。

执行"财务会计"|"总账"|"凭证"|"填制凭证"命令,根据批准结果录入会计凭证。

盘亏会计分录如下。

借:在途物资
　　贷:待处理财产损溢——待处理流动资产损溢

盘盈会计分录如下。

借：待处理财产损溢——待处理流动资产损溢
  贷：营业外收入或管理费用——存货盘点

实训 2　计提存货跌价准备业务

【实训要求】

31 日，接销售部通知，库存部分商品期末可变现净值低于成本，如图 9-11 所示。按要求计提存货跌价准备。

库存商品期末可变现净值一览表

存货编码	商品名称	型　号	可变现净值单价
0103	床垫(秋天)	1.8M	39.00

制单人：略

图 9-11　库存商品可变现净值一览表

【岗位说明】

以"W02 张文华"身份登录平台，完成存货核算系统业务处理。

【实训指导】

(1) 设置存货跌价准备科目及费用计提科目(见表 9-1)。

表 9-1　存货跌价准备科目及费用计提科目

存货分类编码	存货分类名称	跌价准备科目	计提费用科目
01	床上用品	存货跌价准备	资产减值损失
02	卫浴用品	存货跌价准备	资产减值损失

① 以"A01 陈强"身份登录平台，在企业应用平台中，单击"供应链"|"存货核算"|"跌价准备"|"跌价准备设置"选项，进入"跌价准备设置"设置界面。

② 按所给实训资料依次输入数据。

(2) 在存货核算系统中计提存货跌价准备。

① 以会计人员"W02 张文华"身份登录，修改"注册日期"为"2018 年 7 月 31 日"。

② 执行"供应链"|"存货核算"|"跌价准备"命令，双击"计提跌价准备"选项，在"计提跌价处理单"对话框中，单击工具栏上的"增加"按钮，按照"库存商品期末可变现净值一览表"中的信息，录入"部门""存货编码""可变现价格"等信息，依次单击"保存""审核"按钮。

(3) 在存货核算系统中生成计提准备记账凭证。

① 执行"供应链"|"存货核算"|"跌价准备"命令，双击"跌价准备制单"选项，单击工具栏上的"选择"按钮，在弹出的"查询条件"对话框中勾选"(47)跌价准备单

复选框，单击"确定"按钮，在"未生成凭证单据一览表"窗口中依次单击工具栏上的"全选""确定"按钮。

② 在"生成凭证"界面中，单击工具栏上的"生成"按钮，最后在"记账凭证"界面单击工具栏上的"保存"按钮。

会计分录如下。

借：资产减值损失
　　贷：存货跌价准备

实训 3　系统结账

【实训要求】

30 日，业务部门与财务部门进行系统结账。

【岗位说明】

以"W01 汪小菲"身份登录平台，完成凭证审核及总账结账。

以"W03 黄宁"身份登录平台，完成凭证出纳签字处理。

分别以"G01 林群""X01 王大国""C01 陈晨""W02 张文华"对供应链(采购管理系统、销售管理系统、库存管理系统、存货核算系统)结账。

以"W02 张文华"身份登录平台，完成应收款管理系统、应付款管理系统结账，以及总账管理系统内期间损益结转与凭证记账。

【实训指导】

(1) 采购管理系统结账。

可参考前序业务操作指导，在此不再赘述。

(2) 销售管理系统结账。

① 以账套主管"X01 王大国"身份登录，修改"注册日期"为"2018 年 7 月 31 日"。执行"销售管理"|"月末结账"命令，打开"月末结账"对话框。

② 单击 7 月所在行，选中该条记录。

③ 单击"结账"按钮，系统弹出"月末结账"信息提示框，提示"是否关闭订单？"，单击"是"按钮，在"查询条件—采购订单列表"窗口中，"是否关闭"项选择"否"，单击"确定"按钮查看是否存在业务处理完成但未关闭订单，若存在则选中相应记录单击"批关"按钮。

④ 返回"月末结账"界面，单击"结账"按钮，弹出"月末结账完毕！"信息提示对话框；单击"确定"按钮，"是否结账"一栏显示"已结账"字样。

⑤ 单击"退出"按钮。

(3) 库存管理系统结账。

可参考前序业务操作指导，在此不再赘述。

(4) 存货核算系统结账。

① 执行"存货核算"|"财务核算"|"与总账系统对账"命令，进入"与总账对账表"窗口。

② 勾选"包含未记账凭证"复选框，查看对账结果，如数据不符则显示底纹色。单击"退出"按钮返回。

③ 执行"存货核算"|"业务核算"|"期末处理"命令，对所有业务进行仓库期末处理。

④ 执行"业务核算"|"月末结账"命令，对存货核算系统结账。

注意：供应链管理系统结账必须遵循销售管理与采购管理系统先结账，然后库存管理系统、存货核算系统依次结账的操作顺序，目的在于避免遗漏业务。

知识拓展

供应链管理系统的取消结账

■ **采购管理与销售管理系统的取消结账**

① 执行"月末结账"命令，打开"月末结账"对话框。

② 单击"选择标志"栏，出现"选中"标志。

③ 单击"取消结账"按钮，系统弹出"取消月末结账完毕！"信息提示对话框；单击"确定"按钮，"是否结账"一栏显示"未结账"字样。

④ 单击"退出"按钮。

注意：若应付款管理系统或库存管理系统或存货核算系统已结账，则采购管理系统不能取消结账；若应收款管理系统或库存管理系统或存货核算系统已结账，则销售管理系统不能取消结账。

■ **库存管理系统的取消结账**

在"结账"窗口单击"取消结账"按钮即可。

■ **存货核算系统的取消结账**

① 需以"下月"任意日期登录系统服务平台，执行"业务核算"|"月末结账"命令，单击"取消结账"按钮取消结账。

② 执行"存货核算"|"业务核算"|"期末处理"命令，单击"恢复"按钮，对所有业务进行仓库恢复期末处理。

(5) 应付款管理系统结账。

① 执行"期末处理"|"月末结账"命令，打开"月末处理"对话框(以"W02 张文华"身份登录)。

② 双击7月份的"结账标志"栏。

③ 单击"下一步"按钮，屏幕显示各处理类型的处理情况。

④ 在处理情况都是"是"的情况下，单击"完成"按钮，结账后，系统弹出"月末结账成功！"信息提示对话框。

⑤ 单击"确定"按钮，系统自动在对应的结账月份的"结账标志"栏中显示"已结账"字样。

注意：本月的单据在结账前应该全部审核；本月的结算单据在结账前应全部核销。应收款管理系统结账后，总账管理系统才能结账。应付款管理系统与采购管理系统集成使用，应在采购管理系统结账后，才能对应付款管理系统进行结账处理。

(6) 应收款管理系统结账。

同理，完成应收款管理系统结账。

🛠 知识拓展

应收款管理与应付款管理系统的取消结账

分别在应收款管理系统与应付款管理系统中执行以下操作。

① 执行"期末处理"｜"取消月结"命令，打开"取消结账"对话框。

② 选择"7月已结账"月份。

③ 单击"确定"按钮，系统弹出"取消结账成功！"信息提示对话框。

④ 单击"确定"按钮，当月结账标志即被取消。

注意：如果当月总账管理系统已经结账，则应收款管理系统不能取消结账。

(7) 总账系统结账。

① 完成凭证批量审核。请参考前序业务操作指导，在此不再赘述(以"W01 汪小菲"身份登录)。

② 以出纳人员"W03 黄宁"身份登录，完成凭证出纳签字。请参考前序业务操作指导，在此不再赘述。

③ 以会计人员"W02 张文华"身份登录，完成凭证记账。请参考前序业务操作指导，在此不再赘述。

④ 完成期间损益结转，并对生成的凭证审核、记账。请参考前序业务操作指导，在此不再赘述(注意更换操作员)。

⑤ 以账套主管"W01 汪小菲"身份登录，完成总账结账。

⑥ 将账套输出至 D 盘根目录下"9-1 库存与存货"文件夹。

思政园地

数字中国(九)——中国有色矿业集团：驱动有色工业国际化发展

中国有色矿业集团与用友合作打造"三业协同、两轮驱动、全面变革"，加速财务数智化转型，同时加强了境外财务人才队伍建设，构建集团高质量发展的国际化运营财务管控模式。

第10章 UFO报表管理系统

理论知识

10.1 UFO报表管理系统概述

10.1.1 UFO报表管理系统的功能

UFO报表管理系统的目标是根据账务处理子系统、会计信息系统中的其他子系统、UFO报表管理系统内部,以及其他系统中的数据来源,针对各类会计报表使用者对报表编制与分析的需要,依据相关的会计制度和会计法规,及时、准确、完整地向使用者提供会计信息。

10.1.2 UFO报表管理系统与其他系统之间的关系

报表管理系统主要是从其他系统中提取编制报表所需的数据。总账、薪资管理、固定资产、应收款、应付款、财务分析、采购管理、库存管理、存货核算和销售管理子系统均可向报表管理子系统传递数据,以生成财务部门所需的各种会计报表。

报表编制工作在计算机上完成,根据计算机编制报表的工作内容,会计报表软件的工作流程可分为报表名称登记、报表格式及数据处理公式设置、报表编制和报表输出四步。

10.1.3 UFO报表管理系统数据流程

UFO报表管理系统数据处理流程如图10-1所示。

图 10-1　UFO 报表管理系统数据处理流程

10.2　UFO 报表管理系统业务处理

10.2.1　UFO 报表管理系统的基本术语

1. 报表基本结构分析

为了掌握通用会计报表系统的使用方法，需要对报表的基本结构有所了解。就报表结构的复杂性而言，报表可以分成简单表和复合表两类。

简单表是由若干行和列组成的规则的二维表。通过比较两类表可以看出，复合表的结构比简单表复杂得多。复合表可由简单表嵌套而成，也可由多个简单表拼合而成，因此复合表在处理上不如简单表方便。目前使用较多的会计报表系统只有部分可以处理复合表。但无论简单表还是复合表，就其结构而言基本由两大部分组成，即基本固定的报表格式和随会计期间不同而不同的表中的数据部分。

在计算机报表管理系统中，所谓报表格式实质上是一个保存在计算机中的模板，使用这个模板可以无限复制相同格式的表格供用户使用。一个报表的格式包括以下几个方面。

（1）标题。标题用来表示报表名称及报表的编制日期、编制单位、使用的货币单位等内容。标题可能有一行也可能有若干行。图 10-2 所示的资产负债表标题就有两行。标题在计算机打印时通常希望放大字体并加重打印。

资产负债表

编制单位：××单位				年　月　日		单位：元　会工 01		
资产	行次	年初数	本期数	负债和所有者权益	行次	年初数	本期数
流动资产				流动负债			
货币资金	1	1 500 000.00	2 000 000.00	短期投资	46	87 000.00	45 000.00
……		……	……	……		……	……
				……			
资产合计				权益合计			

补充资料：1. 已贴现的商业承兑汇票_____元；
　　　　　2. 融资租入固定资产原价_____元。

图 10-2　资产负债表示意图

(2) 表头。表头用来表示报表的栏目。栏目和栏目的名称是报表最重要的内容，它们决定了报表及报表每一栏的宽度，从而确定了报表的基本格式。简单报表的栏目只有一层，这种栏目称为基本栏。复合报表的栏目可以分成若干层，即大栏目下包含几个小栏目，这种栏目称为组合栏。有些报表软件也将表的标题和表头部分视为一个整体，将这个整体称为表头。以下为了说明的方便，都将标题和表头合称为表头。

(3) 表体。表体即报表的主体。表体由横向的若干栏和纵向的若干行组成。纵向表格线和横向表格线将表体部分划分成一些方格用于填写表中的数据，这些方格称为表单元。表单元是组成报表的最小基本单位，每一个表单元都可以用它所在的列坐标和行坐标来表示。通常将确定某一单元位置的要素称为"维"。

为了报表数据处理的方便，有时需要对多个单元的数据同时进行计算，因此有些报表系统需要定义区域。所谓区域是由多个单元组成，它包括的范围是从起点单元开始到终点单元构成的一个长方形单元阵列。区域是二维的，最小的区域是一个单元，最大的区域可以包括整张报表的所有单元。

在报表编制过程中，向报表单元中填入的内容一般只有两种：一种是文字；一种是数字。其中有些文字部分用来作为每行(或列)的标题，称为表样。表样单元的内容在编制不同会计期间的同一会计报表时，与表头表尾等一样，内容是固定不变的，因此表样是报表格式的一部分。

(4) 表尾。表尾指表格线以下进行辅助说明的部分。表尾部分有些表有内容，有些表没有内容，但无论有无内容，表尾这一结构在报表中是一定存在的。

表头、表体和表尾是组成报表的基本要素，不同报表的区别实际上是报表中各要素的内容不同。表处理子系统的基本工作原理就是软件提供给用户设置表头、表体和表尾的功能，用户只要运行这些功能，就能得到满足需要的报表。

2. 报表公式和关键字

(1) 报表公式。在计算机报表系统中，报表的格式和数据是分开处理和管理的。其中报表的格式起着说明数据的经济含义和管理数据的作用。而报表数据则起到反映相应经济指标大小的作用。报表数据部分在每月编制报表时一般不会相同，在使用计算机进行报表编制时，表中数据一般不用手工键盘输入，而是通过设置所谓报表单元公式，由计算机根据公式自动从指定的文件中调取。这些单元公式就是报表公式的一个最主要的构成部分。

报表公式除了报表单元公式外还有报表审核公式和报表舍位平衡公式。其中报表审核公式的作用是根据报表数据间的钩稽关系检查报表数据是否正确。报表舍位平衡公式是将以元为单位的报表转换为以千元或万元为单位的报表时，为保持报表数据的平衡而使用的公式。

在报表的编制过程中，虽然报表中的数据每个会计期间并不相同，但同一报表中各个单元填列数据的规律一般是不变的，如资产负债表中货币资金项总是从现金、银行存款和其他货币资金调取数据。因此报表公式一经设定，在编制不同会计期间的同一会计报表时，公式的内容也是固定不变的。每次编制报表通常不需要重新设定。

由于报表的格式和公式在编制不同会计期间的同一会计报表时通常是不变的，表格式和表公式构成了同一会计报表的基本结构，因此在计算机报表系统中一般将它们合称为表结构。而将表处理软件运行表结构文件得到的、填列好具体数字的报表称为数字表。

(2) 关键字。关键字是特殊的数据单元，实质上是一个计算机的取值函数。它可以唯一地标识一个表页，用于在大量表页中快速定位一张表页。关键字在报表系统中的主要作用是在编制报表时，由系统自动在报表相应位置填列报表编制的年、季、月、日等日期和报表编制单位的名称等内容。报表关键字通常在表格式设置中进行设置，会计报表中可以定义多个关键字。

(3) 多维表。确定某一数据位置的要素称为"维"。在一张有方格的纸上填写一个数，这个数的位置可通过行和列(二维)来描述。如果将一张有方格的纸称为"表"，那么这个表就是二维表，通过行和列坐标可以找到这个二维表中任何位置的数据。

如果将多个相同的二维表叠在一起，找到某一个数据要素需增加一个，一般称为一个表页。表页在报表中的序号在表页的下方以标签的形式出现，称为"页标"。页标用"第1页"～"第×××××页"表示。这一叠表称为一个三维表。

如果将多个不同的三维表放在一起，要从这多个三维表中找到一个数据，又需增加一个要素，即表名。三维表中的表间操作即称为"四维运算"。

会计信息系统中的表处理系统一般是一个三维报表管理系统，要确定一个数据的所有要素为：表名、列、行和表页。

3．格式状态和数据状态

报表管理系统分为两大部分来处理，即报表格式和公式设计工作与报表数据处理工作。这两部分的工作是在不同状态下进行的。

(1) 格式状态。在报表格式设计状态下进行有关格式设计的操作，如：表尺寸、行高列宽、单元属性、单元风格、组合单元、关键字；定义报表的单元公式(计算公式)、审核公式及舍位平衡公式。在格式状态下所看到的是报表的格式，报表的数据全部隐藏。在格式状态下所做的操作对本报表所有的表页都发生作用。在格式状态下不能进行数据的录入、计算等操作。

(2) 数据状态。在报表的数据状态下管理报表的数据，如输入数据、增加或删除表页、审核、舍位平衡、制作图形、汇总、合并报表等。在数据状态下不能修改报表的格式，看到的是报表的全部内容，包括格式和数据。

报表工作区可通过"格式/数据"按钮在"格式状态"和"数据状态"之间切换。

4．其他基本术语

(1) 区域。区域是由相邻单元组成的矩形块。区域是二维的，最大的区域是整个表页，最小的区域是一个表单元。描述一个区域时起点单元与终点单元之间用"："连接，如 A1：C6。

(2) 表页。表页是由若干行和列组成的一张二维表。一个报表中的所有表页都具有相同的格式，但其中的数据不同。

(3) 报表文件。一般把具有相同经济意义的多张表页存放在同一个数据文件中，称为报表文件。因此，报表文件是一个三维表。在报表文件中确定一个数据的基本要素为：表名、表页、行、列。

10.2.2 UFO报表管理系统的初始设置

1. 报表文件名称登记

在计算机中，各种程序和数据一般都是以文件的形式存放的。会计报表系统也不例外，为了存放用户定义的表格式和表公式，系统需要用户在定义前，事先在系统中登记文件名，以便在调用定义的内容时作为标识。这个文件名是供用户调用使用的，所以通常称为文件的外部标识名。有些报表处理软件为了处理的方便，在登记外部标识名的同时，计算机自动给这个文件一个名称，这个名称是为计算机处理该文件用，因此称为内部标识名。

需要注意的是，不同的报表，报表名不能相同。报表名是供用户调用设定的报表结构文件使用的，它与表的标题并没有直接的关系。它可以是中文，也可以是西文或汉语拼音的缩写。

2. 报表格式设置

会计报表的格式定义是数据输入和运算处理的基础，只有将报表数据放入指定的报表格式中，这些数据才具有真正的意义。在创建或打开报表文件之后就可以进行报表格式的设置了。因此，报表格式设置是整个报表处理系统的重要组成部分，也是报表编制工作的基础环节。报表格式的设置方式可以划分为非直观和直观两种。

1) 非直观的报表格式设置方式

采用非直观的报表格式设置方式，在屏幕上看不到成形的表样，只能通过对话方式，由使用者将报表标题、栏目等报表结构要素输入计算机，并保存在数据库文件中。使用者在设置报表格式过程中，看到的是报表的各个部分，当报表的行、列、文字大小、字体等不符合要求时，不能直接在显示的报表结构上进行改动，必须回到对话方式来改变报表结构和格式。完整的报表格式往往要到公式定义或是报表编制时才能看到。

2) 直观的报表格式设置方式

在直观的报表格式设置方式下，采用整表设置模式，具有"所见即所得"的特性。其基本设计思想是划定范围，在这个范围中由用户自由地设计自己需要的报表格式。很多报表系统采用了类似于电子报表软件Excel的界面，在屏幕显示的网格上可以直接填充文字、设置格式，当报表的行、列、文字、字体等不合适时，也可以直接在整张表上改动。目前流行的Windows版的报表系统一般采用直观的报表格式设置方式。

与非直观的报表格式设置方式相比,其基本设置内容和注意事项并无本质区别,但这种方式在操作上更为简便。具体使用方法有以下几点不同。

(1) 报表尺寸定义。报表尺寸定义的目的是确定报表的行数和列数,其单位是表行和表栏。报表尺寸确定了,报表占用的范围也就确定了。在定义时应注意表栏目的宽度应以能够放下本栏最大数字为原则,否则将出现数字溢出的错误。

(2) 单元属性和风格定义。单元属性主要指的是单元内容的性质,如数字、字符以及表样。单元风格是指单元内容的字体、字号、字形、对齐方式、颜色图案等设置。设置单元属性和风格会使设计的报表更符合阅读习惯,更加美观清晰。定义单元属性和风格可以首先确定区域,定义时对整个区域进行定义以简化操作。

(3) 组合单元定义。在整表设置方式中,在设定的范围内所有的处理都是以单元为基本处理单位。在进行格式设置时,对报表的标题、表尾的说明文字等在一个单元中无法登录的较长文字,可以将横向几个相邻单元组合成一个组合单元,使用组合单元功能还可以解决复合报表表头的设置工作。由相邻的两个或两个以上的单元组成的区域,这些单元必须是同一类型。组合单元的名称可以用区域名称或区域中某一单元的名称来表示。

(4) 在会计报表系统中,表格式的设置采用一次设置、长期有效的工作方式。因此如果表头、表尾中有日期等相对变动的量出现时,则应在相应位置设置报表关键字。一般报表系统都提供了这样的关键字。这样在编制报表时,报表编制日期自动显示为当前输入日期。

(5) 综合报表格式设置的一般操作内容包括以下几项。

① 设置报表尺寸。设置报表表页的行数和列数,设置时应注意包括标题、表头、表体、表尾四部分。

② 设置报表行高列宽。根据输出需要调整行的高度或列的宽度。

③ 画表格线。在制定区域内画表格线。

④ 定义组合单元。将几个单元视为一个单元使用。

⑤ 输入报表内容。报表内容包括标题、表头、表体和表尾四部分。

⑥ 设置单元风格。其主要指字体、字号、字形、对齐方式、颜色图案等。

⑦ 设置单元属性。其主要指单元类型、数字格式、边框样式等。

⑧ 设置关键字。其主要指单位名称、年、月、日等。

3. 报表公式设置

报表系统中的公式分为运算公式、审核公式和舍位平衡公式。

1) 报表运算公式的设置

报表运算公式是在编制报表时,确定表元数据来源的公式,主要作用是,在报表生成过程中,通过设定的运算公式,系统从根据公式描述的数据库文件中提取到指定的数据,进行表达式指定的运算,将运算结果放入表元中。

确定运算公式时,主要考虑以下几个方面。

(1) 确定表元的数据来源及取数所要满足的条件。
① 从账务系统取数，这是报表系统数据的主要来源。
- 从其他核算系统取数，如工资、固定资产、成本、销售等系统的数据。
- 从报表系统自身取数，可以从其他报表取数，也可以从同一报表的不同表页或同一表页的不同单元取数。
- 从系统外部取数，包括直接通过键盘录入、从软盘读入或通过网络传入。
- 从其他会计软件取数等。

② 取数所要满足的条件一般包括借方发生额、贷方发生额、期初(末)借方余额、期初(末)贷方余额、累计数(包括借方累计、贷方累计)、前期数等。

(2) 运算公式的构成。

运算公式由以下几部分构成。
① 表单元及坐标。表示表单元在表中的位置。
② 运算符。包括"+""-""×""/""="等。
③ 表达式。将常量、变量、函数用运算符连接起来。

例如，某报表系统公式格式为：

列号、行号=QC(科目编码，会计期间，方向，账套号)

其中，列号用代表列的字符表示，行号用数字表示；QC是一个账务取数函数，表示取某科目某时期期初余额；科目编码、会计期间、方向、账套号是取数函数的自变量。例如，C10=PTOTAL(C6：C9)，表示C10表元的值是其他几个表元C6、C7、C8、C9表元值的合计数。

(3) 运算公式的设置方式。

通用报表系统中运算公式的实现有以下两种方式。

① 通过键盘直接录入公式。在这种方式下，只需按照公式的格式输入公式，其优点是输入速度快，但要求使用者对系统比较熟悉。

② 系统采取引导输入的方式自动生成公式。在这种方式下，使用者只需按照系统提示，回答系统提出的问题，如从何处取数、使用哪一个会计科目、哪个会计期间、借方还是贷方、发生额还是余额等，系统即可自动生成需要的公式，这种方法对软件初学者来说，会感到非常易学、易用，但编辑速度较慢。

(4) 函数。

为简化报表数据来源的定义，通用报表软件一般是将报表编制中比较固定的处理过程做成独立的模块，向用户提供针对性较强的一整套从各种数据库文件中调取数据的函数。前面公式QC(科目编码，会计期间，方向，账套号)就是一个取数函数。不同的报表系统函数的具体表示方法不同，但这些函数所提供的功能和使用方法一般是相同的，用户在使用时可查阅有关说明或求助系统的帮助功能。一个报表系统编制报表的能力主要是通过系统提供的取数函数是否丰富来体现的，取数函数越丰富该报表系统编制报表的能力越强。函数架起了报表系统与其他系统、同一报表文件中不同表页之间、不同报表文件之间，以及同一报表内部数据传递的桥梁作用。

① 账务取数函数主要分为表 10-1 所示的几种。

表 10-1 账务取数函数

总 账 函 数	金 额 式	数 量 式	外 币 式
期初额函数	QC( )	SQC( )	WQC( )
期末额函数	QM( )	SQM( )	WQM( )
发生额函数	FS( )	SFS( )	WFS( )
累计发生额函数	LFS( )	SLFS( )	WLFS( )
条件发生额函数	TFS( )	STFS( )	WTFS( )
对方科目发生额函数	DFS( )	SDFS( )	WDFS( )
净额函数	JE( )	SJE( )	WJE( )
汇率函数	HL( )		

② 同一报表同一表页不同单元的取数函数主要有以下几种。

数据合计　　　PTOTAL( )
平均值　　　　PAVG( )
最大值　　　　PMAX( )
最小值　　　　PMIN( )

③ 同一报表其他表页不同单元的取数函数主要有以下几种。

对于取自本表其他表页的数据可以利用某个关键字作为表页定位的依据，或者直接以页标号作为定位依据，指定取某张表页的数据。

可以使用 SELECT( )函数从本表其他表页取数，如以下数据。

A1 单元取自上个月的 A2 单元的数据：A1=SELECT(A2, 月@=月+1)。

B1 单元取自第 2 张表页的 B2 单元的数据：B1=B2@2。

④ 自其他报表取数的函数。

对于取自其他报表的数据可以用""报表[.REP]"->单元"格式指定要取数的某张报表的单元。例如：C6="资产负债表"->C6@5 表示当前表页中的 C6 单元格的数据取自资产负债表第 5 页 C6 单元格的数据。

在计算财务比率时，经常应用此类函数。例如：计算某企业 1 月份应收账款周转率时，假设利润表中 C5 单元格为主营业务收入，资产负债表中 C10、D10 分别为该企业应收账款的期初、期末金额，则公式可以定义为：2*"利润表"-> C5@1/("资产负债表"->C10@1+"资产负债表"->D10@1)。

2) 报表审核公式的设置

报表审核公式是报表数据之间关系的检查公式。它主要用于：报表数据来源定义完成后，审核报表的合法性；报表数据生成后，审核报表数据的正确性。

在各类会计报表中，每个数据都有明确的经济含义，并且数据间往往存在着某种对应关系，称为钩稽关系，如资产负债表的资产合计应等于负债与所有者权益合计，这种平衡关系就是钩稽关系。如果在资产负债表编制结束后，发现没有满足这种平衡的钩稽关系，即可以肯定该表在编制过程中出现了错误。所以，在实际工作中，利用钩稽关系对报表进行检查是保证报表正确性的重要手段。为了满足财会人员编制报表时对数据审核功能的要求，通用报表系统提供了数据审核功能，财会人员只需将报表数据之间的钩稽关系用审核公式表示出来，计算机即可按照审核公式定义的钩稽关系自动对报表进行审核。

报表审核公式的设置和报表运算公式的设置方法类似。它们的主要区别在于：审核公式用于对报表数据的钩稽关系进行检验，因此审核公式中允许使用的运算符除计算公式允许使用的运算符外，还可以使用">""<""<>"等逻辑运算符。运算公式在一般情况下必须设置，审核公式是根据需要设置的。

3) 舍位平衡公式

舍位平衡公式用于报表数据进行进位或小数取整时调整数据，系统根据定义的舍位关系对指定区域内的数据进行舍位，并按照平衡公式对舍位后的数据进行调整使其平衡。例如，将以"元"为单位的报表数据变成以"千元"为单位的报表数据，定义舍位平衡公式。在"舍位公式"对话框中的"舍位表名"文本框中输入 SWB；"舍位范围"文本框中输入"C5：H16"；"舍位位数"文本框中输入 3；"平衡公式"文本框中输入"C16=Gll+Gl5，Dl6=Hll+Hl5"。表示将"C5：H16"区域的数据转换为以"千元"为单位后，仍需保持 C16=Gll+Gl5，Dl6=Hll+Hl5 的平衡关系，同时将以此条件生成的新表存入报表文件 SWB 中，且表中的平衡关系仍然成立。舍位平衡公式是根据需要设置的。

4) 设置报表公式的其他注意事项

(1) 表公式中的运算符主要是"=、+、-、×、÷、^"，公式中紧接目标单元的运算符一般应是"="，只有公式过长，需要分成几个公式时，才可以是其他运算符。

(2) 多数会计报表软件从账簿的某个科目取数时，表处理系统中若设为取某个科目期末借方余额，而实际余额在贷方，则公式的值是零，而不是贷方金额的负值，这是与一般会计人员的习惯不同的，设置时必须注意。

(3) 通常表示目标单元的行号和列号是指该单元在表中的实际位置，这个值与屏幕提示行显示的当前行号和列号无关。使用某一特定软件时应注意该软件是如何规定行号和列号的。

4．报表模板

通过报表格式定义和公式定义可以设置自定义报表，自定义报表虽然能够满足企业个性化的需求，但设置较为烦琐且工作量较大。因此，报表管理系统提供了 33 个行业的各种标准财务报表格式。利用报表模板可以迅速建立一张符合需要的财务报表。报表模板表示了一张标准格式的会计报表。

另外，对于一些本企业常用报表模板中没有提供的报表，企业可根据本单位的实际情况定制新的会计报表模板，在自定义完这些报表的格式和公式后，将其定义为报表模板存入模板库中，以后可以直接调用。

10.2.3 UFO 报表管理系统日常业务处理

1. 报表编制

设置了报表格式和报表公式只是定义了报表的结构，如果想要得到填有数据的报表，还需进行报表的编制工作。报表的编制是由计算机在人的控制下自动完成的。它的作用是使系统运行载有设置好的报表结构的文件，使其中的运算公式能从相应的数据源中调取数据填入相应的表单元中，从而得到数据表。系统将自动生成一个文件用以保存得到的数据表。为了区分不同月份的同一张表，每次编制报表前系统都将要求用户输入关键字的值，如相同关键字值的报表已存在，系统将要求用户确认是否重编。如果用户重新编制，则新编的表将覆盖已存在的旧表。因此，如果用户修改过表格式或表公式，则必须重新将该报表编制一遍，以得到按新结构生成的报表。

在报表编制过程中，系统将对公式的格式进行检查，如有语法或句法错误系统将给予提示。但应注意的是，检查正确不等于公式的逻辑关系也正确，系统对公式的逻辑关系不进行检验，也很难进行检验。

报表系统的日常工作主要是每月末编制报表并将编好的报表打印输出。每月编制报表前首先应将当月业务处理完毕(既包括日常业务的处理，也包括期末摊、提、结转业务的处理)并结账。编制季度和年度报表也应按此原则处理。

2. 报表输出

表处理系统报表输出有两种方式：一种是屏幕显示输出，这种输出主要是为了用户检查报表设置和编制是否正确，因此为了显示尽量多的实质性内容，不是很必要的表格线一般不显示。另一种输出是打印输出，此时输出的是按正规要求生成的正式报表。

除此以外，系统一般还可以打印空表和用户设置的公式清单供用户检查公式设置用。

为了方便用户打印出满意的报表，系统一般都提供打印设置功能，该功能可以对报表使用的字形、字号做设定以调整报表的大小。可以对行距和列距进行设定来调整报表的大小。还可以设置表首的上、下边距，表左、右边距等，以调整表在打印纸上的位置。用户在打印报表前应使用该功能对相应内容进行设置，以得到满足需要的会计报表。

3. 报表的汇总和分析

1) 报表的汇总

报表系统的报表汇总功能是指，结构相同，数据不同的两张报表经过简单叠加生成一张新表的功能。在实际工作中，主要用于同一报表不同时期的汇总以便得到某一期间的汇总数据，或者同一单位不同部门，同一张报表的汇总，以得到整个单位的合计数字。

需要注意的是，报表汇总功能不能用于编制合并报表。这是因为合并报表是集团公司汇总总公司及下属各单位的有关会计报表的数据，以反映全公司的综合财务状况。合并时需要将各子公司之间的内部往来、内部投资等数据进行抵扣，而不是各子公司报表的简单叠加。编制合并报表必须使用具有编制合并报表功能的软件。

进行报表汇总时，需要进行汇总的报表(编好的数据表)必须已经存在，且各表的结构必须相同。

2) 报表的分析

报表分析就是使用各种方法对报表的数据进行分析。在报表软件中一般有两种分析方法：图形分析法、视图分析法。

(1) 图形分析法。图形分析法就是将报表中选定的数据以图形方式显示，使用户直观地得到数据的大小或变化的情况。图形有比较直观、醒目、易理解等特点，在会计报表分析中早已普遍使用。图形实际上是表的延伸，它反映的仍然是分析表中的数据，只不过表现形式不同而已，一张分析表可以采用各种图形表示方式。在手工条件下，制图比较复杂，而且不太准确，又没有色彩。计算机处理复杂问题的准确性及彩色图形处理功能，为图形应用带来了广阔的前景。

图形分为两大类，即平面图形和立体图形。图形主要有点图、线图、直方图和饼图 4 种基本形式，其余各种图形都是基本形式的派生物。目前国内流行的通用报表处理软件一般都提供饼图、直方图、折线图、立体图 4 种图形的分析功能。

计算机制图要经过以下步骤。

① 选取绘图数据。

② 选择图形类型。

③ 根据系统提示生成图形。

(2) 视图分析法。在报表系统中，大量年度或月份数据是以表页形式分布的，正常情况下，每次只能看到一张表页。要想对各个表页的相同行或列区域的数据进行比较，可以利用视图分析法。视图分析法是采用从某一张表或多张表中抽取具有某种特定经济含义的数据，形成一张"虚表"，从而达到对多个报表数据在系统生成的"虚表"中进行重新分类、对比分析的效果。这种表的数据是通过数据关系公式从与其相关联的数据报表中抽取出来，反映在表上的。"虚表"本身不保存数据，因此也称"虚表"为"视图"。视图是数据报表的寄生表，没有数据报表就不可能产生视图。这种分析方法是手工报表分析难以实现的，因此这也是报表系统提供的很有意义的重要功能。

4．报表的维护

报表维护是报表系统的一项基本功能，报表维护的基本功能有：报表的备份、恢复、删除，结构复制，等等。其中备份和恢复功能与账务系统的备份和恢复功能类似，此处不再赘述。

(1) 报表删除。实际工作中，每次编制报表都将生成一个存放数据表的文件，系统运行几年后报表的数据文件将很多，这些文件会占用大量的硬盘空间。为了系统的正常运行，需要定期(一般系统中只需保留 1～2 年的数据即可)从系统中删除以前的旧表。本功能即为此目的而设置。

使用报表删除功能时需要注意，报表删除功能不光可以删除编制得到的数据表，也可以删除表结构。报表结构一旦删除，如果需要使用只有重新设置。因此使用删除功能一定要注意系统提示，以免误删报表结构。一般情况下，即使是不常使用的报表，不是绝对必要，也不应删除报表结构。这样一旦需要编制该报表，只要运行报表编制功能即可方便地生成需要的数据表。

(2) 结构复制。会计报表种类很多，每种报表的定义也较复杂，定义需要花费很多的时间。为了方便用户定义新的报表，会计报表系统一般都提供了结构复制功能。使用该功能可以在定义新报表时，选择结构类似的报表进行复制，对复制过来的报表结构按需要进行修改即可使用，从而减少用户设置的工作量。需要注意的是，报表结构复制功能只能复制报表的结构(即报表格式和报表公式)，不能复制编制后生成的数据报表。

实务训练

【实训准备】

引入"9-1 库存与存货"账套数据。

实训 1　利用模板生成利润表

【实训要求】

31 日，财务部编制公司 2018 年 7 月利润表。

【岗位说明】

以"W01 汪小菲"身份登录平台，生成利润表。

【实训指导】

1. 调用利润表模板

① 在格式状态下，执行"格式"|"报表模板"命令，打开"报表模板"对话框。
② 选择"所在的行业"为"2007年新会计制度科目"，"财务报表"为"利润表"。
③ 单击"确认"按钮，系统弹出"模板格式将覆盖本表格式！是否继续？"信息提示对话框。
④ 单击"确定"按钮，即可打开"利润表"模板。

2. 调整报表模板

(1) 切换到格式状态。

单击"数据/格式"按钮，将"利润表"切换到格式状态。

(2) 调整报表模板。

UFO 报表管理系统中，预设的报表模板中已预先设置了各项目计算公式，但由于各公司实际启用科目不同，故而首次调用报表模板生成报表后需要根据企业实际情况修改模板中的计算公式，为避免出现错误。以下提示三类实际应用中易出现的错误。

- 公式中会计科目代码录入错误。例如，对于利润表中"营业外收入"项目公式的定义使用科目代码应与本单位科目代码表相一致，本例中"营业外收入"本期金额计算公式为：FS(6301,月,"贷",,年)。
- 公式中会计科目方向应与科目默认方向一致，收入类科目计算公式方向为"贷"，费用类科目计算公式方向为"借"。例如，"营业外收入"本期金额计算公式为：FS(6301,月,"贷",,年)。
- 公式中科目不全，当报表中项目由多个科目发生额合计构成时，设置公式时以避免遗漏科目，导致报表数据失真。例如，"营业收入"由"主营业务收入 6001"和"其他业务收入 6051"构成，故而"营业收入"本期金额计算公式为：FS(6001,月,"贷",,年)+ FS(6051,月,"贷",,年)，不可只计算一个科目的本期发生额。

进行报表公式定义有以下两种方法。

- 定义单元公式——直接输入公式。

① 以"营业外收入"本期金额计算公式为例。选定需要修改或定义公式的单元 C16。

② 执行"数据"|"编辑公式"|"单元公式"命令，打开"定义公式"对话框。

③ 在"定义公式"对话框中，直接输入总账发生函数公式：FS(6301,月,"贷",,年)，单击"确认"按钮。

注意：单元公式中涉及的符号均为英文半角字符。单击 fx 按钮或双击公式单元或按"="键，都可以打开"定义公式"对话框。

- 定义单元公式——引导输入公式。

① 以"营业外支出"本期金额计算公式为例。选定被定义单元 C17。

② 单击 fx 按钮，打开"定义公式"对话框。

③ 单击"函数向导"按钮，打开"函数向导"对话框。

④ 在"函数分类"列表框中选择"用友账务函数"，在右侧的"函数名"列表框中选择"发生(FS)"选项，单击"下一步"按钮，打开"用友账务函数"对话框。

⑤ 单击"参照"按钮，打开"账务函数"对话框。

⑥ 选择"科目"为 6711，"方向"为"借"，其余各项均采用系统默认值，单击"确定"按钮，返回"用友账务函数"对话框。

⑦ 单击"确定"按钮，返回"定义公式"对话框，单击"确认"按钮。

⑧ 根据单位实际业务情况输入或修改其他单元公式，保存调整后的报表模板。

注意：如果未进行账套初始化，那么账套号和会计年度需要直接输入。

3．生成利润表数据

① 在数据状态下，执行"数据"|"关键字"|"录入"命令，打开"录入关键字"对话框。

② 输入关键字"年"为2018，"月"为07。

③ 单击"确认"按钮，系统弹出"是否重算第1页？"信息提示对话框。

④ 单击"是"按钮，系统会自动根据单元公式计算7月份数据；单击"否"按钮，系统不计算7月份数据，以后可利用"表页重算"功能生成7月份数据。

⑤ 单击工具栏上的"保存"按钮，将生成的报表数据以文件名"lrb.rep"保存到本机D盘根目录下。

实训2　利用模板生成资产负债表

【实训要求】

(1) 31日，财务部生成公司2018年7月资产负债表。

(2) 定义"审核公式"以及"舍位平衡公式(千元)"，并进行审核和舍位平衡处理。

【岗位说明】

以"W01汪小菲"身份完成以上任务。

【实训指导】

1．调用资产负债表模板

① 在格式状态下，执行"格式"|"报表模板"命令，打开"报表模板"对话框。

② 选择"所在的行业"为"2007年新会计制度科目"，"财务报表"为"资产负债表"。

③ 单击"确认"按钮，系统弹出"模板格式将覆盖本表格式！是否继续？"信息提示对话框。

④ 单击"确定"按钮，即可打开"资产负债表"模板。

2．调整报表模板

① 单击"数据/格式"按钮，将"资产负债表"处于格式状态。

② 根据本单位的实际情况，调整报表格式，修改报表公式。

③ 保存调整后的报表模板。

3．生成资产负债表数据

① 在数据状态下，执行"数据"|"关键字"|"录入"命令，打开"录入关键字"对话框。

② 输入关键字"年"为2018，"月"为07，"日"为31。

③ 单击"确认"按钮，系统弹出"是否重算第1页？"信息提示对话框。

④ 单击"是"按钮,系统会自动根据单元公式计算7月份数据;单击"否"按钮,系统不计算7月份数据,以后可利用"表页重算"功能生成7月份数据。

⑤ 单击工具栏上的"保存"按钮,将生成的报表数据以文件名"zcfzb.rep"保存到本机 D 盘根目录下。

4. 定义审核公式并进行资产负债表审核

审核公式用于审核报表内或报表之间钩稽关系是否正确。"资产负债表"中审核公式为"资产合计＝负债合计＋所有者权益合计"。

① 在格式状态下,执行"数据"|"编辑公式"|"审核公式"命令,打开"审核公式"对话框。

② 在文本框中输入公式""C38=G29+G36, D38=H29+H36 MESS"资产不等于负债加所有者权益"",单击"确定"按钮。

③ 在数据状态下,执行"数据"|"审核"命令,如报表数据正确,则在报表右下角状态栏显示"完全正确",如数据有误,系统会弹出"资产不等于负债加所有者权益"信息提示对话框。

5. 定义舍位平衡公式并进行舍位处理

① 在格式状态下,执行"数据"|"编辑公式"|"舍位公式"命令,打开"舍位平衡公式"对话框。

② 输入"舍位表名"为 SW1,"舍位范围"为"C7：D38,G7：H38","舍位位数"为 3,"平衡公式"为"C38=G29+G36, D38=H29+H36",单击"完成"按钮。

③ 在数据状态下,执行"数据"|"舍位平衡"命令。

④ 系统会自动根据前面定义的舍位公式进行舍位操作,并将舍位后的报表保存到本机 D 盘根目录下 SW1.REP 文件中。

⑤ 舍位操作以后,打开 SW1.REP 文件与原资产负债表对比,如果舍位公式有误,系统状态栏会提示"无效命令或错误参数!"信息。

实训3 自定义"财务指标分析表"

【实训要求】

31 日,为辅助企业经营决策,财务部编制财务指标分析表。

格式要求:标题设置为黑体、14 号、居中,行高为 7,三列列宽为 50、46、46;单位名称和年、月设置为关键字;表头中文字设置为黑体、12 号、居中;表体中文字设置为宋体、12 号、居中;表尾"制表人:"设置为宋体、10 号、右对齐第 3 栏。财务指标分析表及财务指标分析表公式定义如表 10-2 和表 10-3 所示。

表 10-2　财务指标分析表

编制单位：　　　　　　　　　　2018 年 7 月

能　　力	指　　标	指标数值(%)
偿债能力分析	流动比率	
	速动比率	
	资产负债率	
	产权比率	
营运能力分析	应收账款周转率	
	营运资本周转率	
	总资产周转率	
盈利能力分析	营业净利率	
	资产利润率	

制表人：

表 10-3　财务指标分析表公式定义

2018 年 7 月		
指　　标	要　　求	指标数值(%)
流动比率	利用 zcfzb.rep 定义表间取数公式	
速动比率	利用 zcfzb.rep 定义表间取数公式	
资产负债率	利用 zcfzb.rep 定义表间取数公式	
产权比率	利用 zcfzb.rep 定义表间取数公式	
应收账款周转率	利用 zcfzb.rep 和 lrb.rep 定义表间取数公式	
营运资本周转率	利用 zcfzb.rep 和 lrb.rep 定义表间取数公式	
总资产周转率	利用 zcfzb.rep 和 lrb.rep 定义表间取数公式	
营业净利率	利用 lrb.rep 定义表间取数公式	
资产利润率	利用 zcfzb.rep 和 lrb.rep 定义表间取数公式	

【岗位说明】

以"W01 汪小菲"身份登录平台，编制财务指标分析表。

【实训指导】

1. 启用 UFO 报表管理系统

① 以"W01 汪小菲"身份进入企业应用平台，执行"财务会计"|"UFO 报表"命令，进入报表管理系统。

② 执行"文件"|"新建"命令，建立一张空白报表，报表名默认为 report1。

2. 报表格式定义

(1) 设置报表尺寸。

① 查看空白报表底部左下角的"格式/数据"按钮，使当前状态为格式状态。执行"格

式"|"表尺寸"命令，打开"表尺寸"对话框。

② 输入"行数"为13，"列数"为3，单击"确认"按钮。

(2) 定义组合单元。

① 选择需合并的单元区域A1：C1。

② 执行"格式"|"组合单元"命令，打开"组合单元"对话框。

③ 选择"组合方式"为"整体组合"或"按行组合"，该单元即合并成一个单元格。

④ 同理，定义A2：C2，A4：A5，A8：A10，A11：A12单元为组合单元。

(3) 画表格线。

① 选中报表需要画线的单元区域A3：C12。

② 执行"格式"|"区域画线"命令，打开"区域画线"对话框。

③ 选择"网线"单选按钮，单击"确认"按钮，将所选区域画上表格线。

(4) 输入报表项目。

① 选中需要输入内容的单元或组合单元。

② 在该单元或组合单元中输入相关文字内容，例如，在A1组合单元输入"财务指标分析表"。

注意：报表项目指报表的文字内容，主要包括表头内容、表体项目、表尾项目等，不包括关键字。日期一般不作为文字内容输入，而要设置为关键字。

(5) 定义报表行高和列宽。

① 选中需要调整的单元所在行A1。

② 执行"格式"|"行高"命令，打开"行高"对话框。

③ 输入"行高"为7，单击"确定"按钮。

④ 选中需要调整的单元所在列，执行"格式"|"列宽"命令，可按要求设置A～C列的宽度。

注意：行高、列宽的单位为毫米。

(6) 设置单元风格。

① 选中标题所在组合单元A1。

② 执行"格式"|"单元属性"命令，打开"单元格属性"对话框。

③ 打开"字体图案"选项卡，设置"字体"为"黑体"，"字号"为14。

④ 打开"对齐"选项卡，设置"对齐方式"为"居中"，单击"确定"按钮。

⑤ 同理，按照要求设置其余单元格。

(7) 定义单元属性。

① 选定单元C13。

② 执行"格式"|"单元属性"命令，打开"单元格属性"对话框。

③ 打开"单元类型"选项卡，选择"表样"选项，单击"确定"按钮。

④ 同理，设置C4：C12单元格属性为"数值"，选中"百分号"复选框，单击"确定"按钮。

注意：格式状态下输入内容的单元均默认为表样单元，未输入数据的单元均默认为数值单元，在数据状态下可输入数值。若希望在数据状态下输入字符(文字)，应将其定义为字符单元。字符单元和数值单元输入后只对本表页有效，表样单元在数据状态下不可修改且输入后对所有表页有效。

(8) 设置关键字。
① 选中需要输入关键字的组合单元 A2。
② 执行"数据"|"关键字"|"设置"命令，打开"设置关键字"对话框。
③ 选择"单位名称"单选按钮，单击"确定"按钮。
④ 同理，设置"年""月"关键字。

注意：每个报表可以同时定义多个关键字。如果要取消关键字，需执行"数据"|"关键字"|"取消"命令。

(9) 调整关键字位置。
① 执行"数据"|"关键字"|"偏移"命令，打开"定义关键字偏移"对话框。
② 在需要调整位置的关键字后面输入偏移量"年"为"–180"、"月"为"–150"。
③ 单击"确定"按钮。

注意：关键字的位置可以用偏移量来表示，负数值表示向左移，正数值表示向右移。在调整时，可以通过输入正或负的数值来调整。关键字偏移量单位为像素。

3. 报表公式定义

① 选定需要定义公式的单元 C4，即"流动比率"的计算公式。
② 执行"数据"|"编辑公式"|"单元公式"命令，打开"定义公式"对话框。
③ 在"定义公式"对话框中，直接输入"流动比率公式"为""D:\zcfzb.rep"->C18/"D:\zcfzb.rep"->G19"，单击"确认"按钮。

注意：单元公式中涉及的符号均为英文半角字符。单击 fx 按钮或双击某公式单元或按"="键，都可以打开"定义公式"对话框。

④ 同理，定义其余单元格公式，详见表 10-4。

表 10-4 定义财务比率各单元格公式

能　力	指　标	单元格	指标数值(%)
偿债能力分析	流动比率	C4	"D:\ zcfzb.rep"->C18/"D:\zcfzb.rep"->G19
	速动比率	C5	("D:\zcfzb.rep"->C18-"D:\zcfzb.rep"->C15-"D:\zcfzb.rep"->C11)/"D:\zcfzb.rep"->G19
	资产负债率	C6	"D:\ zcfzb.rep"-> G29/"D:\zcfzb.rep"->C38
	产权比率	C7	"D:\ zcfzb.rep"->G29/"D:\zcfzb.rep"->G36

(续表)

能力	指标	单元格	指标数值(%)
营运能力分析	应收账款周转率	C8	"D:\lrb.rep"->C5/(("D:\zcfzb.rep"->C10+"D:\zcfzb.rep"->D10)/2)
	营运资本周转率	C9	"D:\lrb.rep"->C5/(("D:\zcfzb.rep"->C18+"D:\zcfzb.rep"->D18)/2-("D:\zcfzb.rep"->G19+"D:\zcfzb.rep"->H19)/2)
	总资产周转率	C10	"D:\lrb.rep"->C5/(("D:\zcfzb.rep"->C38+"D:\zcfzb.rep"->D38)/2)
盈利能力分析	营业(销售)净利率	C11	"D:\lrb.rep"->C21/"D:\lrb.rep"->C5
	资产利润率	C12	"D:\lrb.rep"->C19/(("D:\zcfzb.rep"->C38+"D:\zcfzb.rep"->D38)/2)

4. 保存报表格式

① 执行"文件"|"保存"命令。如果是第一次保存，则打开"另存为"对话框。

② 选择保存文件夹的目录；输入"报表文件"名为"财务指标分析表"；选择"保存类型"为*.REP，单击"保存"按钮。

注意：报表格式设置完后切记要及时将自定义报表格式保存，以便以后随时调用。如果没有保存就退出，系统会提示"是否保存报表？"信息，以防止误操作。".REP"为用友报表文件专用扩展名。

5. 生成财务指标分析表数据

① 启动 UFO 系统，执行"文件"|"打开"命令。

② 选择存放报表格式的文件夹中的报表文件"财务指标分析表.REP"，单击"打开"按钮。

③ 单击空白报表底部左下角的"格式/数据"按钮，使当前状态为"数据"状态。

注意：报表数据处理必须在数据状态下进行。

④ 执行"数据"|"关键字"|"录入"命令，打开"录入关键字"对话框。

⑤ 输入关键的"年"为 2018，"月"为 7。

⑥ 单击"确认"按钮，系统弹出"是否重算第 1 页？"信息提示对话框。

⑦ 单击"是"按钮，系统会自动根据单元公式计算 7 月份数据；单击"否"按钮，系统不计算 7 月份数据，以后可利用"表页重算"功能生成 7 月份数据。

注意：不同表页对应不同的关键字值，输出时随同单元一起显示。日期关键字可以确认报表数据取数的时间范围，即确定数据生成的具体日期。

实训 4　自定义预算管理报表

【实训要求】

31 日，为合理估计企业盈利能力，为管理人员调整经营策略提供数据支撑，财务部编制利润预算表。公司财务人员估计各项日常业务预算与实际基本一致；估计公司 8 月份销售成本增长 1%。

格式要求：标题设置为黑体、14 号、居中，行高为 7，两列列宽为 46、46；标题下"单位：元"设置为宋体、10 号、右对齐第 2 栏；表体中文字设置为宋体、12 号、居中；表尾"制表人："设置为宋体、10 号、右对齐第 2 栏。8 月份预计利润表如表 10-5 所示。

表 10-5　8 月份预计利润表

单位：元

销售收入	
销售成本	
毛利	
销售及管理费用	
财务费用	
利润总额	
所得税	
净利润	
加：月初未分配利润	
可供分配的利润	
减：利润分配	
月末未分配利润	

制表人：

【岗位说明】

以"W01 汪小菲"身份登录平台，编制预计利润表。

【实训指导】

1. 报表格式定义

参照题目要求定义 8 月份预计利润表格式，具体步骤不再赘述。

2. 报表公式定义

① 将凯撒公司"7 月份成本费用一览表""8 月份销售管理及财务费用预算表""8 月份销售预算表"复制到 D 盘根目录下。

② 在格式状态下,定义 8 月份预计利润表中各单元格公式,详见表 10-6。

表 10-6 预计利润表单元格公式定义

项　　目	单 元 格	计 算 公 式
销售收入	B3	"D:\8月份销售预算表.rep"->E18
销售成本	B4	"D:\7月份成本费用一览表.rep"->B6*1.01
毛利	B5	B3-B4
销售及管理费用	B6	"D:\8月份销售管理及财务费用预算表.rep"->B4+"D:\8月份销售管理及财务费用预算表.rep"->B6
财务费用	B7	"D:\8月份销售管理及财务费用预算表.rep"->B8
利润总额	B8	B5-B6-B7
所得税	B9	B8*0.25
净利润	B10	B8-B9
加:月初未分配利润	B11	QM("410406",月,,,,,,,,,)
可供分配的利润	B12	B10+B11
减:利润分配	B13	B12*0.4
月末未分配利润	B14	B12-B13

思政园地

数字中国(十)——国家开发银行:数智化资产负债管理系统

国家开发银行成立于 1994 年,是直属国务院领导的政策性银行,为国民经济重大中长期发展战略服务。为配合新核心工程建设投产,确定依托综合定价管理系统已基本成型的资产负债数据基础,国开行立足实现国产化,与用友公司合作,打造 ERP 数智化资产负债管理系统。

通过"业务咨询+IT 落地"一体化的布局方式,形成基于统一应用平台、统一数据、统一计量模型的资产负债数据集市,结合宏观市场、目标回报要求、同业竞争等因素,逐步细化资产负债结构和收入结构,将经营效益、服务质量等关键因素纳入各产品维度的目标预算中,进一步提升国家开发银行资产负债管理精细化水平。

通过资产负债管理系统的建设,有效整合内部资金转移定价、外部利率定价等众多管理工具和信息,为前、中、后台各类决策提供多维度精细化盈利分析大数据,实现对整个经营链的价值重塑,驱动科学预测与精准决策。

第11章 综合实验

 实验要求

1. 实验测试时间为 180 分钟，引入基础账套后开始计时。

2. 本实验利用新道版 U8 V10.1 的系统管理、总账、薪资管理、固定资产、采购管理、销售管理、库存管理、存货核算、应收款管理、应付款管理和 UFO 报表模块，完成一项比较完整的企业会计工作。

3. 本实验分为系统初始化、业务处理与会计核算、会计报表编制与主要财务指标分析三部分，请依次作答，即第一阶段答题完成后再启动第二阶段、第二阶段完成后再启动第三阶段。

4. 请认真阅读操作员及操作分工，操作时严格按照操作权限分工进行。

5. 请认真阅读操作要求，操作时严格按照操作要求进行。

6. 请认真阅读每部分的总体要求和各项工作任务，根据具体任务描述，按照操作要求进行业务处理与会计核算。

7. 会计信息系统启用时间为 2018 年 9 月 1 日，业务处理时间为 9 月份，月末业务视同年末业务进行处理。

 企业背景资料

一、企业基本情况

北京动力体育商贸有限公司(简称动力体育)，是专门从事体育及健身器材批发的商贸企业，该公司基本信息如下。

公司法人代表：吴东林。

公司开户银行：中国工商银行北京市海淀区支行(账号：622278956116)。

公司纳税登记号：100869455228970。

公司地址：北京市海淀区胜利路 78 号。

电话：010-44615615。

邮箱：donglitiyu@163.com。

二、操作员及权限

软件应用操作员及操作权限分工表如表 11-1 所示。

表 11-1　软件应用操作员及操作权限分工表

编码	姓名	隶属部门	职务	操作分工
A01	吴东林	总经理办公室	总经理	账套初始化设置权限
W01	王丹丹	财务部	财务经理	记账凭证的审核及查询、对账、总账结账、编制UFO报表
W02	周洲	财务部	会计	总账(凭证处理、凭证查询、账表、期末处理、记账)、应收款和应付款管理(不含收/付款单处理、选择收款和选择付款权限)、固定资产、薪资管理、存货核算的所有权限
W03	张乐乐	财务部	出纳	收/付款单处理、选择收款和选择付款权限、票据管理、出纳签字、银行对账
X01	王佳	销售部	销售员	销售管理的所有权限
G01	鲍宝	采购部	采购员	采购管理的所有权限
C01	周鑫鑫	仓管部	库管员	库存管理的所有权限

注：操作员无密码。

三、操作要求

1. 科目设置要求

应付账款科目下设暂估应付账款和一般应付账款两个二级科目，其中一般应付账款设置为受控于应付款系统、暂估应付账款科目设置为不受控于应付款系统。

2. 辅助核算要求

(1) 日记账。库存现金、银行存款/工行存款。

(2) 银行账。银行存款/工行存款。

(3) 客户往来。应收票据/银行承兑汇票、应收票据/商业承兑汇票、应收账款、预收账款。

(4) 供应商往来。应付票据/商业承兑汇票、应付票据/银行承兑汇票、应付账款/一般应付账款、应付账款/暂估应付账款、预付账款。

(5) 个人往来。其他应收款/备用金。

(6) 项目核算。持有至到期投资/成本、持有至到期投资/应计利息、持有至到期投资/利息调整、交易性金融资产/公允价值变动。

(7) 项目(数量)核算。交易性金融资产/成本。

3. 会计凭证的基本规定

录入或生成"记账凭证"均由指定的会计人员操作，含有库存现金和银行存款科目的记账凭证均需出纳签字。采用复式记账凭证，采用单一凭证格式。对已记账凭证的修改，只采用红字冲销法。为保证财务与业务数据的一致性，能在业务系统生成的记账凭证不得在总账系统直接录入，总账系统提供自定义转账公式的，应使用公式生成凭证，在总账中填制的凭证，参照常用摘要选择摘要，如果题面有摘要提示，根据提示填写，自定义转账凭证除外。根据原始单据生成记账凭证时，除特殊规定外不采用合并制单。出库单与入库单原始凭证以软件系统生成的为准，同一批出入库单合并制单；除指定业务外，在业务发生当日，收到发票并支付款项的业务使用现付功能处理，开出发票并收到款项的业务使用现结功能处理。

4. 货币资金业务的处理

公司采用的结算方式包括现金结算、支票、托收承付、委托收款、银行汇票、商业汇票、电汇等。收、付款业务由财务部门根据有关凭证进行处理。

5. 薪酬业务的处理

由公司承担并缴纳的医疗保险、工伤保险、生育保险、住房公积金分别按 10%、1%、0.8%、12%的比例计算；养老保险、失业保险分别按 20%、1%的比例计算；职工个人承担的养老保险、医疗保险、失业保险、住房公积金分别按 8%、2%、0.2%、12%的比例计算。按工资总额的 2%计提工会经费，按工资总额的 2.5%计提职工教育经费。各类社会保险费当月计提，次月缴纳。按照国家有关规定，公司代扣代缴个人所得税，其费用扣除标准为 3 500.00 元，附加费用为 1 300.00 元；工资分摊制单合并科目相同、辅助项相同的分录。

6. 固定资产业务的处理

公司固定资产包括房屋及建筑物、办公设备和运输工具，均为在用状态；采用平均年限法(二)按月计提折旧；采购结算使用发票结算；同期增加多个固定资产时，不采用合并制单。

7. 存货业务的处理

公司存货主要包括球类、运动器材、运动套装和固定资产四类。各类存货按照实际成本核算，采用永续盘存制；对库存商品采用"数量进价金额核算"法，发出存货成本计算采用"先进先出法"按仓库进行核算，采购入库存货对方科目使用"在途物资"科目，采购运费业务使用"采购专用发票"核算，费用分摊按"金额"方式，委托代销成本核算方式按发出商品核算。采购、销售必有订单，订单号为合同号，到货必有到货单，发货必有发货单，存货按业务发生日期逐笔记账并制单，暂估业务除外(存货核算制单时不允许勾选"已结算采购入库单自动选择全部结算单上单据，包括入库单、发票、付款单，非本月采购入库按蓝字报销单制单"选项)。

8. 税费的处理

公司为增值税一般纳税人，增值税税率为 16%，按月缴纳，按当期应交增值税的 7%计算城市维护建设税、3%计算教育费附加和 2%计算地方教育费附加；企业所得税采用资产负债表债务法，除应收账款外，假设资产、负债的账面价值与其计税基础一致，未产生暂时性差异，企业所得税的计税依据为应纳税所得额，税率为 25%，按月预计，按季预缴，全年汇算清缴。交纳税费按银行开具的原始凭证编制记账凭证。

9. 财产清查的处理

公司每年年末对存货及固定资产进行清查,根据盘点结果编制"盘点表",并与账面数据进行比较,由库存管理员审核后进行处理。

10. 坏账损失的处理

公司除应收账款外,其他预付及应收款项不计提坏账准备。每年年末,按应收账款余额百分比法计提坏账准备,提取比例为 0.5%。

11. 仓库存货对照表(见表 11-2)

表 11-2　仓库存货对照表

存货分类编码	存货分类名称	仓库编码	仓库名称
01	球类	01	球类仓库
02	运动器材	02	运动器材仓库
03	运动套装	03	运动套装仓库
04	固定资产	04	固定资产仓库

12. 利润分配

根据公司章程,公司税后利润按弥补亏损→按 10%提取法定盈余公积→按 30%向投资者分配利润顺序及规定分配。

13. 损益类账户的结转

每月末将各损益类账户余额转入本年利润账户,结转时按收入和支出分别生成记账凭证。

11.1　系统初始化

总体要求

使用001账套的总账、薪资管理、固定资产、采购管理、销售管理、库存管理、存货核算、应收款管理、应付款管理系统完成以下初始化任务。

工作任务

【任务 1.1】根据表 11-3 增加供应商档案(缺省请默认)。

表 11-3 供应商档案

编号	供应商名称	供应商简称	所属分类	开户行及账号	地址及电话	纳税人登记号
0106	浙江英飞体育用品有限公司	英飞体育	01	中国建设银行杭州市西湖支行 6227002636790840287	杭州市西湖区百家园路78号 0571-86455153	430123657890012
0107	广东回力体育有限公司	回力体育	01	中国建设银行中山市西区南头镇支行 6227001727833029097	中山市西区南头镇光明路28号 0760-23110333	444098767142356

【任务1.2】指定现金科目、银行存款科目。

【任务1.3】在薪资管理模块中进行公式设置：个人所得税计提基数=基本工资+岗位工资+白班加班工资合计+夜班加班工资合计-事假扣款-病假扣款-失业保险-医疗保险-养老保险-住房公积金+奖金。

【任务1.4】设置收发类别为"采购入库"的存货对方科目和暂估科目、"销售出库"的存货对方科目。

【任务1.5】将采购订单、采购专用发票、销售订单、销售专用发票单据编号设置为"完全手工编号"。

【任务1.6】根据表11-4增加存货档案并设置仓库存货对照表(缺省请默认)。

表 11-4 存货档案

存货编码	存货名称	存货分类	计量单位组	主计量单位	属性
0401	帅铃T6皮卡	固定资产	01	辆	外购、资产

【任务1.7】将总账系统的"数量小数位""单价小数位""本位币精度"分别修改为2、2、2。

【任务1.8】在"费用项目"|"销售费用"选项下增加"代销手续费"项目。

【任务1.9】将存货暂估方式修改为"月初回冲"。

【任务1.10】进行采购、存货期初记账。

步骤概要

① 任务1.1和任务1.2在企业应用平台的"基础档案"中完成。
② 任务1.3在薪资管理系统中完成。
③ 任务1.4在存货核算系统中完成。
④ 任务1.5在企业应用平台的"单据"设置中完成。
⑤ 任务1.6在企业应用平台的"存货"中完成。
⑥ 任务1.7在总账系统中完成。
⑦ 任务1.8在企业应用平台的"业务"中完成。
⑧ 任务1.9在存货核算系统中完成。
⑨ 任务1.10在采购管理系统与存货核算系统中完成。

11.2 业务处理与会计核算

总体要求

使用 002 账套的总账、薪资管理、固定资产、采购管理、销售管理、库存管理、存货核算、应收款管理、应付款管理系统完成以下业务处理任务。

工作任务

对北京动力体育商贸有限公司 2018 年 9 月份发生的业务进行处理。

【任务 2.1】1 日，总经理办公室购入一批办公用品(凭证摘要：购买办公用品)。原始凭证如图 11-1 所示。

图 11-1　销售统一发票

【任务 2.2】2 日，提现备用。原始凭证如图 11-2 所示。

图 11-2　现金支票存根

步骤概要

任务 2.1 和任务 2.2 在总账系统中填制记账凭证。

【任务 2.3】2 日，签订销售合同。原始凭证如图 11-3～图 11-5 所示。

图 11-3　购销合同

图 11-4　增值税专用发票

图 11-5　进账单

① 在销售管理系统中录入"销售订单"。
② 在销售管理系统中生成"销售发票"。
③ 在库存管理系统中生成"销售出库单"。
④ 在应收款管理系统中审核专用发票并生成销售发票记账凭证。
⑤ 在存货核算系统中完成存货记账并生成销售成本结转记账凭证。

【任务 2.4】3 日，报销差旅费。原始凭证如图 11-6 所示。

图 11-6　差旅费报销单

【任务 2.5】3 日，以银行存款缴纳企业第一季度各项税费。原始凭证如图 11-7 和图 11-8 所示。

```
中国工商银行北京市海淀区支行    电子缴税付款凭证
  转账日期：20180903              凭证字号：3700110063663556 52
  纳税人全称及纳税人识别号：北京动力体育商贸有限公司 100869455228970
  付款人全称：北京动力体育商贸有限公司
  付款人账号：622278956116       征收机关名称：北京市海淀区国税局
  付款人开户银行：中国工商银行北京市海淀区支行  收款国库（银行）名称：国家金库海淀支库
  小写（合计）金额：￥206 750.00   缴款书交易流水号：3700110063663556 52
  大写（合计）金额：人民币贰拾万零陆仟柒佰伍拾元整  税票号码：3700110063663556 52
    税种名称            所属时间              实缴金额
    增值税              20180801-20180831    ￥71000.00
    企业所得税          20180801-20180831    ￥135750.00
  第二联  作付款回单（无银行收讫章无效）   复核           记账
```

图 11-7 电子缴税付款凭证 1

```
中国工商银行北京市海淀区支行    电子缴税付款凭证
  转账日期：20180903              凭证字号：3700110063663556 52
  纳税人全称及纳税人识别号：北京动力体育商贸有限公司 100869455228970
  付款人全称：北京动力体育商贸有限公司
  付款人账号：622278956116       征收机关名称：北京市海淀区地方税务局
  付款人开户银行：中国工商银行北京市海淀区支行  收款国库（银行）名称：国家金库海淀支库
  小写（合计）金额：￥10 930.00    缴款书交易流水号：111006366355652000
  大写（合计）金额：人民币壹万零玖佰叁拾元整  税票号码：3700110063663556 52
    税种名称            所属时间              实缴金额
    城市维护建设税      20180801-20180831    ￥4760.00
    教育费附加          20180801-20180831    ￥2380.00
    地方教育费附加      20180801-20180831    ￥1810.00
    个人所得税          20180801-20180831    ￥1980.00
  第二联  作付款回单（无银行收讫章无效）   复核           记账
```

图 11-8 电子缴税付款凭证 2

步骤概要

任务 2.4 和任务 2.5 在总账系统中填制记账凭证。

【任务 2.6】4 日，签订采购合同。原始凭证如图 11-9～图 11-11 所示。

购销合同

合同编号：CG0001

卖方：深圳斯力克有限公司
买方：北京动力体育商贸有限公司

为保护买卖双方的合法权益，买卖双方根据《中华人民共和国合同法》的有关规定，经友好协商，一致同意签订本合同，共同遵守。

一、货物的名称、数量及金额

货物名称	规格型号	计量单位	数量	单价（不含税）	金额（不含税）	税率	价税合计
李宁篮球		个	300	140.00	42 000.00	16%	48 720.00
斯力克网球套装		套	260	236.00	61 360.00		71 177.60
合计					¥ 103 360.00		¥ 119 897.60

二、合同总金额：人民币壹拾壹万玖仟捌佰玖拾柒元陆角整（¥119 897.60）。

三、合同条款：
1、交货日期及方式：2018年9月4日，买方自提；
2、结算方式：收货后一个月内付清货款；信用条件：3/10、2/20、n/30（限于价款）
3、质量保证：质量若有问题，购货方损失由卖方赔偿；
4、违约责任：购货方到期不提货或延期提货，将按货款的10%付销方；若销方不能按期供货，同上处罚。

卖　方：深圳斯力克有限公司　　　　买　方：北京动力体育商贸有限公司
授权代表：宋晴娟　　　　　　　　　　授权代表：鲍盎
日　　期：2018年9月4日　　　　　　日　　期：2018年9月4日

图 11-9　购销合同

广东省增值税专用发票

3100051180　　　　　　　　　　　　　　　No 01556841
开票日期：2018年9月4日

购货单位	名　称：北京动力体育商贸有限公司	密码区	略
	纳税人识别号：100869455228970		
	地　址、电　话：北京市海淀区胜利路78号 010-44615615		
	开户行及账号：中国工商银行北京市海淀区支行 622278956116		

货物或应税劳务名称	规格型号	单位	数量	单价	金额	税率	税额
李宁篮球		个	300	140.00	42 000.00	16%	6 720.00
斯力克网球套装		套	260	236.00	61 360.00	16%	9 817.60
合　计					¥ 103 360.00		¥ 16 537.60

价税合计	人民币（大写）壹拾壹万玖仟捌佰玖拾柒元陆角整　　　¥ 119 897.60

销货单位	名　称：深圳斯力克有限公司	备注	23880792 发票专用章
	纳税人识别号：123880792		
	地　址、电　话：深圳市福田区滨河大道5022号 0755-24722929		
	开户行及账号：中国工商银行深圳市福田支行 0602221000193422101		

收款人：略　　复核：略　　开票人：略　　销货单位：（章）

图 11-10　增值税专用发票1

图 11-11　增值税专用发票 2

 步骤概要

① 在采购管理系统中录入"采购订单"。
② 在采购管理系统中生成"采购到货单"。
③ 在库存管理系统中生成"采购入库单"。
④ 在采购管理系统中生成"采购发票""运费发票",手工结算分摊运费。
⑤ 在应付款管理系统中审核专用发票并生成采购发票记账凭证。
⑥ 在存货核算系统中完成存货记账并生成存货记账凭证。

【任务 2.7】5 日,支付广告费。

【任务 2.8】6 日,发放上月职工工资(总账处理)。原始凭证如图 11-12~图 11-14 所示。

图 11-12 发票

图 11-13 支票存根(广告费)　　　　图 11-14 支票存根(工资)

【任务 2.9】6 日，缴纳上月应交"五险一金"(合并制单，票号统一略，总账处理)。原始凭证如图 11-15 和图 11-16 所示。

图 11-15 社会保险基金专用收据(回单)

图 11-16 委托收款凭证(付款通知)

注:"医疗保险、工伤保险、生育保险、失业保险、公积金"的专用收据和委托收款的单证与此类似,省略。

步骤概要

任务 2.7~任务 2.9 在总账系统中填制记账凭证。

【任务 2.10】7 日,采购部向财务部发来采购申请,财务部签发银行汇票支付。原始凭证如图 11-17 和图 11-18 所示。

图 11-17 资金申请(支付)单

图 11-18 银行汇票委托书

步骤概要

在应付款管理系统中录入、审核商业汇票并制单。

【任务 2.11】7 日,签订采购合同。原始凭证如图 11-19～图 11-21 所示。

图 11-19 购销合同

图 11-20 电汇凭单

图 11-21 付款报告书

① 在采购管理系统中录入"采购订单"。

② 在应付款管理系统中录入"付款单"(预付款),审核"付款单"并生成记账凭证。

【任务 2.12】8 日,签订销售合同。原始凭证如图 11-22 和图 11-23 所示。

图 11-22　购销合同

图 11-23　增值税专用发票

步骤概要

① 在销售管理系统中录入"销售订单"。
② 在销售管理系统中生成"销售发票"。
③ 在库存管理系统中生成"销售出库单"。
④ 在应收款管理系统中审核专用发票、预收冲应收并生成相应记账凭证。
⑤ 在存货核算系统中完成存货记账并生成销售成本结转记账凭证。

【任务2.13】9日,支付吴东林总经理本月公寓租赁费(暂不考虑个人所得税)。原始凭证如图11-24和图11-25所示。

图11-24　支票存根　　　　　　　　　　　图11-25　发票

【任务2.14】10日,以现金支付业务招待费。原始凭证如图11-26所示。

图11-26　发票

步骤概要

任务2.13和任务2.14在总账系统中填制记账凭证。

【任务2.15】11日,签订委托代销合同。原始凭证如图11-27所示。

图 11-27　委托代销合同

步骤概要

① 在销售管理系统中录入"销售订单"。
② 在销售管理系统中生成"委托代销发货单"。
③ 在库存管理系统中生成"销售出库单"。
④ 在存货核算系统中完成发出商品记账并生成记账凭证。

【任务 2.16】12 日，收到货款。原始凭证如图 11-28 所示。

图 11-28　电汇凭单

在应收款管理系统中录入并审核"收款单"后，核销并生成记账凭证。

【任务 2.17】12 日，支付货款(合并制单)。原始凭证如图 11-29 和图 11-30 所示。

图 11-29 付款报告书

图 11-30 支票存根

在应付款管理系统中录入并审核"付款单"后，核销并生成记账凭证。

【任务 2.18】17 日，收到采购商品，同时支付尾款。原始凭证如图 11-31 和图 11-32 所示。

图 11-31 增值税专用发票

图 11-32 电汇凭单

 步骤概要

① 在采购管理系统中生成"采购到货单"。
② 在库存管理系统中生成"采购入库单"。
③ 在采购管理系统中生成"采购发票"。
④ 在应付款管理系统中录入"付款单",审核"采购发票""付款单",预付冲应付、核销并生成记账凭证。
⑤ 在存货核算系统中完成存货记账并生成存货记账凭证。

【任务 2.19】21 日,收到银行存款利息。原始凭证如图 11-33 所示。

图 11-33 利息清单

【任务 2.20】26 日,购买股票。原始凭证如图 11-34 所示。

图 11-34 股票交易单

任务 2.19 和任务 2.20 在总账系统中填制记账凭证。

【任务 2.21】28 日,购买商品。原始凭证如图 11-35 所示。

图 11-35　购销合同

① 在采购管理系统中录入"采购订单"。
② 在采购管理系统中生成"采购到货单"。
③ 在库存管理系统中生成"采购入库单"。

【任务 2.22】30 日,计提短期借款利息费用。原始凭证如图 11-36 所示。

图 11-36　借款利息计算表

在总账系统中填制记账凭证。

【任务 2.23】30 日,购入固定资产。原始凭证如图 11-37~图 11-41 所示。

图 11-37 购销合同

图 11-38 增值税专用发票

第11章 综合实验

```
中国工商银行转账支票存根
支票号码：1108006
科目
对方科目
签发日期：2018年9月30日
收款人：北京江淮汽车 4S 专卖店
金额：￥81 200.00
用途：购固定资产
备注：
单位主管：吴东林    会计：周洲
复核：略           记账：略
```

图 11-39　支票存根

付款报告书

部门：销售部	2018年9月30日	编号：026
开支内容	金额	结算方式
购固定资产款	￥81 200.00	转账支票
合计（大写）	人民币捌万壹仟贰佰元整	
会计主管：王丹丹　单位负责人：吴东林　出纳：张乐乐　经办人：鲍宝		

图 11-40　付款报告书

固定资产验收交接单

固定资产类别：运输工具						
固定资产项目名称	帅铃 T6 皮卡	型号及规格		购买单位	北京江淮汽车4S专卖店	取得来源	直接购入
原值	70000.00	其中安装费		预计净残值率		5%	
购买日期	2018.9.30	验收日期	2018.9.30	开始使用日期	2018.9.30	预计使用年限	12
年折旧额		年折旧率		月折旧额		月折旧率	
投入日期	2018.9.30	投入时已使用年限		尚能使用年限		投入时已提折旧额	
验收意见	符合规定质量标准，验收合格。				负责人：吴东林　2018年9月30日		
移交单位	销售部	接受单位负责人		王佳		移交人	张浩明
接管单位	销售部	接管单位负责人		王佳		移交人	刘智

图 11-41　固定资产验收交接单

步骤概要

在固定资产管理系统中增加固定资产卡片并生成会计凭证。

【任务 2.24】 30 日，收到江西超越健身股份有限公司开具的受托代销清单，同时收到货款并结算对方手续费。原始凭证如图 11-42～图 11-45 所示。

商品代销清单

日期：2018年9月30日　　　　NO：00000112

委托方	北京动力体育商贸有限公司	受托方	江苏超越健身股份有限公司
账号	622278956116	账号	6000010001066532591
开户银行	中国工商银行北京市海淀区支行	开户银行	中国工商银行南京市玄武区支行

代销货物	代销货物名称	规格型号	计量单位	数量	单价（不含税）	金额	税率	税额
	百动足球		个	360	199.00	71 640.00	16%	11 462.40
	星牌台球桌		个	170	11 800.00	2 006 000.00	16%	320 960.00
	斯力克网球套装		套	380	589.00	223 820.00	16%	35 811.20
	价税合计	人民币（大写）：贰佰陆拾陆万玖仟陆佰玖拾叁元陆角整　　小写：¥2 669 693.60							

代销方式	收手续费
代销款结算时间	根据代销货物销售情况于每月底结算一次货款
代销款结算方式	转账支票

本月代销货物销售情况	代销货物名称	规格型号	计量单位	数量	单价（不含税）	金额	税率	税额
	百动足球		个	160	199.00	31 840.00	16%	5 094.40
	星牌台球桌		个	100	11 800.00	1 180 000.00	16%	188 800.00
	斯力克网球套装		套	150	589.00	88 350.00	16%	14 136.00
	价税合计	人民币（大写）：壹佰伍拾万零捌仟贰佰贰拾元肆角整　　小写：¥1 508 220.40							

本月代销款结算金额	人民币（大写）：壹佰伍拾万零捌仟贰佰贰拾元肆角整　小写：¥1 508 220.40

主管：略　　审核：略　　制单：略　　受托方盖章：

图 11-42　代销清单

图 11-43　增值税专用发票

图 11-44 银行进账单

图 11-45 发票

步骤概要

① 在销售管理系统中委托代销结算并生成"销售发票"。
② 在应收款管理系统中审核专用发票并生成销售发票记账凭证。
③ 在存货核算系统中完成委托代销结算记账并生成销售成本结转记账凭证。
④ 在销售管理系统中录入委托代销手续费"销售费用支出单"。
⑤ 在应付款管理系统中审核其他应付单并生成销售费用记账凭证。
⑥ 在应付款管理系统中完成应付冲应收处理并生成凭证。
⑦ 在应收款管理系统中录入并审核"收款单"后,核销并生成记账凭证。

【任务 2.25】30 日,计算本月应付工资和代扣个人所得税及三险一金。职工出勤表如图 11-46 所示。

【任务 2.26】30 日,计提本月应缴的"五险一金"。原始凭证如图 11-47 所示。

【任务 2.27】30 日,计提工会经费及职工教育经费(计提表略)。

职工出勤表

部门	职务	姓名	加班和病、事假记录
总经理办公室	总经理	吴东林	5个白班 3个夜班
财务部	财务经理	王丹丹	4个白班 2个夜班
财务部	会计	周洲	6个白班
财务部	出纳	张乐乐	3个白班 2个夜班
人力资源部	人力专员	袁秀秀	3个白班
销售部	销售员	王佳	1个夜班
销售部	销售员	曹芳芳	2个白班
采购部	采购员	鲍宝	2天事假
采购部	采购员	洪红	1天事假
仓管部	库管员	周鑫鑫	2天病假 1天事假
仓管部	库管员	许丛	1天病假

图 11-46 职工出勤表

"五险一金"计提表

2018年9月30日　　　　　单位：元

计算项目　应借科目	应付工资	住房公积 计提比例 (12%)	失业保险 计提比例 (1%)	医疗保险 计提比例 (10%)	养老保险 计提比例 (20%)	工伤保险 计提比例 (1%)	生育保险 计提比例 (0.8%)	合计
总经理办公室								
财务部								
人力资源部								
销售部								
采购部								
仓管部								
合计								

主管：略　　记账：略　　审核：略　　制表：略

图 11-47 "五险一金"计提表

步骤概要

任务 2.25～2.27 在薪资管理系统完成工资变动处理、工资分摊并生成记账凭证。

【任务 2.28】30 日，计提本月折旧额(使用批量制单功能)。

步骤概要

在固定资产管理系统计提折旧并生成记账凭证。

【任务 2.29】30 日，计提坏账准备。

步骤概要

在应收款管理系统中进行坏账处理并生成记账凭证。

【任务 2.30】30 日,公司对球类仓库进行清查,发现短缺百动足球 3 个。

【任务 2.31】30 日,经调查短缺的百动足球是由库管员许从收发计量错误造成的。

步骤概要

任务 2.30 和任务 2.31 的操作步骤如下。
① 在库存管理系统中录入"盘点单"。
② 在库存管理系统中审核"出/入库单"。
③ 在存货核算系统中根据出/入库单结转成本记账凭证。
④ 在总账系统中录入盘盈、盘亏批准后的记账凭证。

【任务 2.32】30 日,暂估处理。

步骤概要

在存货核算系统中录入暂估成本记账并生成记账凭证。

【任务 2.33】30 日,计算本月应交增值税并结转本月未交增值税;计算城市维护建设税、教育费附加、地方教育费附加。

步骤概要

在总账中通过自定义转账生成记账凭证。

【任务 2.34】30 日,进行期末损益类账户结转。

步骤概要

在总账中通过期间损益结转生成记账凭证。

【任务 2.35】30 日,计算并结转本月应交所得税。

步骤概要

在总账中通过自定义转账生成记账凭证。

【任务 2.36】30 日,提取盈余公积、投资者利润,并结转利润分配科目中的各明细科目。

步骤概要

在总账中通过自定义转账生成记账凭证。

【任务 2.37】30 日，对月末各系统进行对账、结账处理。

步骤概要

由财务经理对账、结账。

11.3 报表编制与财务分析

总体要求

使用 003 账套的 UFO 报表管理系统完成以下工作任务(系统报表模板不允许选手调用)。

工作任务

【任务 3.1】打开选手文件夹%testdir%下名为 zcfzb.rep 的资产负债表，其中有 8 个计算公式未填写(灰色部分)，利用账务函数定义计算公式，重新计算并保存。

【任务 3.2】打开选手文件夹%testdir%下名为 lrb.rep 的利润表，请仔细阅读计算公式，将本期金额中的 3 个错误公式修改正确，重新计算并保存。

【任务 3.3】打开选手文件夹%testdir%下名为 cwzbfxb.rep 的财务指标分析表，如表 11-5 所示，定义数值计算公式(灰色部分)，计算并保存。

表 11-5 财务指标分析表

2018 年 9 月

指　标	要　求	指标数值(%)
资产负债率	利用 zcfzb.rep 定义表间取数公式	
权益乘数	利用 zcfzb.rep 定义表间取数公式	
净资产权益率	利用 zcfzb.rep 和 lrb.rep 定义表间取数公式	

步骤概要

在 UFO 报表管理系统中格式状态下定义并修改计算公式、报表格式。